재미있는

법률여행

3

재미있는 법률여행 3
형법

초판 1쇄 발행 1993. 2. 10.
개정판 1쇄 발행 2014. 11. 14.
개정판 8쇄 발행 2024. 8. 1.

지은이 한기찬

발행인 박강휘
편집 조혜영 | 디자인 안희정
발행처 김영사
등록 1979년 5월 17일 (제406-2003-036호)
주소 경기도 파주시 문발로 197(문발동) 우편번호 10881
전화 마케팅부 031)955-3100, 편집부 031)955-3200, 팩스 031)955-3111

값은 뒤표지에 있습니다.
ISBN 978-89-349-6932-7 04360
　　　978-89-349-6929-7 (set)

홈페이지 www.gimmyoung.com　　　블로그 blog.naver.com/gybook
인스타그램 instagram.com/gimmyoung　이메일 bestbook@gimmyoung.com

좋은 독자가 좋은 책을 만듭니다.
김영사는 독자 여러분의 의견에 항상 귀 기울이고 있습니다.

이 도서의 국립중앙도서관 출판시도서목록(CIP)은 서지정보유통지원시스템홈페이지
(http://seoji.nl.go.kr)와 국가자료공동목록시스템(http://www.nl.go.kr/kolisnet)에서
이용하실 수 있습니다.(CIP제어번호 : CIP2014028992)

재미있는

법률

형법

여행

3

한기찬 지음

김영사

머리말

《재미있는 법률여행》 시리즈 제3편에 해당하는 '형법' 편을 펴낸 지 상당한 세월이 지났습니다.

그동안 형법이 개정되어 시행되고 있고, 특별 형법에 해당하는 '성폭력 범죄의 처벌 등에 관한 특례법'과 '가정폭력방지 및 피해자보호 등에 관한 법률' 등이 제정·시행되고 있으며, 헌법재판소의 결정에 의하여 '혼인 빙자 간음죄'가 위헌으로 결정되고, 대법원에서도 주목할 만한 판례들이 나왔습니다.

따라서 이 책의 개정도 불가피해졌습니다. 개정판에서는 이러한 변화들을 반영해 삭제할 것은 삭제하고, 고칠 것은 고치고, 더할 것은 더해 변화에 발을 맞추었습니다.

또 재미와 유익을 더하기 위해 지면이 허락하는 한 다양한 법원의 판례를 소개하고자 했습니다.

즐거운 여행의 추억이 오랫동안 남아 있으려면 좋은 여행 가이드가 있어야 하듯이, 이 책이 독자 여러분의 형법 여행에 좋은 가이드가 되었으면 하는 바람입니다.

2014년 11월

한기찬

차례

머리말

법률여행을 시작하려는 당신에게

형법에 관하여

PART 1 총칙

형법 총칙에 관한 기초적 설명

PART 2   각칙

형법 각칙에 관한 기초적 설명

법률여행을 시작하려는 당신에게

1. 이 책은 실제로 어떤 법률문제에 부딪혀서 당장 실용적인 해답을 구하려는 분에게는 어울리지 않습니다.

그런 분은 여행에 나설 것이 아니라, 서점에 산처럼 쌓여 있는 법률 상담집을 구해 보거나 변호사 사무실의 문을 두드리는 것이 더 빠르고 옳은 길입니다.

2. 이 책은 전문적인 법률 서적이 아닙니다.

'재미있는'이라는 수식어가 암시하고 있듯이 전적으로 법률을 전공하지 않은 일반 시민들의 법률 공부(여행)에 도움을 주기 위한 것입니다.

3. 이 책은 법률 퀴즈 문답집이 아닙니다.

퀴즈 문답집이라면 해답만 필요하고, 구태여 해설까지는 필요치 않을 것입니다.

4. 이 책은 형법 분야에서 중요하고도 기본적인 개념이나 제도 중 130여 개를 선정해서 사례화하고, 사례마다 3개 정도의 문항을 제시한 뒤 정답을 해설하고 있습니다.

• '사례'는 전부 우리 사회에서 실제로 일어나는 사건들입니다. 여

러 번 읽어 사례의 내용과 질문의 취지를 충분히 파악해보십시오. 사례에는 때로 함정도 파놓았습니다.

- 그다음, 제시된 해답 중에서 당신의 상상력과 상식을 총동원하여 정답을 구해야 합니다. 이때 이러한 수고를 생략하고 곧바로 뒷장의 정답을 찾는다면 당신은 법률여행에 동참할 자격이 없습니다. 여행의 진가는 스스로 고생해보는 데 있으니까요.

- 뒷장의 정답에서 당신이 틀렸다고 하더라도 부끄러워할 필요는 전혀 없습니다. 여행은 알지 못하던 미지의 세계에 대한 노크이기 때문입니다. 그러나 정답은 즐거운 여행의 기억처럼 오랫동안 기억해야만 합니다. 실제 상황이 벌어졌을 때 남아 있는 기억이 당신을 구원할 수도 있습니다.

- 해설은 충분히 음미해보시기 바랍니다. 정답을 확인한 것에 만족하고 해설을 음미하는 수고를 빠뜨린다면, 당신은 진짜 여행을 다녀온 것이 아닙니다.

5. 여행을 마치고 나면 법률에 대한 당신의 인식이 바뀌기를 기대해봅니다. 법률도 인간을 위해 존재하는 것이고, 인간이 만들고 해석하고 적용하는 것입니다. 산이 등산가만을 위해 존재하는 것이 아닌 것처럼 어려운 법률도 당신의 노력 여하에 따라 친구가 될 수 있습니다.

6. 끝으로 저와 김영사가 안내하는 다른 법률의 여행지에서 당신과 다시 만날 수 있기를 바랍니다.

형법에 관하여

1. 형법은 어떤 법인가?

형법은 보통 '죄와 벌에 관한 법률'이라고 정의됩니다. 이 정의를 다시 풀어보자면, 형법이란 '어떤 행위가 범죄가 되고, 이에 대해서 어떤 형벌이 부과되는가를 규정한 법 규범'이라고 할 수 있습니다. 따라서 형법은 '범죄법＋형벌법'인 것입니다.

우리가 갖고 있는 죄와 벌을 규정한 법률들은 아주 많다고 할 수 있는데, 이것들도 크게 보면 두 가지라고 할 수 있습니다.

하나는 좁은 의미에서 '형법'이라는 명칭을 갖고 있는 법률(1953. 9. 18. 공포 법률 제293호)만을 의미합니다. 또 하나는 넓은 의미에서 형법뿐만 아니라 범죄와 형벌을 규정한 다른 모든 법률, 예를 들면 군형법, 도로교통법, 부정수표 단속법, 폭력행위 등 처벌에 관한 법률, 국가보안법, 특정범죄 가중처벌 등에 관한 법률 등과 같은 특별 형법도 포함하고 있습니다.

그런데 통상적으로 형법이라고 할 때는 좁은 의미의 형법을 말한다고 보아도 좋습니다.

학자들은 형법과 위에서 말한 특별 형법들을 포함해 이를 형사 실체법(刑事實體法)이라고 구분하고, 이에 근거하여 실제로 형벌을 부과하는 데 필요한 절차인 범죄의 수사, 기소, 심리, 판결, 상소 등의 절차에 관한 법률인 형사소송법과 형이 확정된 자에 대한 형벌의 집행에 관한 법률인 형의 집행 및 수용자의 처우에 관한 법률을 형사 절차법(刑事節次法)이라고 구분하며, 형사 실체법과 형사 절차법을 통틀어 형사법(刑事法)이라고 부르고 있습니다.

이 책에서 우리가 여행, 즉 공부하고자 하는 형법은 물론 좁은 의미의 형법입니다. 참고로, 형법은 어떠한 성격을 갖고 있는 규범인가를 알아보겠습니다.

첫째, 형법은 가설적(假說的) 규범입니다. 도덕이나 종교와 같은 규범은 예를 들면 모든 사람에게 '살인하지 말라'든가 '훔치지 말라'고 단언적으로 명령하거나 요구하고 있습니다. 그러나 형법은 "사람을 살해하면…"이라든가 또는 "타인의 재물을 훔치면…"이라는 식으로 어떤 행위를 금지하고, 그럼에도 불구하고 실제로 살인한 자에 대해서는 "사형, 무기 또는 5년 이상의 징역에 처한다"고 선언하거나, 타인의 재물을 절취한 자에 대해서는 "6년 이하의 징역 또는 1,000만 원 이하의 벌금에 처한다"고 예고하고 있습니다.

즉, 형법은 먼저 범죄 행위를 전제 조건으로 한 뒤 그 효과로서 일정한 형벌을 부과하고 있는데, 모든 사람에게 요구하는 금지의 내용에 관해 가설적 판단의 형식을 취하고 있는 것입니다.

둘째, 형법은 무엇보다도 모든 사람에게 일정한 행위의 금지를 요구하거나(살인죄에 있어서는 살인 행위의 금지), 일정한 행위의 수행을 명령·요구함으로써(퇴거 불응죄에 있어서 퇴거 요구를 받으면 퇴거해야 하는 행위의 의무) 사람들에게 행위의 척도를 제시해주고 있는 행위 규범입니다.

셋째, 형법은 이를 실제로 운용하는 수사 기관이나 법관에게 무엇이 범죄가 되고, 이에 대해 형벌은 어떻게 부과할 것인지 일정한 기준이나 근거를 제시해주는 재판 규범입니다.

넷째, 형법은 모든 사람에게 형벌로서 금지되는 무가치하고 반사회적인 행위를 절대 해서는 안 된다는 의무를 부담시킴으로써 사람의 의사 결정에 있어서 중요한 척도로 작용하고 있습니다. 이런 의미에서 형법을 의사 결정 규범이라고 하는데, 이는 형법이 행위 규범이라는 것에서 연유하고 있습니다.

다섯째, 형법은 운용자인 수사 기관이나 법관으로 하여금 금지 또는 요구에 따르지 아니하고 범죄로 나간 사람의 행위에 대하여 형벌이라는 제재를 가함으로써, 그 행위가 법률상 무가치하고 유해한 것이라고 평가하게 합니다.

이런 의미에서 형법을 평가 규범이라고 하는데, 이는 형법의 재판 규범적 성격에서 연유한 것입니다.

2. 형법은 사회적으로 어떤 기능을 하고 있는가?

한 사회가 형법을 갖고 있다는 것은 형법이 반드시 어떤 중요한 기능을 하고 있기 때문일 것입니다. 이 기능은 구체적으로 다음의 세 가지입니다.

첫째, 규제적 기능입니다. 형법은 모든 사람에게 범죄 행위(자)에 대해서는 반드시 형벌이 부과된다는 것을 예고하고 있습니다. 이를 통하여 모든 사람은 형법을 자신의 행위 규범 내지 의사 결정 규범으로 받아들이게 되고, 형법이 금지하고 있는 행위를 억제하거나 요구하고 있는 행위를 수행하게 됩니다. 즉 형법은 모든 사람(의사와 행동)을 배후에서 규제하고 있는 것입니다. 이 기능이 형법의 본질적 기능이며, 이 기능 때문에 사회는 무질서와 혼란에서 벗어나 질서를 유지하게 되는 것입니다.

둘째, 보호적 기능입니다. 형법은 개인과 사회 공동체의 존립을 위해서 필수 불가결한 이익이나 가치를 보호하고 있습니다. 다시 말하면 개인과 공동체의 존립을 해치거나 위협하는 행위를 범죄로 선포하고, 범죄인에 대해서 국가가 보유한 강제력의 하나인 형벌이라는 제재를 가함으로써, 개인의 생명, 신체, 자유, 안전, 재산 등을 보호하고 아울러 공공의 이익도 보호하는 것입니다.

셋째, 보장적 기능입니다. 형법은 그 자체가 국가가 행사할 형벌권의 내용과 한계를 명백하게 한정해놓고 있다고 할 수 있습니다. 형법이 존재하기에 이를 운용하는 국가도 형법을 초월해 어떤 행위든지 무조건 범죄라고 단정하거나 자의적인 형벌을 과할 수 없게 되어 있습니다.

다시 말하면, 형법은 모든 사람에게 형법에서 범죄로 규정된 행위가 아니면 어떠한 행위를 하더라도 범죄자로 단정되거나 처벌되지 않는다는 것을 보장하고 있는 셈입니다(이런 의미에서 형법은 '선량한 국민의 대헌장'이라고 불려집니다).

동시에 형법은 범죄자에 대해서도 그가 범한 죄에 해당하는 일정한 형벌 이외의 부당한 형벌은 과하지 않겠다는 것을 보장해주고 있습니다(이런 의미에서 형법은 '범죄인의 대헌장'이라고도 불려집니다).

3. 한국 형법의 역사

1) 어느 사회, 민족, 국가를 막론하고 죄와 벌에 관한 법이나 제도를 갖고 있었음은 말할 것도 없습니다. 범죄와 형벌은 말하자면 인류가 무리를 지어 사회생활을 한 후부터 발생한 불가피한 사회 현상이기 때문입니다. 그러므로 인류사는 범죄와 형벌의 역사라고 해도 과언이 아닐 것입니다.

그런데 인류의 형법의 역사는 형벌의 역사이기도 하며 이 형벌은 대체로 복수 시대, 위하 시대, 박애 시대를 거쳐 오늘날과 같은 형벌의 과학 시대로까지 진화와 발전을 거듭해왔습니다.

인류가 근대적 의미의 형법전을 보유하게 된 것은 불과 200~300년 전이며, 그것은 계몽사상, 자연법 사상, 자유주의적 인권 사상, 합리주의, 법치주의 사상 등에 힘입은 것입니다.

그리하여 서구에서는 대체로 18세기에 들어오면서부터 합리와 이성 그리고 박애를 바탕으로 한 근대적 의미의 형법전이 속속 제정되기에 이르렀고, 그 후 점차 전 세계로 확대되어 오늘에 이르고 있는 것입니다. 인류가 '선량한 사람'은 물론 '범죄인'의 대헌장이기도 한 형법을 갖기까지에는 무수한 희생의 대가를 치렀음은 말할 것도 없는 것입니다.

2) 우리나라도 고조선의 개국 이래 삼국 시대, 신라, 고려, 조선에 이르기까지 나름대로의 죄와 형벌에 관한 법과 제도를 보유하고 운영해 왔습니다.

그러나 우리가 '근대적 의미의 형법'과 만나게 되는 것은 우리 겨레가 자주적인 근대 국가를 건설하지 못한 탓으로 1910년 일본 제국주의 식민 지배를 받게 되면서부터입니다.

우리 겨레보다 한발 먼저 근대화 단계에 들어간 일본은 메이지 유신 이후 서구, 특히 프랑스와 독일의 법률을 수용해 근대적 의미의 형법전을 만들었는데, 일제는 자신들의 형법을 1912년 조선총독부령 제11호 '조선 형사령'으로 이름 붙여 식민지가 된 이 땅에 적용한 것입니다.

3) 일제로부터 해방된 우리나라는 1948년 건국 이후 꾸준히 우리의 독자적인 법체계를 수립하려고 노력해왔습니다. 이 노력은 6·25 동란으로 잠시 지체되었으나 1953년 9월 18일 드디어 법률 제293호로서 총 372개조와 부칙 11개조로 된 형법이 제정되어 같은 해 10월 3일부터 시행되어 오늘에 이르고 있습니다.

이때 우리 국회가 형법전을 제정하는 과정에서 주로 참조했던 외국의 모델은 당시의 독일 형법과 일본의 형법 개정안이었다고 알려지고 있습니다.

4) 이렇게 해서 제정·시행된 우리 형법도 반세기 이상의 역사를 지녀왔고, 그 후 사회와 시대상은 크게 변천했으므로 최근까지 도합 여러 번의 개정이 이루어졌습니다.

4. 형법전의 구성

우리 형법은 모두 372개조로 구성되어 있고, 제1편은 총칙, 제2편은 각칙이라는 이름이 붙어 있습니다.

그런데 형법전을 펼쳐보면 형법의 모든 조문은 그야말로 토씨만 빼놓고 모두 한자투성이로 되어 있고, 그 한자 용어도 문외한·비전공자들에게는 아주 생경하고 처음 들어보는 것으로 채워져 있음을 알 수 있습니다.

그것은 형법이 제정될 당시에 주로 참조한 모델이 일본의 형법(정확하게는 1940년에 공개된 형법 임시 개정안)이었던 탓도 있지만, 본디 법률 용어나 법률 조문의 표현 방식이 개념성과 추상성의 제약으로부터 벗어나기 어렵기 때문이기도 합니다(최근의 개정 형법은 어려운 일본식 한자 용어를 대폭 손질하고 체제도 크게 바꾸었으나, 그래도 문외한·비전공자에게는 생경하다는 사실은 변하지 않고 있습니다).

5. 형법 공부에서 유의할 점

우리 형법은 우리 겨레가 예전부터 사용해온 전통적 형법이 아니고, 서양, 특히 유럽 대륙의 국가들이 200~300년 전부터 발전시켜온 근대적 의미의 형법을 근간으로 하고, 나름대로 재편성한 형법을 모델로 하여 제정된 것이므로 말하자면 '이식된 형법'입니다.

그리고 형법 그 자체가 '범죄와 형벌'이라는 인간에게 아주 중대한 의미와 영향을 주는 과제를 다루고 있습니다. 따라서 형법학에서는 서양과 일본의 학자들이 형법의 '해석'을 둘러싸고 대립해온 온갖 학설이 난무하고 이 학설의 어느 설을 취하느냐에 따라 결론이 전혀 달라집니다. 여기에 수시로 법원의 견해가 판례의 형식으로 쏟아져 나오고 있습니다.

형법학은 법학을 전공하는 법학도들에게도 학설과 판례의 난무로 인하여 정말 골치 아픈 학문입니다. 그러나 모든 국민으로 하여금 형법학도가 되게 하거나 형법학도 수준의 지식을 갖출 것을 요구할 수는 없습니다.

《재미있는 법률여행》 형법 편에서는 이러한 점에 유의하여 복잡한 학설의 상세한 소개는 가급적 피하면서, 보통 사람들이 교양의 수준에서 알아둘 만한 제도나 개념을 모든 학자가 인정하는 통설이나 다수설, 또는 판례에 입각하여 쉽게 설명하고자 노력했습니다.

일러두기

1 본문의 표기는 현행 '한글 맞춤법 규정'에 따랐으나, 법률의 명칭은 '법제처 국가법령정보센터' 사이트의 표기를 따랐음.

2 법률의 재·개정이나 판결 일자가 괄호 안에 부가적인 설명으로 들어갈 때는 'ㅇㅇㅇㅇ. ㅇㅇ. ㅇㅇ.'로 표기하였음.

3 법률 조항의 경우, 해당 권에 관한 법인 경우 법률명을 밝히지 않고 조항만 표시했음.

PART 1
총칙

● 형법 총칙에 관한 기초적 설명

1. '형법 총칙'에서는 무엇이 다루어지고 있는가?

1) 형법전은 제1편 형법 총칙, 제2편 형법 각칙으로 구성되어 있습니다. 형법 총칙에는 모두 86개 조문이 배당되어 있는데, 이 조문들은 다시 제1장에서 제4장까지로 세분화되어 있습니다.

구체적으로 다음과 같습니다.

제1장: 형법의 적용 범위

제2장: 죄

　　　　제1절 죄의 성립과 형의 감면

　　　　제2절 미수범

　　　　제3절 공범

　　　　제4절 누범

　　　　제5절 경합범

제3장: 형

　　　　제1절 형의 종류와 경중

　　　　제2절 형의 양정

　　　　제3절 형의 선고 유예

　　　　제4절 형의 집행 유예

　　　　제5절 형의 집행

2) 형법학자들의 형법에 관한 해설서(대학 교과서)를 보면, 형법전의 구별에 따라 형법 총칙을 '형법 총론'이라고 해 다루고 있고, 형법 각칙은 '형법 각론'이라고 해 다루고 있습니다.

학자들이 형법 총론에서 다루는 주제와 순서는 대체로 범죄론(구성 요건, 인과 관계, 위법성, 책임), 미수론, 공범론, 특수 범죄론(과실범, 결과적 가중범, 부작위범), 죄수론, 형벌론 등으로 되어 있습니다.

《재미있는 법률여행》 형법 편도 형법전의 형법 총칙 배열 순서와 학자들이 형법 총론에서 다루는 순서를 참고하여, 총칙에서 중요하다고 생각되는 개념과 제도 약 40여 개를 선정하여 다루었습니다(형법 각론에서는 형법 각칙이 정한 각 범죄의 해설을 다루고 있습니다).

2. 범죄론

1) 형벌을 부과하기 위해서는 그 전제 조건으로 범죄 행위가 있을 것이 요구됩니다. 범죄란 무엇인가에 대해서는 '형법 각칙에서 정해놓은 행위는 전부 범죄'라고 말할 수 있습니다만, 형법학에서는 '사회 공동생활의 존립이나 기능, 그 밖에 사회생활상의 이익이나 가치를 침해하는 행위'라고 정의하고 있습니다. 형법 각칙이 규정한 행위는 모두 반사회적 행위로서 범죄라고 할 수 있습니다.

2) 인간의 어떤 행위가 범죄가 되는가? 다시 말하면 범죄가 되기 위해서는 어떠한 조건이 필요한가? 이에 대해서는 "범죄는 형법 각칙에서 정하고 있는 각 범죄의 구성 요건에 해당하고, 위법하며 유책한 행위다"라고 하는 정의에서 출발하여 구성 요건 해당성, 위법성, 유책성의 세 가지를 범죄의 성립 요건이라고 말하고 있습니다.

3) 구성 요건: '구성 요건'이란 형법 각칙에서 규정된 모든 범죄 중에서 국가가 모든 사람에게 금지하거나 요구하는 행위가 무엇인가를 규정한 부분을 말합니다.

예를 들면 형법 제250조는 '살인죄'라는 제목하에 "사람을 살해한 자는 사형, 무기 또는 5년 이상의 징역에 처한다"라고 표현하고 있는데, 여기서 전반부의 표현, 즉 '사람을 살해하는 것'이 살인죄의 구성 요건이라고 할 수 있습니다.

범죄가 성립하기 위해서는 제일 먼저 사람의 행위가 이 구성 요건에 해당되어야 합니다. 가령 '권총을 발사하는 행위'를 예로 들어보면 경찰관이 사격장에서 사격 연습을 위해 발사하는 행위는 살인죄의 구성 요건에 해당하는 행위가 아니지만, 살인의 의사로 사람을 향해 발사하는 행위는 살인죄의 '사람을 살해하는 것'에 해당되는 것입니다.

이처럼 같은 행위라도 형법상의 구성 요건에 해당되거나 또는 되지 않는데, 어떤 행위가 구성 요건에 해당되는 자격을 갖게 될 때 이를 '구성 요건 해당성'이라고 합니다.

구성 요건을 좀 더 세밀하게 관찰하면 다음과 같은 몇 가지의 표지를 갖고 분석할 수 있습니다.

첫째, '행위의 주체'입니다. 누가 그 범죄의 주체가 될 수 있느냐의 문제입니다. 가령 직권 남용죄는 누구나 그 범죄의 주체가 될 수 있는 것이 아니라 공무원의 신분을 갖는 자만이 그 범죄의 주체가 될 수 있고, 위증죄는 선서한 증인만이 주체가 될 수 있습니다. 이처럼 어떤 범죄는 모든 사람이 주체가 될 수 있는가 하면, 또 어떤 범죄는 그 주체가 일정한 자로 제한되어 있습니다.

둘째, '행위의 객체', 즉 대상입니다. 살인죄의 대상은 생명을 유지하고 있는 모든 사람이나, 영아 유기죄는 영아(嬰兒), 즉 젖을 먹는 어린아이만이 대상이 됩니다.

셋째, '보호 법익(保護法益)'입니다. 보호 법익이란, 형법이 그 범죄를 처벌함으로써 지키고자 하는 가치나 이익입니다. 예를 들어 살인죄의 보호 법익은 '사람의 생명'입니다. 보호 법익이 없는 범죄는 하나도 존재하지 않습니다. 형법 각칙상의 보호 법익은 개인적 법익, 사회적 법익, 국가적 법익으로 나눌 수 있습니다.

넷째, '행위'입니다. 살인죄의 행위는 '사람의 생명을 정지시키는' 일체의 행위를 말하며, 절도죄의 행위는 '타인의 재물을 훔치는' 일체의 행위를 말합니다. 형법학자들과 법원은 추상적으로 표현된 각 범죄의 행위의 개념, 내용, 범위, 형태 등을 둘러싸고 각종 견해를 제시해놓고 있습니다.

다섯째, '인과 관계(因果關係)'입니다. 인과 관계란 어떤 행위가 과연 특정한 범죄라는 결과의 원인이 되느냐의 문제입니다.

가령 살인죄에 있어서 A라는 행위자가 권총을 발사한 행위와 B라는 사람이 죽었다는 결과의 상태에서 형법은 A의 발사 행위와 B의 사망 간에 원인과 결과의 관계가 있다고 판정되어야만 A의 살인죄가 성립되도록 하고 있습니다.

구성 요건은 행위의 주체, 객체, 행위 내용, 보호 법익, 인과 관계라는 표지로 구성되어 있지만 그것만으로는 불충분합니다. 행위자에게 주관적으로 범죄의 의사, 즉 '고의'나 '과실'이 있어야만 합니다. 3)항에서 설명한 표지들이 구성 요건의 객관적 요소라면, 고의 및 과실은 구성 요건의 주관적 요소가 되는 것입니다. 고의나 과실이 없다면 범죄는 성립할 수 없습니다.

4) 위법성: 위법성은 상식적으로는 '법에 위반된다'는 것이지만, 어떤 행위가 형법 등 형벌 법규가 금지하는 행위를 하거나 요구하는 행위를 하지 않음으로써 법질서 전체로부터 내려지는 부정적 가치 판단이며, 구체적으로는 권리의 침해, 법익의 침해를 의미합니다.

형법상의 범죄는 사실은 모두 법질서 전체가 이미 내려놓고 있는 부정적 가치 판단의 대상으로서 개인이나 사회 또는 국가의 법익을 침해하는 반사회적 행위라고 할 수 있습니다. 그러므로 사람의 행위 중 구성 요건에 해당되는 행위는 일단, 또는 원칙적으로 위법한 것이라고 보아도 좋습니다.

그러나 구성 요건에 해당되는 행위라고 할지라도 경우에 따라서는 위법하지 않은 경우도 있습니다. 예를 들면 자기를 강간하려는 범인에 대하여 소지 중인 권총으로 살해하거나 중상을 입힌 경우에 그 행위는 일단 살인이나 상해라는 구성 요건에 해당하나 위법성은 없습니다. 왜냐하면 그 반격 행위는 이른바 정당방위이기 때문입니다.

이렇게 구성 요건에 해당되는 행위라도 경우에 따라서 위법성을 소멸시키는 사유를 형법은 '위법성 조각 사유(違法性阻却事由)'라고 하며, 구체적으로는 정당 행위, 정당방위, 긴급 피난, 자구 행위, 피해자의 승낙에 의한 행위 등 다섯 가지를 위법성이 없는 유형으로 정해놓고 있습니다.

5) 책임: 구성 요건에 해당되고, (위법성 조각 사유도 없어서) 위법한 행위일지라도, 이것을 범죄로 단정하여 형벌을 과하기 위해서는 행위자에게 법률적으로 비난할 수 있는 책임이 있어야 합니다. '책임'이란 행위자가 그러한 위법 행위를 하지 않고 적법 행위를 할 수 있었느냐, 즉 적법 행위의 기대 가능성이 있었느냐를 따져서 그것이 있었다고 평가되는 경우에 법질서 전체로부터의 법률적 비난을 가할 수 있는 조건을 말합니다.

근대 형법은 "책임 없으면 형벌은 없다"는 원칙을 채택하고 있습니다.

형법은 적법 행위를 기대할 가능성이 없는 사유로서 14세 미만인 자의 행위, 심신 상실자의 행위, 강요된 행위 등을 규정해놓고 있습니다.

3. 미수론(未遂論)

1) 행위자가 범죄 행위를 했으나, 그 결과가 발생하지 않는 경우도 있습니다. 가령 살인의 고의로 권총을 발사했으나 피해자에게 명중되지 않았다든지, 또는 상처만 입혔다든지 하는 경우입니다.

이처럼 범죄의 실행에 착수했으나, 그 행위를 완성하지 못하거나 또는 결과가 발생하지 않은 경우를 미수(未遂) 또는 미수범(未遂犯)이라고 합니다. 그러므로 위에 든 실례는 살인 미수가 되는 것입니다. 이 반대의 개념이 기수 또는 기수범입니다.

2) 형법이 인정하는 미수범의 종류는 세 가지입니다.

하나는, 범죄의 실행에 착수했으나 외부적 장애로 말미암아 기수에 이르지 못한 '장애 미수'이고, 둘은, 행위자가 자의로 범행을 중지한 '중지 미수'이며, 셋은, 행위자가 실행의 수단이나 대상의 착오로 말미암아 미수에 그쳤으나, 결과 발생의 가능성이나 위험성 때문에 특별히 처벌하는 '불능 미수'입니다.

4. 공범론(共犯論)

1) 형법상의 범죄, 즉 구성 요건은 단독으로 수행할 수도 있고, 2인 이상이 참가해 공동으로 수행할 수도 있습니다. 이와 같이 2인 이상이 범죄에 참가해 공동으로 범죄를 수행하는 경우를 형법은 공범(共犯)이라고 합니다.

2) 형법이 인정하는 공범의 종류는 세 가지입니다.

첫 번째는, 문자 그대로 2인 이상이 공동의 범죄 의사를 갖고 공동으로 범죄를 실행하는 '공동 정범(共同正犯)'이고(가장 전형적인 공범), 두 번째는, 타인에게 범죄를 사주하는 형태의 '교사범(敎唆犯)'이며, 세 번째는, 타인의 범죄 실행을 방조하는 형태의 '종범(從犯)', 또는 방조범(幇助犯)입니다. 그 밖에도 타인을 도구로 이용하여 간접적으로 범죄를 실행하는 간접 정범(間接正犯)이라는 것도 있습니다.

5. 죄수론(罪數論)

1) 행위자의 범죄가 하나인가, 두 개 이상인가를 따져보는 과제가 죄수론입니다. 범죄 행위의 숫자를 헤아려보는 것은 수사나 재판에서 아주 중요합니다. 왜냐하면 두 개 이상의 범죄 행위를 하나의 범죄 행위와 같게

취급할 수는 없기 때문입니다.

2) 형법은 인위적으로 1죄로 보는 경우와 수죄로 보는 경우를 아예 정해놓고 있기도 합니다. 1죄가 되는 경우는 법조 경합(法條競合)과 포괄적 1죄이며, 수죄가 되는 경우는 상상적 경합과 실체적 경합입니다.

3) 수죄에 대해서는 형벌을 정하는 방법과 집행하는 방법이 1죄의 경우와 다르게 되어 있습니다.

6. 형벌론(刑罰論)

1) 형벌이란 넓은 의미로는 보안 처분(保安處分)까지 포함되지만, 좁은 의미로는 범죄인으로 확정된 자에 대하여 국가가 보유한 형벌권에 기해서 범죄인에게 과하는 법익의 박탈을 의미합니다.

2) 형벌의 본질인 범죄자에 대한 '응징(또는 응보)'인가? 아니면 범죄자에 대해 교육을 실시하여 건전한 사회인을 만들어 사회에 복귀시키려는 목적의 '교육'인가? 이에 대해서는 학자들이 오랫동안 논쟁을 해왔습니다. 오늘날의 형벌은 응보와 교육 모두를 포함하는 것으로 이해하는 입장이 많은 사람의 공감을 얻고 있습니다.

3) 형법이 인정하는 형법의 종류는 아홉 가지입니다. 구체적으로 사형, 징역, 금고, 자격 상실, 자격 정지, 벌금, 구류, 과료, 몰수입니다. 그리고 범죄에 대해 어떤 형을 과할 것인가는 형법에서 모든 범죄에 각각 개별적으로 정해놓았습니다. 이것을 '법정형(法定刑)'이라고 합니다.

①사형: 사형은 범죄자의 생명을 박탈하는 형벌입니다. 생명형이라고도 하며 극형이라고도 합니다. 이 사형에 대해서는 오래전부터 존폐

의 논쟁이 있습니다.

② 징역: 범죄자를 교도소 내에 가두어두고 노역, 즉 노동 작업에 복무하게 하는 형벌로서 유기 징역과 무기 징역의 두 가지가 있습니다. 유기 징역은 1개월부터 30년까지이며, 가중할 때에는 최고 50년까지도 가능합니다. 무기 징역은 문자 그대로 기한의 제한이 없는 종신형을 의미합니다.

③ 금고: 금고형은 징역형과 같은 구금형이나, 교도소에서 노역을 시키지 않는 형입니다(그러나 실제로는 금고형을 받은 자도 신청에 의하여 작업을 과할 수 있도록 되어 있습니다).

④ 구류(拘留): 1일에서 29일까지의 기간 동안 교도소 등 수용 시설에 구금시키는 형벌입니다. '경범죄 처벌법'상의 경범죄에 활용되고 있습니다.

⑤ 자격 상실(資格喪失): 법관으로부터 사형, 무기 징역, 무기 금고의 형의 선고가 있으면 그 효력으로서 당연히 일정한 자격을 상실시키는 형벌이며, 상실되는 자격은 선거권, 피선거권, 공무원이 될 수 있는 자격 등입니다.

⑥ 자격 정지(資格停止): 일정한 기간 동안만 위에 든 자격을 정지시키는 형벌인데, 유기 징역, 유기 금고의 형을 선고받게 되면 그 형의 집행을 마칠 때까지 당연히 정지되는 '당연 정지'와, 판결로서 최저 1년에서 최고 15년까지 그 정지를 선고하는 '선고 정지'의 두 가지 경우가 있습니다.

⑦ 벌금(罰金): 재산형의 하나로서 그 하한은 5만 원 이상입니다. 상한선은 각 범죄에 규정되어 있는데, 벌금형을 선고받고 납부하지 않는

경우에는 최고 3년까지 그 벌금에 해당하는 기간을 노역장에 유치시킬 수 있도록 되어 있습니다.

⑧ 과료(科料): 과료는 2,000원 이상 5만 원 미만의 가벼운 재산형입니다. 과료도 형벌의 일종이며, 행정법에서의 제재인 과태료(過怠料)와는 다른 것입니다.

⑨ 몰수(沒收): 유죄 판결을 선고할 때 범죄 행위에 제공했거나 제공하려고 한 물건(예를 들면 범행 도구인 권총이나 흉기) 또는 범죄로 말미암아 생겼거나 범죄로 인해 취득한 물건(예를 들면 절도범이 훔친 물건), 그 밖에 이러한 물건의 대가로 취득한 물건을 범죄자의 수중으로부터 국가에 귀속시키는 형벌을 말합니다.

⑩ 다른 형을 선고할 때 부가하여 과하므로 부가형(附加刑)이라고 하는데, 몰수는 법관이 재량으로 할 수 있는 '임의적 몰수'와, 공무원이 받은 뇌물처럼 반드시 몰수하여야 하는 '필요적 몰수'의 두 가지가 있습니다. 만일 범죄자가 이를 처분·은닉·소지하여 몰수가 불가능하게 되면 그 가액을 '추징(追徵)'하도록 되어 있습니다.

4) 이러한 법정형은 재판 과정에서 법관이 반드시 따라야 합니다. 그러나 법관은 구체적으로 형벌의 종류를 선택하거나 기간을 선택할 수 있는 재량이 있으며, 다시 법률이 요구하는 바에 따라 그 법정형을 가중하거나 감경하는 작업을 하게 됩니다. 이것을 '처단형(處斷刑)'이라고 합니다. 그 다음 다시 범인의 연령, 성품, 지능과 환경, 피해자에 대한 합의 여부, 범행의 동기, 수단과 결과, 범죄 후 뉘우치는지 여부와 그 정도 등 일체의 사정을 참작하여 처단형의 범위 내에서 법정에서 선고하게 될 형을 정하여 선고하게 됩니다. 이것을 '선고형(宣告刑)'이라고 합니다.

5) 더 나아가 법관은 범죄인에 대해 형의 선고를 유예하거나 집행을 유예하는 판결도 할 수 있습니다. 법률이 법관에게 이러한 폭넓은 재량을 허용한 것은 형사 정책적 이유에서입니다.

6) 법관이 선고한 형은 범죄인이 승복하고 상소를 포기하거나, 또는 상소했다 하더라도 상급 법원이 이를 기각하면 형은 '확정'된다고 하며, 형이 확정되면 그다음 단계는 '형의 집행 및 수용자의 처우에 관한 법률'에 따라 교도소에서 집행의 단계가 되는 것입니다.

7) 범죄인에게 형을 과하여 교육하고 건전한 사회인으로 복귀시키고 동시에 사회의 범죄를 예방하는 기능적 수단이 형벌뿐만은 아닙니다. 보안 처분 역시 그러한 수단 중 하나입니다. 보안 처분이란 범죄의 교육과 재사회화를 위해 형벌 대신에 가해지는 법관의 형사 처분을 말합니다.

종전에는, 즉 1980년 12월 18일 소위 제5 공화국의 출범 무렵에 제정된 '사회보호법'에 의해 보안 처분이 시행되었으나 이 법은 독재 시대의 악법으로 지목되어 수많은 비판에 직면했다가 2005년 8월 4일 폐지되었고, 그 후에는 '보호관찰 등에 관한 법률', '소년법' 등 몇몇 특별법에서 인정되고 있는 보안 처분과 유사한 처분이 이루어지고 있습니다.

1. 이게 도대체 무슨 법이오?

'행복민국'의 무식환 대통령은 장군 출신. 그는 어느 날 밤 위기에 처한 조국을 구하기 위해 장군에서 스스로 대통령이 되었다. 3권을 장악한 그가 제일 먼저 한 것은 추종자들로 구성된 '조국 수호 비상 대책위'에서 '사회 질서 수호법'을 만들어 국민들에게 침묵과 무비판적 충성을 강요하는 일이었다.

이 법의 조문은 딱 두 가지였는데, 제1조는 "누구든지 사회 질서를 어지럽힐 수 없다"였고, 제2조는 "위반자는 징역에 처한다"였다. 그리고 부칙은 "이 법은 제정되기 이전의 행위에 대해서도 적용된다"로 되어 있었다.

따라서 국민들은 당연히 보고도 못 본 체, 듣고도 못 들은 체, 입이 있어도 없는 체하는 '3체 현상'에 빠졌다.

그러던 어느 날 어떤 멍청한(?) 사나이가 "이게 도대체 무슨 법이냐?"라고 외쳐댔다. 이 말은 정당하다. 악법이므로. 그렇다면 오늘날의 형법 입장에서 볼 때 사회 질서 수호법은 왜 악법인가?

① 독재자가 입법부가 아닌 곳에서 제 맘대로 제정했기 때문에.

② 법의 내용이 국민의 기본권을 침해하기 때문에.

③ 그 법을 국민들이 지키려 해도 도저히 지킬 수 없기 때문에.

④ 죄와 형벌은 법률로 정한다는 죄형법정주의에 위반되기 때문에.

사회적 동물인 인간이 사회 속에서 수행하는 무수한 행위 중에 어떠어떠한 행위가 범죄이며, 이 범죄에 대해서는 이런저런 형벌을 부과하겠다는 것은 도대체 누가 정했을까?

물론 '국가가 정해놓았다'는 것이 정답이다. 구체적으로는 입법부(국회)가 형법을 제정하고, 행정부와 사법부가 이것을 해석·적용해 시행한다.

이처럼 죄와 벌은 미리 국가가 법률로 정해놓아야 한다는 원칙을 '죄형법정주의'라고 한다. 오늘날에는 많은 사람들이 죄형법정주의를 의문의 여지가 없는 당연한 것으로 받아들이고 있지만, 근대 국가가 성립하기 전에는 그 반대였다.

죄와 벌은 한마디로 말해 국왕이나 재판관의 마음대로였다. 국왕이나 재판관은 '엿장수 마음대로'라는 식으로 백성들을 붙잡아다가 고문하고, 투옥하고, 처형했음은 세계사가 우리에게 보여주고 있는 사실이다.

이렇게 죄와 벌은 권력자의 수중에서 임의대로, 자의적으로 적용되고 행사되었으므로 그 시대는 죄형전단주의(罪刑專斷主義)였던 것이다. 죄형전단주의하에서 국민의 자유와 인권은 지켜질 수 없었다. 인류가 이러한 죄형전단주의에 반항해 죄형법정주의라는 대원칙을 확립한 것은 전적으로 오랜 투쟁의 산물이라고 할 수 있다.

근세에 접어들면서 형성·대두된 시민 계급은 국왕의 일방적인 형벌권의 남용으로부터 개인의 자유와 권리를 지키려고 싸웠고, 이 투쟁은 당시의 계몽주의 사상, 3권 분립 사상, 자유주의 인권 사상 등이 배경이 되었다.

그 결과 영국에서는 권리 청원(1628년), 인신 보호법(1679년), 권리 장전(1689년)을 통하여, 유럽 대륙에서는 프랑스 대혁명(1789년)을 통해, 미국에서는 대륙 회의의 권리 선언(1774년), 버지니아 권리 선언(1776년), 미국 헌법(1787년)을 통하여 죄형법정주의는 근대 시민 국가의 형법 원리로서 자리

잡게 되었던 것이다. 그 이후 성립된 모든 근대 국가는 죄형법정주의를 채택, 선언해 오늘에 이르고 있는 것이다.

우리나라의 경우는 건국 이후 헌법에서 비로소 이를 선언했고, 형법이 이를 받아 규정함으로써 근대 형법의 기본 원리의 하나인 죄형법정주의는 이 땅에서도 확고하게 성립되어 있다.

죄형법정주의는 "법률이 없으면 범죄는 없다"와, "법률이 없으면 형벌도 없다"라는 두 개의 명제를 내용으로 하나, 인권 보호적 차원에서 의미가 더한 것은 바로 후자의 경우다.

이 원칙이 의미가 있는 것은 이 원칙으로부터 파생되는 다음 네 개의 원칙 때문이다.

첫째는, 관습 형법은 허용되지 않는다는 원칙이다. 즉, 법관이 적용할 형벌에 관한 법은 오직 성문의 법률뿐이고, 한 국가·사회에서 전통적으로 내려오는 관습과 전통적인 불문(不文)의 법은 적용할 수 없다는 것이다.

둘째는, 명확성의 원칙이다. 어떤 행위가 형법에 의해 금지되는 행위인지가 명확해야 한다. 누구나 알 수 있어야 한다. 예를 들면 "건전한 국민감정을 해치는 자는 처벌한다"는 조항은 불명확하기 짝이 없어서 죄형법정주의에 위반되는 조항이 된다.

나아가 행위의 효과로서 부과되는 형벌도 그 내용이 명확해야 한다. 형기를 정하지 않은 채 단지 "징역에 처한다" 또는 "처벌한다"는 것은 있을 수 없다. 형벌의 종류와 형기를 전혀 정하지 않은 경우를 절대적 부정기형(不定期刑)이라고 하는데 이것도 허용되지 않는다.

셋째는, 형법을 해석함에 있어서 법조문의 문장과 표현대로 엄격히 해석해야 하고, 해석자(수사 기관, 재판 기관)가 자의적으로 유추 해석을 해서는 안 된다는 원칙이다. 만일 유추 해석을 허용하면 죄형법정주의는 붕괴되고 유추 해석을 통한 자의적인 형벌권의 남용이 생겨 국민의 자유와 인권은 보장될 수가 없는 것이다.

"코에 걸면 코걸이, 귀에 걸면 귀걸이"라는 속담은 바로 법률의 해석과 적용이 자의적이라는 것을 의미하는 것이다. 그러나 이 원칙은 행위자에게 유리하거나 형을 경감하는 유추 해석까지 금지하고 있지는 않다.

넷째는, 형법의 효력은 그 형법이 제정 또는 개정되기 이전의 행위에 대해서 소급해 적용해서는 안 된다는 원칙이다. 가령 아파트촌에서 창문을 통해 남의 집 내부를 들여다보는 행위는 도덕적으로 비난받아야 하지만, 어느 날 갑자기 이런 행위를 범죄로 규정한 형법이 제정된 경우, 그 이전의 행위에 대해서는 법이 적용될 수 없다는 것을 말한다.

요컨대 죄형법정주의는 관습 형법의 금지의 원칙, 명확성의 원칙, 유추 해석 금지의 원칙, 형법 효력 불소급의 원칙이라는 네 가지를 기둥 삼아 범죄인은 물론, 모든 국민에 대하여 자유의 파수꾼으로서 언제까지나 그 진가를 발휘하게 될 소중한 법 원리라고 하지 않을 수 없다.

○ 결론

"누구든지 사회 질서를 어지럽힐 수 없다. 위반자는 징역에 처한다. 이 법은 제정되기 이전의 행위에 대해서도 적용한다"는 내용의 사회 질서 수호법은 입법부가 아닌 독재자의 마음대로 만든 것이므로 악법일 뿐 아니라, 형법적으로는 명확성의 원칙, 형법 효력 불소급의 원칙에 어긋나는 것으로서 죄형법정주의에 정면으로 위반되는 것이다. 그런 의미에서 설문은 모두가 정답일 수 있으나, 형법적으로는 죄형법정주의에 위반된다는 것이 정답이라고 할 수 있다.

2. 암거래 단속법

예나 지금이나 농사는 하느님과 동업(농사는 기상에 좌우된다는 뜻). 그렇지 않아도 농사가 수지가 안 맞는 판에 쌀 시장이 개방될 조짐을 보이자, 농민들은 쌀농사를 포기하기 시작했다.

설상가상으로 어느 해인가 가뭄과 홍수로 대흉년이 들었다. 정부는 보유미를 풀었으나 곧 바닥이 날 판이어서, 미국(美國), 아니 미국(米國)으로부터 긴급 수입하려 했으나 미국 역시 대흉작이었다.

쌀값은 하루가 다르게 치솟고 그나마 물량 부족으로 암시장이 형성되어 식량 폭동이 날 것 같았다. 국가는 할 수 없이 시행 기간을 1년으로 하는 한시법인 '쌀 암거래 단속법'을 제정하여 시행했다.

모리배 씨는 이 법의 유효 기간이 일주일 남았을 때 그동안 매점해서 보관 중이던 쌀 1만 가마를 암시장에 내다 팔아 일확천금을 차지했다.

모리배 씨가 유효 기간 중에 한 행위를 유효 기간이 지난 암거래 단속법에 의하여 처벌할 수 있는가?

① 없다. 법의 유효 기간이 지났기 때문이다.
② 있다. 범죄가 법의 유효 기간 중에 있었기 때문이다.

법률은 일단 제정되면 폐지될 때까지는 효력을 유지하게 된다. 그러나 사회 환경의 변화나 정책적인 필요성 때문에 수시로 개정되거나 폐지되기도 한다. 형벌에 관한 법률도 사정은 같다.

이렇게 법률의 제정·개정·폐지가 빈번하게 이뤄지므로 이에 대비해 인간의 죄와 벌을 다루는 중요한 법률인 형벌법에서는 범죄의 성립과 처벌은 행위자의 행위 당시의 법률에 의거하도록 해놓고 있다(행위시법주의). 나아가 범죄 후 법률이 변경되어 그 행위를 범죄로 보지 않게 되는 경우 또는 형이 가벼워진 경우에는 행위자에게 유리하도록 변경된 신법에 따라 처리하게 된다.

그런데 법률 중에는 그 유효 기간을 예정하고 있어서 유효 기간이 지나면 실효되도록 하고 있는 법률도 적지 않다. 이를 '한시법'이라고 한다.

한시법에서 논란이 되는 대목은 이것이다. 유효 기간 중에 있었던 위법 행위를 유효 기간 경과 후에도(유효 기간의 경과로 당연히 실효되어버린) 그 한시법으로 처벌할 수 있느냐 하는 점이다. 이에 대해 형법학자들의 견해 차이가 심하다. 긍정하는 입장도 있다. 그러나 다수설은 이에 반대한다. 한시법 자체에서 유효 기간 경과 후에도 유효 기간 중의 행위를 처벌한다는 규정이 없는 이상 이를 처벌하는 것은 죄형법정주의에 위반되며, 법률의 변경이 있는 경우 신법에 의한다는 원칙에도 반하기 때문이라고 주장한다.

판례는 법률의 변경 동기가 법률 이념이나 형사 정책적 이념에 기한 경우에는 처벌할 수 없으나, 단순한 사회 사정의 변경에 기한 경우에는 처벌할 수 있다는 입장을 채택하여 사실상 처벌의 길을 열어놓고 있다.

Q 결론

일정한 유효 기간이 정해진 한시법의 경우, 시행 기간 만료 후에는 유효 기간 전의 위반 행위를 처벌할 수 없다고 보아야 한다(다수설의 입장).

3. 컴퓨터 천재의 뜨거운 형제애

　해마다 입시 철이 되면 대학의 접수창구는 수험생들의 눈치작전으로 일대 혼란이 연례행사처럼 반복된다. 그래서 제일대학교는 접수창구에서 지원 상황을 컴퓨터로 신속히 집계, 이를 즉시 대학 본관 앞 대형 화면에 전송하고, 동시에 컴퓨터 보유 가정에도 이를 전송하는 시스템을 개발한 뒤 이듬해부터 사용한다고 발표했다.

　컴퓨터 천재 김영웅 군(초등학교 6학년)은 자기 형이 제일대학교 법학과에 지원하려 하나 성적 탓에 망설이자 "내가 도와줄게"라고 격려했다.

　김 군은 형을 법학과에 지원, 접수시킨 뒤에 집에서 자기 컴퓨터로 제일대학교 컴퓨터 '접수 즉시 전송 프로그램' 내부에 침입하여 실제로는 정원 미달인 법학과 지원 상황을 5 대 1의 경쟁으로 조작했다.

　김 군의 형이 그 덕분에 당당히 합격되었음은 물론이다. 김 군의 행위도 범죄인가?

① 현재 컴퓨터 프로그램의 파괴·조작을 범죄로 규정하거나 처벌하는 법률이 없으므로 범죄가 아니다.

② 그런 법률이 제정된다고 하더라도 소급 적용될 수 없으므로 범죄가 아니다.

③ 자기가 아닌 형을 위한 형제애에서 비롯된 행위이므로 위법성이 없다.

④ 범죄가 되나, 14세 미만인 자의 행위이므로 처벌할 수 없다.

범죄란 실질적으로 정의하면 '사회 공동생활의 존립이나 기능, 기타 사회 생활상의 이익이나 가치를 손상하는 행위'를 말한다. 그러나 범죄를 형법적으로 정의한다면 '구성 요건에 해당하는 위법하고 유책한 행위'라 할 수 있다.

이러한 범죄의 형식적인 정의에서 출발하여 형법은 범죄가 되기 위한 성립 요건으로서 이른바 구성 요건 해당성, 위법성, 유책성 등 세 가지를 요구하고 있다. 그러므로 이 세 가지 요건 중에서 어느 하나라도 결여되면 범죄는 성립되지 않거나 처벌할 수 없게 된다.

한편 범죄의 본질이 무엇인가에 대해서 학자들은 법익을 침해하는 것, 권리를 침해하는 것, 의무를 침해하는 것이라는 등의 견해 차이를 보이지만 범죄는 이러한 법익, 권리, 의무의 전부 또는 일부를 침해하는 것으로 보아도 좋을 것이다.

형법전을 펼쳐 각 범죄의 표현 방식을 살펴보면 형법의 표현 방식은 이렇게 되어 있음을 알 수 있다. 즉 '어떠어떠한 행위를 한 자는(또는 한 때에는) 이러이러한 형에 처한다'는 식이다. 여기서 전반부 즉, 어떠어떠한 행위라고 기술, 표현된 것을 '구성 요건'이라고 한다.

예를 들면 형법 제250조의 살인죄의 전반부는 '사람을 살해한 자는'이라고 되어 있다. 살인죄의 구성 요건은 사람을 살해하는 것이며, 살해하는 행위가 있을 때 살인죄의 구성 요건에 해당된다고 보게 된다(구성 요건 해당성).

범죄는 더 나아가 위법하다고 평가되어야 한다. 같은 살인의 결과가 발생했어도 정당방위로 살해한 경우에는 일단 살인죄의 구성 요건에 해당하지만 위법성이 없다. 형법이 정해놓은 구성 요건에 해당하는 행위는 일단 위법한 것이라고 보게 되지만, 예외적으로 그 행위를 정당화시켜줄 수 있는 사유('위법성 조각 사유'라고 한다)가 있으면 위법성은 부정되는 것이다.

형법은 위법성을 조각시키는 사유로 정당 행위, 정당방위, 긴급 피난, 자구 행위, 피해자의 승낙에 의한 행위의 다섯 가지를 정해놓고 있다.

행위의 구성 요건 해당성은 범죄가 되기 위한 1차 관문이고, 위법하다고 평가되는 것이 2차 관문이라면, 범죄의 마지막 관문은 유책성이다. 이것은 구성 요건에 해당하고, 위법성 조각 사유도 없어서 '위법하다'고 평가되는 행위를 한 '행위자'에 대해서 형법이 비난, 즉 처벌할 수 있는가의 문제다.

그런데 "책임이 없으면 형벌도 없다"는 것이 근대 형법의 대원칙이다. 형법적으로 행위자에게 (형사) 책임을 지우기 위해서는 책임 능력이 있을 것, 행위의 위법성을 인식했을 것, 적법 행위를 기대할 수 있을 것 등을 요구하고 있다. 그리하여 만 14세 미만인 자의 행위, 심신 상실자의 행위, 강요된 행위에 대해서는 형사 책임을 지우지 않고 있다. 그 이유는 이러한 행위자나 행위는 적법 행위를 기대할 수 없다고 보았기 때문이다.

이처럼 형법은 하나의 행위에 대하여 범죄로 평가하고 형벌을 부과하기 위해서는 여러 가지 엄격한 관문을 거치게 하고 있는 것이다. 여기에 더하여, 아니 그 전제로서 헌법과 형법은 사회적 존재로서의 인간의 수많은 행위 중 어떤 것이 범죄인가, 그 범죄에 대해서는 과연 어떤 형벌을 부과할 것인가를 미리 법률로 정해놓아야 한다는 죄형법정주의를 채택·선언하고 있다.

그뿐인가? 범죄의 성립과 처벌은 원칙적으로 행위 당시의 법률에 의하여야 하며(행위시법주의) 사회적 필요에 의해서 법률을 제정 또는 개정하더라도 제정이나 개정 이전의 행위에 대해서는 원칙적으로 처벌할 수 없도록 하고 있다(형벌 불소급의 원칙).

법률의 이러한 다양한 장치들은 행위자, 피해자를 포함한 모든 국민의 자유와 권리, 즉 인권을 지키기 위한 것임은 두말할 것도 없는 것이다.

그렇기 때문에 형법은 선량한 사람의 대헌장이며 동시에 범죄인의 대헌장이라고 부르는 것이다.

🔍 결론

김영웅 군의 행위는 형법상 '범죄'인가?

20세기 후반부터 컴퓨터 산업의 발달로 컴퓨터의 보급·사용이 보편화되기 시작하자 컴퓨터 관련 범죄도 급증하기 시작했다. 국가는 이에 대처하기 위해 1995년 12월 29일 형법을 개정해 공전자 기록 위작·변작죄(형법 제227조 2항)와 사전자 기록 위작·변작죄(형법 제232조 2항)를 각각 신설했고, 2001년 12월 29일에는 컴퓨터 등 정보 처리 장치에 허위의 정보를 입력·변경하여 재산상의 이득을 얻는 컴퓨터 등 사용 사기죄를 신설했다(형법 제347조 2항).

한편 컴퓨터 프로그램이나 데이터베이스는 저작권법에 의하여 보호되고 이를 침해하는 행위는 저작권법 위반으로서 형사 처벌의 대상이 된다.

이 사례에서 김영웅 군의 행위는 최소한 신설된 형법상의 사전자 기록 위작·변작죄가 된다고 볼 수 있으나 다만 나이가 14세 미만이어서 처벌할 수 없다.

4. 세상 살기가 싫어졌기 때문입니다

"피고인은 왜 이런 끔찍한 일을 저질렀는가?"

"세상 살기가 싫어졌기 때문입니다. 대학까지 졸업했으나 몇 년째 취직도 안 되고, 놀고 있자니 가족들 눈치가 보이고, 모두 무능력자라고 손가락질하고… 죽고만 싶었습니다."

"그렇다고 이런 짓을 하면 되는가? 피고인은 자신의 행위가 고의적임을 인정하는가?"

"그것만큼은 인정할 수 없습니다. 당시 저는 눈을 감고 있었기 때문입니다."

요컨대 피고인 한숨만은 차를 몰고 가다가 주택가 골목길에서 어린이들이 놀고 있는 쪽으로 질주하여 한 어린이를 죽게 했다. 그러므로 그는 살인죄로 기소된 것이다. 한숨만에게 살인의 고의가 있는가?

① 없다. 피고인 자신이 고의를 부정하고 있다(따라서 업무상 과실 치사죄).

② 있다. 사람 있는 쪽을 향해 자동차로 질주한 경우, 사람이 다치거나 죽는다는 것은 예상할 수 있다(따라서 살인죄).

③ 없다. 살인은 충분한 동기가 있어야 하는데, 죽은 어린아이에 대한 살인의 동기가 없다(따라서 상해 치사죄).

　　범죄는 원칙적으로 그것을 행하고자 하는 의지나 그것을 행한다는 인식이 있어야 한다. 이것을 형법학에서는 '고의'라고 한다.

　　고의는 단순한 범죄의 동기나 의욕, 희망, 목적 등과 같은 심리적 요소와 구별된다. 형법의 모든 죄는 대부분 고의에 의해서(또는 고의로) 저질러지는 '고의범'에 의한 것이며, 과실로 저질러지는 '과실범'의 경우는 예외적으로 인정되고 있을 뿐이다. 그리고 이 고의의 위치는 범죄의 성립 요건 중의 첫 번째인 구성 요건과 관계되어 있다. 그런 의미에서 고의는 '구성 요건적 사실을 인식하거나 인용하는 것'이라고 정의되는 것이다.

　　고의는 사람의 심리 내면에 자리 잡은 것이지만, 밖으로 나타나는 행동으로 고의의 존재 여부를 판정할 수가 있다. 고의 속에는 자기의 행위가 위법하다는 인식까지 요구되지는 않는다.

　　고의는 행위자가 구성 요건을 직접적이고도 명확하게 인식하고 있는 경우도 있지만(직접적 고의), 그렇지 못한 경우도 있다. 즉 자기의 행위가 범죄의 구성 요건에 해당하는 사실, 다시 말하면 그 결과의 발생에 대한 확실한 인식은 없었으나, 그러한 결과의 발생이 있더라도 용인하겠다는 인식이나 의사가 있는 경우다.

　　이것을 소위 '미필적 고의'라고 한다. 미필적 고의도 형법적 처리는 직접적 고의와 같다.

Q 결론

차를 몰고 군중 속으로 질주하는 행위에는 특정인의 살해라는 인식은 없지만, 자기 행위로 누군가가 죽을 수도 있다는 것을 예상할 수 있고, 그리고 누가 죽더라도 개의치 않는다는 의사가 있었으므로 미필적 고의가 있다고 보아야 한다. 따라서 살인죄가 성립한다.

5. 착오, 전적으로 착오였어요

이 세상에 '완전 범죄'는 없다. 그런데도 완전 범죄가 가능하다고 믿는 어리석은 자들이 있다. 대지그룹 오천석 회장의 애첩 배정자도 그런 부류에 속한다. 부인과 사별한 오 회장이 혼인 신고를 해준다는 약속도 지키지 않고, 건강도 눈에 띄게 나빠져가는데 유산 분배에 대해 아무런 언질이 없자 초조한 그녀는 유언장을 위조한 뒤, 오 회장을 독살하기로 했다.

그래서 매일 아침 출근 직전에 마시는 보약 속에 독약을 넣었다. 그날 따라 오 회장은 바쁜 일 때문에 보약을 마시지 않았고, 침대 곁에 있던 보약은 가정부 아줌마가 호기심에 마셨다가 사망했다. 엉뚱한 사람이 죽은 것이다.

그렇다면 오천석 회장을 살해하려 했으나 가정부가 사망한 경우처럼, 범죄자가 인식한 '고의'와 실제 발생한 '결과' 사이에 착오가 생긴 경우, 범죄자의 형사 책임은 어떻게 될까?

① 오 회장에 대한 살인 미수죄만 성립된다.

② 가정부 아줌마에 대한 살인죄만 성립된다.

③ 오 회장에 대한 살인 미수죄, 가정부 아줌마에 대한 살인죄가 성립된다.

④ 오 회장에 대한 살인 미수죄, 가정부 아줌마에 대한 과실 치사죄가 성립된다.

 범죄 행위에는 원칙적으로 고의가 있어야 한다. 그리고 이 고의는 구성 요건을 실현하고자 하거나 실현한다는, 인식이나 인용을 의미한다. 그런데 행위자가 인식·의도한 사실과 실제로 발생한 객관적인 사실이 일치하지 않는 경우도 적지 않다.

 예를 들면 A라고 생각하고 발사했는데 실은 B였다거나(객체의 착오), 또는 A를 겨냥하여 발사했는데 B에게 명중한 경우(방법의 착오)다.

 이런 경우를 형법학에서는 인식한 사실과 발생한 사실이 착오를 일으켰다고 해서 '사실의 착오'라고 부른다. 사실의 착오는 '형법적으로 어떻게 처리할 것인가'의 차원에서 학자들 간에 논란의 대상이 되고 있다. 이 문제는 다른 표현으로 한다면 행위자의 고의와 실제 발생한 사실은 어디까지 일치(또는 부합)되어야 하는가의 논란이다.

 그런데 통설은 인식한 사실과 발생한 사실이 같은 구성 요건이면 고의와 그로 인한 범죄의 완성은 인정된다는 입장이다. 그래서 A라고 인식하고 발사했는데 실은 B였다거나, A를 향해 발사했는데 B가 명중된 경우 살인이라는 구성 요건은 같으므로 살인죄의 고의는 모두 인정될 수 있다는 것이다.

 우리 형법은 사실의 착오에 관해서 단지 '중한 사실을 인식하지 못한 행위는 중한 죄로 벌하지 않는다'는 규정만을 두고 있어 이에 의하여 물건을 부수려고 돌을 던졌으나, 사람이 맞은 경우에 무거운 죄인 상해죄로 처벌하지 않는다는 결론이 된다.

○ 결론

내연남을 살해하려고 보약에 독약을 넣어두었으나 엉뚱하게 가정부가 마시고 사망한 경우도 사실의 착오다. 행위자는 가정부에 대한 살인죄가 인정된다.

6. 심청이의 불운

시골에서 삯바느질 품삯만으로는 시각 장애 부친을 더 이상 봉양할 길이 없게 된 심청이는 서울로 가서 어느 집 가정부로 일하게 되었다.

주인 내외는 맞벌이 부부였는데, 심청이가 하는 일은 집 안 청소와 돌이 지난 아기를 돌보는 일. 그런데 "재수 없는 놈은 뒤로 자빠져도 코가 깨진다"고 했던가. 첫날 엄청난 사고가 발생했다.

아기가 배가 고프다고 울며 보채므로 젖병을 데우려고 가스레인지를 켰는데, 잠그는 것을 깜박 잊는 바람에(사용법이 서투른 탓도 있고) 가스가 새어 나와 아기가 질식해서 사망한 것이다. 그녀도 물론 실신했으나, 어른인지라 금세 회복했다. 심청이의 죄는 무엇인가?

① 결과적으로 살인죄의 책임이 있다.

② 고의가 없었으므로 과실 치사죄의 책임만 진다.

③ 고의도, 과실도 없으므로 아무 책임이 없다. 심청이도 죽을 뻔하지 않았는가?

범죄 행위는 행위자가 일부러, 고의적으로 수행하는 경우가 대부분이지만 (고의범), 실수로 또는 부주의로 저지르는 수도 적지 않다. 이렇게 고의가 아니고 실수나 부주의로 저지르는 범죄를 '과실 범죄'라고 한다.

과실범은 고의범에 비하여 그 형이 비교적 가볍다. 과실범도 범죄인 이상 범죄의 성립 요건을 갖추어야 한다. 즉 과실범도 처벌한다는 규정이 있어야 하고, 처벌 규정이 있는 경우라 하더라도 그 죄의 구성 요건에 해당하고 위법하며 유책이어야 한다.

과실범의 구성 요건의 핵심은 법률이 요구하고 있는 주의 의무를 다하지 못해 구성 요건상의 결과를 발생하는 것이다. 이 주의 의무는 다시 그 내용으로서 위험이나 결과를 미리 예상할 의무와 그 결과의 발생을 방지 또는 회피할 의무로 나누어볼 수 있다.

이 주의 의무는 우선 법률이 요구한다. 자동차 운전자에게는 도로교통법에 의해 안전 운전의 의무가 주어져 있고, 약사법에는 약사의 조제와 판매상의 주의 의무가 규정되어 있는 것이 그 실례다.

주의 의무를 다했는가 여부는 행위자의 주의 능력을 기준으로 해서 판단하는 것이 아니고, 일반인을 기준으로 하나 실제로는 법관이 판단한다고 보면 된다.

◌ 결론

젖병을 데우려고 가스레인지를 켠 후, 이를 잠그는 것을 깜박 잊는 바람에 가스가 새어 나와 다른 사람을 질식·사망하게 한 경우 과실 치사죄가 성립한다. 행위자에게는 가스를 오래 켜두면 가스가 샐 가능성이 있다는 것을 예상하고, 이를 예방하거나 회피할 주의 의무가 있는데 이를 다하지 않은 과실이 인정되기 때문이다(만일 가스의 누출이 가스레인지 고장으로 인한 것이었다면 결론은 달라질 것이다).

7. 정말 예상하지 못했소

어굴해 씨는 화물 트럭 운전기사. 그가 어느 날 강릉에서 짐을 싣고 영동고속도로를 이용해서 서울로 오다가 일어난 교통사고 이야기다.

구불구불 대관령을 내려와 일직선 상의 도로에 들어서자 그도 어느새 약간의 과속을 하게 되었다. 그런데 전방 약 150미터 지점 역시 화물 트럭이 짐을 가득 싣고 거북이걸음으로 오고 있었는데, 갑자기 그 트럭 뒤에서 승용차가 중앙선을 넘어 마주 달려오는 것이 아닌가? 그곳은 쌍방 추월 허용 지점이었다. 어 씨는 달려오는 승용차를 향해 전조등 불빛으로 경고 신호를 보내는 한편 감속을 시도했다.

그러나 워낙 승용차가 쏜살같이 달려오는 바람에 정면충돌을 하고 말았다. 이 사고로 승용차 운전사는 그 자리에서 사망했고, 어 씨는 가벼운 부상만 입었다. 승용차 운전사의 유족들은 어 씨에게 "과속한 잘못과 승용차가 중앙선을 넘어 추월할 것을 예상하지 못한 과실이 있다"고 주장한다. 어굴해 씨에게 형사 책임이 있는가?

① 없다.

② 있다. 과속한 잘못이 있다.

③ 있다. 추월 허용 지점에서는 반대 방향으로부터 추월하는 차량이 있을 것을 예상하여 충돌 사고를 방지해야 할 책임이 있다.

  자동차를 운전해본 사람이라면 누구나 실감하는 일인데, 사고는 자기만 조심해서는 소용없고 남도 조심해야 한다는 사실이다.

  이처럼 '도저히 예상할 수 없었던 사고'에 대해 형법은 어떻게 대응하고 있는가? 형법은 이럴 때 '신뢰의 원칙'으로 해결한다.

  신뢰의 원칙이란 '행위자가 어떤 행위를 함에 있어서 피해자 또는 제3자가 적절한 행동을 취할 것이라고 믿었던 경우에는 설사 그 피해자나 제3자가 부적절한 행동을 해옴에 따라 범죄 결과가 발생했더라도 행위자는 그에 대한 책임을 지지 않는다는 원칙'을 말한다.

  예를 들면 육교나 지하도가 설치된 지점에서 모든 운전자는 보행자들이 육교나 지하도로 통행하리라고 믿게 되는데, 이때 피해자가 예상 밖으로 차도를 횡단하여 불가피하게 충돌 사고를 낸 경우에는 형사 책임이 없다. 이는 교통사고에 대하여 판례가 발전시켜온 원칙이다.

  그러나 현재는 교통사고에 국한하지 않고 의료 행위, 공장의 작업 과정 등 사회에서 분업적 공동 작업이 필요한 분야에까지 적용이 확대되고 있다. 판례를 보면, 고속 도로 상에서의 보행자 출현에 따른 충돌 사고, 서울의 잠수교 상에서의 자전차와 충돌 사고, 교차로에서 큰길을 따라 주행하던 운전자가 좁은 길에서 빠른 속도로 교차로에 진입하던 운전자와 충돌한 사고에 대해서 운전자에게 예상 의무, 주의 의무가 없다고 하여 모두 과실 책임을 부정하고 있다.

Q 결론

고속 도로에서 차선을 따라 주행하는 운전자는 맞은편에서 오는 차량의 운전자가 중앙선을 침범하지 않으리라고 믿고 운행하는 것이므로, 상대방이 이러한 신뢰를 해치는 중앙선 침범 행위를 함으로써 부득이 충돌한 경우에 그 사고에 대해 형사 책임을 지지 않는다(1984. 4. 11. 대법원 판결).

8. 최 대감의 알쏭달쏭한 최후

"상감마마, 힘이 약한 우리는 청나라와 화친해야 할 것이옵니다." 오늘도 친청파의 거두 강경한 대감이 화친을 아뢰었다. "아니 되옵니다. 조선은 명나라를 섬겨야 하고 오랑캐와는 손잡을 수 없습니다." 친명파 거두 최보수 대감이 반대를 반복했다. 더욱이 상감께서 화친에 뜻이 있음을 간파한 친명파는 자객을 보내 강 대감을 암살했다. 이 때문에 병자호란이 일어났다(?)는 이야기가 있다.

그건 그렇고, 강 대감의 외아들 강효자는 원수를 갚으려고 기회를 엿보던 중 최 대감을 퇴근길에 조총으로 저격했다. 부상을 입은 최 대감은 의원으로 후송 도중 마주 오던 말과 충돌해 사망했다. 이 일만 없었다면 최 대감은 생명을 건질 수 있었다.

자, 범죄는 범죄자의 행위와 피해자가 입은 결과 간에 소위 '인과 관계'가 있어야만 한다. 그렇다면 강효자의 경우에는 인과 관계가 있다고 볼 수 있을까?

① 있다. 저격이 없다면 후송, 교통사고, 사망은 일어나지 않았다. 따라서 살인죄.

② 없다. 사망의 원인은 교통사고이므로. 따라서 자기 행위 범위 내인 상해죄.

③ 없다. 그러나 살인의 고의와 저격 행위가 있었으므로 살인 미수죄.

　"콩 심은 데 콩 나고 팥 심은 데 팥 난다"는 말은 자연 세계에서의 인과 법칙을 의미하는 말이다. 형법에서도 반드시 일정한 결과의 발생이 있을 것이 요구되는 이른바 결과범에 있어서는 범죄 행위와 결과 간에 원인과 결과의 관계, 즉 '인과 관계'가 있어야 한다. 다시 말하면 어떠한 범죄 행위가 있고, 또 어떤 결과가 발생했다고 하더라도 그 행위와 결과 사이에 원인과 결과의 관계가 존재하지 않으면 범죄가 완성되었다고 평가할 수 없게 된다.

　예를 들어 다투다가 뺨 한 대를 때렸는데, 상대방이 며칠 후에 사망한 경우에 행위자에게 사망의 결과에 대해 형사 책임을 지우려면 뺨을 한 대 때린 행위가 원인이 되어 피해자가 사망했다는 인과 관계가 존재해야 하는 것이다. 인과 관계가 부정되면 그 범죄의 기수범이라고 평가하거나 책임을 지울 수가 없다.

　이처럼 형법에서는 인과 관계의 유무가 기수와 미수를 구별하는 중요한 기능을 하고 있는 셈이다. 그러나 주의할 것은 형법에서 논의하는 인과 관계는 철학, 논리학, 종교, 자연 과학에서 다루는 인과 관계와는 개념과 기능이 다르다는 점이다. 그러면 행위와 결과 간에 인과 관계가 있고 없음을 판별하는 기준은 무엇인가?

　이에 관해서는 아주 다양한 학설이 제시되어 있다. 예를 들면, 행위와 결과 사이에 논리적인 조건 관계가 있으면 된다는 조건설, 결과를 가져온 여러 가지 조건 중에서 필연적, 최종적, 최유력 조건만을 원인으로 보아 이 원인만 있으면 된다는 원인설, 기본적으로 조건설에 입각하되, 사건 경과의 형법적 중요성에 비추어 판정하자는 중요성설, 행위와 결과 사이에 사회적 위험성이 있으면 인과 관계를 인정하자는 위험 관계 조건설, 합법칙적 관련이 있어야 한다는 합법칙적 조건설, 사회적 통념이나 경험에 비추어 그 행위로부터 그러한 결과가 발생하는 것이 상당하다고 판정되면 인과 관계가 인정된다는 상당 인과 관계설 등이 그것이다.

이 밖에도 행위자가 수행한 사실 여부만 확정할 수 있으면 형사 책임은 인정할 수 있으므로 인과 관계의 논의는 필요 없다는 인과 관계 무용론도 있고, 최근에는 행위자의 행위를 통해 나타난 불법적인 결과에 대해서는 그 행위가 어떤 위험을 실현했거나 증대시킨 경우에는 행위자에게 귀속시킬 수 있다는 객관적 귀속론이라는 것도 주장되고 있다.

이러한 인과 관계에 관한 형법학자들의 논의 중에서 우리나라 법원이 채택한 견해는 상당 인과 관계설이다. 그리하여, 판례는 얼굴을 강타했더니 사망한 경우, 안면을 강타당한 피해자가 뇌출혈로 사망한 경우, 임신 7개월의 여자를 발로 걷어차 땅에 넘어뜨려 결국 낙태와 심근 경색증으로 사망하게 한 경우, 운전자가 시동을 끄지 않은 채 운전석을 이탈했는데 타인이 호기심에서 운전하다가 사람을 다치게 한 경우, 상대방을 땅에 떠밀어 쇼크성 심장마비로 사망하게 한 경우 등에는 행위와 결과 간에 인과 관계가 있다고 보고 있다.

심지어는 폭행을 당한 피해자가 평소에 지병을 앓고 있어서 그 지병이 사망에 영향을 미친 경우는 물론이고, 가해자의 행위가 사망의 직접적 원인이 아니더라도 이로부터 발생한 다른 간접적 원인이 결합된 경우에도 인과 관계를 인정하고 있다.

그러나 강간을 당한 피해자가 그로 인한 수치심과 절망감으로 자살한 경우에는 강간이 사망의 원인이라고 보고 있지 않으며, 교사가 학생을 훈계하고자 뺨을 때렸는데 피해자가 뒤로 넘어져 사망한 사건에서 피해자가 평소 허약 체질이고 두개골의 두께가 정상인보다 얇은 경우였더라도 인과 관계가 없다고 판시하고 있으며, 피해자가 특이 체질이어서 가벼운 폭행으로도 심장 마비를 일으켜 사망한 경우 역시 사망의 결과를 예상할 수 없었다는 이유로 인과 관계를 부정하고 있다.

이러한 우리나라 법원의 입장은 비록 판결 이유에서 상당 인과 관계라는 표현을 사용하고 있지만 실은 인과 관계를 배제시킬 결정적 사유가 없는 한 조건설에 입각하고 있는 것이라는 비판이 제기되고 있다.

조건설은 독일과 일본의 판례의 입장이기도 한데, 이 설은 결과를 야기한 모든 조건을 원인으로 봄으로써 인과 관계의 폭을 무한정 확장한다는 비판이 가능하다. 그리하여 이 설에 의하면 살인범을 낳은 어머니도 자식이 살인의 결과를 가져오게 한 조건을 부여했다는 비판을 불러일으키고 있을 정도다.

어쨌든 형법에서 치열하게 대립하는 인과 관계의 논의와 학설은 그만큼 인과 관계라는 문제가 중요하고도 의미 있는 것임을 보여준다.

Q 결론

살인의 고의로 저격했던바, 피해자가 부상을 입어 병원으로 후송되는 도중에 교통사고를 당하여 사망한 경우에도 저격 행위와 사망 간에는 상당한 인과 관계가 있다고 볼 수 있다. 따라서 행위자는 살인 미수죄가 되는 것이 아니라 살인죄의 기수범이 된다.

9. 향토애가 유죄?

자유공화국 제10대 대통령 선거가 시작되었다.

민주수호당 박유식 후보와 민주만세당 박달변 후보의 접전이었는데, 사람들은 이를 '양 박전'이라고 했다. 사람들은 둘 이상만 모이면 "누가 당선될까?"라는 이야기를 했는데, 삼룡이는 "누가 뭐라 캐도 박유식 후보가 당선될 기라"라고 주장했고, 칠복이는 "뭔 말을 고로코롬 하는 겨? 박달변 후보가 될 텐게 두고보랑게"라고 맞받아쳤다. 설전이 끝내 몸싸움으로 발전하여 삼룡이가 칠복이의 얼굴을 한 대 치자 칠복이도 반격했다.

그러나 둘은 절친한 사이라 금방 화해하고 헤어졌는데, 그날 밤부터 칠복이의 머리가 아프기 시작했다. 그는 대수롭지 않게 생각하고 일주일 동안 두통약만 사 먹다가 '지주막하 뇌출혈'로 사망하고 말았다. 의사의 사망 진단서에는 "주먹이나 둔기로 두부를 강타당해 뇌출혈이 발생, 진행되어 사망한 것으로 추정됨"이라고 기록되었다.

삼룡이에게 어떤 책임이 있는가?

① 살인죄(결과적으로 사망하게 했으므로).

② 과실 치사죄(살인의 고의가 없었으므로).

③ 폭행 치사죄(폭행하여 결국 사망하게 했으므로).

④ 무죄(피해자가 치료를 태만히 했으므로).

범죄는 고의범이거나 그렇지 않으면 과실범이다. 그러나 소 중에 얼룩소가 있듯이 고의범과 과실범의 결합된 형식의 범죄도 있다. 예를 들면 상대방을 혼내주려고, 또는 함께 싸우다가 폭행이나 상해를 가했는데, 상대방이 사망한 경우에는 '폭행 치사죄' 또는 '상해 치사죄'라는 범죄가 성립된다. 학자들은 이를 결과적 가중범이라고 부르고 있다.

결과적 가중범이란 '고의에 의한 범죄 행위가 그 고의의 범위를 벗어나(초과하여), 행위자가 예상하지 못한 중한 결과를 발생하게 한 경우에 그 중한 결과에 대해 형사 책임을 져야 하는 범죄'라고 할 수 있다.

중한 결과를 예상했어야 하는데도 과실로 예상하지 못했으니 그 중한 결과에 따라 책임을 지라는 것이다. 이런 의미에서 결과적 가중범은 '고의범＋과실범'이다.

선행 행위는 고의인 경우여야 하며, 발생한 결과에 대해서는 고의로 선행 행위에 이른 행위자가 예상할 수 있었어야 한다. 결과에 대해서는 예상 가능성이 없었다면(과실이 인정되지 않으면), 선행 행위에 대해서만 책임을 지게된다. '예상할 수 없었을 때'라는 의미는 과실이 없었을 때라는 의미다.

결론

'상대방의 얼굴을 한 대 쳤더니 의외로 땅에 넘어지면서 머리가 땅바닥에 부딪친 경우' 행위자는 폭행 치사죄라는 결과적 가중범이 된다. 이유는 술에 취한 사람의 얼굴을 잘못 때리면 뒤로 넘어질 염려가 있고, 경우에 따라서는 뇌출혈을 일으킬 수 있다는 것을 예견할 수 있기 때문이다(1970. 4. 28. 대법원 판결). 피해자가 치료를 태만히 했다 하더라도 결론은 같다.

10. 내가 아니더라도 누가 구해주겠지

한마을에 사는 김 생원과 이 진사는 자존심이 어찌나 센지 사이가 좋지 않다. 아니, 서로 앙숙이라고 해야 옳다. 자기가 더 유식하다는 것이 이유다.

어느 해 겨울, 김 생원이 다른 마을로 출타했다가 귀가하는데, 동네 저수지에서 "사람 살려!" 하는 비명 소리가 들렸다.

가까이 다가가 보니 이 진사가 물에 빠져 허우적거리는 것이 아닌가? 술에 취해 비틀거리다가 실족한 것이다. 김 생원은 구해줄까 생각하다가 추운 날 차디찬 물속에 뛰어들기가 싫어 못 본 체하고 발길을 돌렸다. '누군가가 구해주겠지' 하고 생각한 것이다.

그러나 10분 후 이 진사는 아무도 구해주는 이가 없어 익사하고 말았다. 이 진사를 구하지 않은 김 생원에게 형사 책임이 있는가?

① 없다. 구해줄 법적 의무도 없었고 적극적으로 이 진사를 물에 빠뜨린 것도 아니기 때문이다.

② 있다. 구조 의무는 없지만, 구조 의무가 있는 기관에 신고하지 아니한 과실이 있으므로 과실 치사죄가 성립한다.

③ 있다. 익사 직전의 사람의 구조 요청을 받고 구조하지 않으면 그것으로도 살인죄가 된다.

범죄는 행위자가 적극적인 행위로도 할 수 있지만, 소극적인 행위로도 할 수 있다.

형법학에서는 적극적인 행위를 작위(作爲), 작위에 의해 수행되는 범죄를 작위범이라고 한다. 한편 소극적인 행위를 부작위(不作爲), 부작위에 의해 수행되는 범죄를 부작위범이라고 한다.

부작위범에 대한 형법적 평가는 작위범과 같다. 권총을 발사해서 사람을 살해하는 것과 젖을 주지 않음으로써 사람을 살해하는 것의 평가가 달라야 할 이유가 없다. 그런 의미에서 부작위범은 '부작위에 의한 작위범'이라고 부르기도 한다.

부작위범이 성립하기 위해서는 행위자에게 먼저 어떤 의무가 전제되어야 한다. 이를 '작위 의무'라고 하는데, 그 내용은 결과나 위험의 발생을 방지할 의무다. 부작위범은 이러한 작위 의무를 일부러 이행하지 않음으로써 범죄의 결과를 발생시키는 형태인 것이다.

그리고 작위 의무가 주어지는 근거는 다양하다. 법률, 계약, 사회 통념, 관습, 신의 성실의 원칙 등이 사람에게 어떤 작위 의무를 요구하게 된다. 또 이런 경우가 아니더라도 행위자가 어떤 행위를 한 경우에 그 선행된 행위에 의해서 작위 의무가 부여되기도 한다. 예컨대 자동차로 사람을 친 자는 피해자를 구조해 사망을 방지해야 할 작위 의무가 생기게 된다.

Q 결론

위험에 빠진 사람을 보게 된 경우에는 구조해야 할 의무가 있다(이를 '긴급 구조 의무'라고 한다). 구조하는 데 별 위험도 없으면서 구조 의무를 이행하지 않으면 부작위에 의한 살인죄가 성립한다.

11. 아들은 대를 이어야 하므로

예쁜 아내와 1남 1녀를 두어 세상에 부러울 것이 없는 최 과장의 식구들이 지리산 계곡으로 피서를 갔다. 아내는 밥을 짓고, 최 과장은 텐트를 치고 있는데 근처 계곡에서 아이들의 비명 소리가 들려왔다. 그사이에 계곡으로 놀러 나갔다가 바위에서 미끄러져 호수에 빠졌던 것이다.

현장에서의 상황은 두 사람을 동시에 구조할 수는 없었다. 그래서 최 과장은 순간 자기 대를 이을 아들을 구조하기로 하고 계곡에 뛰어들었고, 그동안 딸은 익사하고 말았다.

자, 피서지에서 부모는 아이들을 돌볼 법적 책임이 있다. 또 위험에 빠졌을 때에는 구조할 법적 책임이 있다. 그렇다면 위험에 빠진 두 아이들을 동시에 구조할 수 없는 상황에서 한 아이의 구조만 선택한 결과 다른 아이가 익사한 경우, 그 익사에 대한 법적 책임이 있다고 할 수 있는가?

① 없다. 상반되는 두 가지 이상의 의무가 충돌하는 경우, 포기된 의무 위반은 위법성이 없다.

② 없다. 동시에 충돌되는 두 가지 이상의 의무 이행을 기대할 수 없기 때문이다.

③ 있다. 결과적으로 자기의 보호 책임하에 있는 사람이 죽었기 때문이다.

부작위범(不作爲犯)이란 작위 의무가 있는 사람이 이를 이행하지 않음으로써 범죄가 되는 경우를 말한다. 이처럼 부작위범은 항상 그보다 앞서서 일정한 행위를 해야만 하는 작위 의무가 있어야만 성립한다.

그런데 의무자에게 동시에 이행해야 할 의무가 하나가 아니고 둘 이상이어서 의무자가 그중 어느 하나의 의무를 이행하고 다른 의무를 이행하지 못하는 경우가 있다. 이것을 '의무의 충돌'이라고 한다. 의무의 충돌은 인간을 곤혹스럽게 만든다. 슈퍼맨도 아닌 인간이 동시에 둘 이상의 의무를 이행할 수도 없는 노릇이지만, 그런데도 이행하지 못한 의무에 대해서는 형법적 평가가 뒤따르니 말이다.

예를 들면 두 법원으로부터 동일한 일시에 증인으로 소환된 경우 증인에게는 의무의 충돌이 일어난다. 이 문제를 형법은 어떻게 해결하고 있는가?

첫째, 충돌하는 의무의 가치를 비교해, 높은 가치의 의무를 이행하는 경우에는 다른 의무를 이행하지 못했다고 하더라도 위법성이 있다고 할 수 없다.

둘째, 충돌하는 의무가 생명 대 생명의 관계처럼 비교가 불가능한 경우에도 결론은 같다.

셋째, 행위자가 낮은 가치의 의무를 선택하여 이행한 경우에도 행위 당시의 상황에 비추어 높은 가치의 의무를 이행하는 것을 기대할 수 없는 경우에는 '기대 가능성'의 이론에 따라 책임을 부정하게 된다.

Q 결론

자기 자녀가 동시에 물에 빠져 그중 한 사람밖에는 구조할 수 없는 의무의 충돌 상황에서 아들을 선택해 구조한 아버지에게는, 딸을 구조하지 않았다는 의무의 불이행을 비난할 수 없다. 기대 가능성이 없기 때문이다.

12. 솔거의 이유 있는 항변

당대의 천재 화가 안솔거 씨의 불만은 이렇다. "우리나라 지폐의 주인 공들은 왜 이씨(李氏)뿐이냐?" 따지고 보니 그렇다. 1만 원권은 세종대왕 (전주 이씨), 5,000원권은 율곡 이이, 1,000원권은 퇴계 이황이 아닌가? 그나마 몇 년 전에 5만 원권이 발행되면서 신사임당이 들어가 그의 불만 은 조금 누그러졌다.

"또 그건 그렇다 치고 왜 하필이면 수백 년 전 사람들뿐이냐?" 솔거 씨 의 항변은 계속된다.

그래서 그는 자기가 직접 새 지폐를 도안, 제작했다. 주인공은 당연히 자기 가문을 빛낸 안중근 의사. 그는 자신의 작품을 컬러복사기로 복사한 뒤 친지들에게 "어떻소?" 하고 품평을 구했다.

천재 화가 안솔거 씨가 새 지폐를 만들었다는 소문이 나자 화폐 수집가 들이 몇 배의 돈을 주고라도 구하려고 난리가 났다. 이 정보를 접한 경찰 이 안솔거 씨를 좀 보자고 하는데, 그 이유는 무엇일까?

① 통화(화폐)를 위조했기 때문이다.

② 통화를 위조할 목적이 없었기 때문에 별 문제는 되지 않을 것이다.

③ 발권자인 한국은행 총재의 고발이 있는 경우에만 통화 위조죄가 성립된다.

범죄 중에는 행위자가 범죄를 실현한다는 인식, 즉 고의 외에 다시 어떤 '목적'을 갖고 있어야 하는 경우가 있다. 이처럼 행위자에게 어떤 목적을 갖고 있을 것을 필요로 하는 범죄를 '목적범'이라고 한다.

주의할 것은 이 목적은 행위의 동기나 배경과는 전혀 다르다는 점이다. 예컨대 살인의 목적은 원한, 보복, 금품 강취 등 행위자에 따라 다양하겠지만 이런 것은 목적범에서 말하는 목적이 아니다.

형법은 목적범에 관하여는 반드시 법조문 그 자체에 '무엇무엇을 할 목적으로'라는 표현을 사용하고 있으므로 이런 표현이 사용된 범죄는 모두 목적범으로 볼 수 있다. 예를 들면 문서 위조죄는 행위자에게 문서를 위조한다는 인식 외에 이를 '행사할 목적'이 있어야 성립된다.

물론 행위자가 반드시 그 목적을 달성해야만 범죄가 성립하는 것은 아니다. 목적 달성과 무관하게 목적만 있으면 범죄는 성립된다.

형법이 이처럼 문서 위조죄, 통화 위조죄, 내란죄, 영리 약취 유인죄 등과 같이 일정한 범죄에 대하여 고의 외에 다시 목적을 요구하고 있는 이유는, 그러한 범죄는 목적이 있어야만 그 행위의 위법성을 인정할 수 있기 때문이다.

그러나 행위자의 마음속에 자리 잡고 있는 목적을 제3자가 있고 없음을 확연하게 구별할 수는 없으므로, 실무상으로는 목적범의 경우에도 행위의 동기와 상황 등을 종합적으로 관찰하여 판단하고 있다.

🔍 결론

통화 위조죄는 행사할 목적이 있어야 성립되는 목적범이다. 여기서 '행사할 목적'이란 위조한 화폐를 사용, 즉 유통시킬 목적을 말한다. 화가가 한국은행이 발행한 화폐의 도안에 대해 불만을 갖고, 자기 나름대로 화폐를 도안해본 것은 행사의 목적이 있는 것이라고는 볼 수 없다(그러나 이것을 판매할 목적으로 제조한 경우에는 '통화 유사물 제조죄'로 처벌된다).

13. 복통 치료에 쓰려고 심은 양귀비

강원도 태백산맥, 하늘 아래 첫 동네에 사는 김막동 할아버지는 심마니였는데, 나이가 먹고 숨이 차게 되자 농부가 되었다.

산속 외딴집에 홀로 사는 그가 가장 겁나는 것은 아플 때다. 평소에도 위장이 좋지 않았던 그는 혹시 모를 비상시에 치료제로 쓰려고 마당 텃밭에 양귀비 50포기를 심었다.

양귀비로 만든 것이 아편이고 아편은 재배 자체가 법률로 금지되어 있다. 그러나 김 할아버지는 팔기 위해서가 아니고 집에서 치료제로 쓰기 위해 심는 것은 죄가 되지 않는다고 믿고 있다.

그렇다면 김 할아버지처럼 '자기 행위가 죄가 되지 않는다고 믿고(오인하고) 한 행위'는 어떻게 처리되어야 할까?

① 오인함에 있어 정당한 이유가 있으면 벌하지 않는다.

② 법을 몰랐다는 것은 용서되지 않는다. 따라서 처벌된다.

③ 일단 범죄가 성립되나, 오인한 자에게 동정할 만한 사유가 있으면 책임이 경감된다.

"법의 부지(不知)는 용서되지 않는다"는 법률 격언이 있다. 어떤 행위를 한 후에 그 행위가 법에 위반되거나 저촉되는 것을 몰랐다는 항변은 인정되지 않는다는 뜻이다. 그런데 자기의 행위가 '착오로' 위법하다는 것을 인식하지 못한 경우는 어떻게 보아야 할까?

이 문제를 '법률의 착오' 또는 '금지의 착오'라고 하는데, 문제의 핵심은 '고의 속에 위법성의 인식도 필요한가'이다. 통설은 고의에는 위법성의 인식까지 요구되는 것은 아니며, 다만 위법성의 인식 여부는 범죄 성립의 요건 중에 하나인 유책성과 관련해 논의하면 족하다는 설(책임설)이다.

이에 의하면 행위자가 착오로 위법성을 인식하지 못한 경우, 즉 법률의 착오가 있는 경우, 그 착오에 정당한 이유가 있으면 책임을 물을 수 없고(범죄 불성립), 정당한 이유가 없으면 고의범이 성립한다는 결론이 된다.

형법 제16조는 "자기의 행위가 법령에 의하여 죄가 되지 아니하는 것으로 오인한 행위는 그 오인에 정당한 이유가 있는 때에 한하여 벌하지 아니한다"라고 하고 있는데, 여기서 "벌하지 아니한다"의 의미는 구성 요건에 해당하고 위법하지만, 책임이 조각된다는 것이다.

ℚ 결론

양귀비의 재배는 형법이나 마약류 관리에 관한 법률에 의해 금지되어 있다. 그런데 깊은 산골에 사는 노인이 복통에 대비해 양귀비를 심으면서 죄가 되지 않는다고 믿었던 경우에 정당한 이유가 있다고 볼 수 있을까? 긍정해야 할 것이다. 왜냐하면 행위자의 신분과 상황에 비추어볼 때 비난하기 어렵기 때문이다(그러나 판례는 법률의 착오 주장에 대해서 대체로 인색한 편이다).

14. 설교까지는 좋았는데

　행복동 7통의 통장이신 정의감 노인은 은퇴한 전직 교사이신데, 아직도 불의와 부정을 보면 그냥 넘어가는 법이 없다. 그는 심심풀이로 조그만 담배 소매상을 하고 있다. 어느 날 밤 고교생으로 보이는 학생 셋이 그의 가게로 와서 "말보로 담배 세 갑 주세요" 하는 게 아닌가?

　그는 "너희, 학생 같은데 벌써 담배 피우면 되겠나?" 하고 점잖게 훈계를 했다.

　그런데 그중 한 녀석이 "담배 팔기 싫으면 그만이지 웬 설교요? 나 원 재수 없어서…"라고 하자 통장, 아니 전직 교사는 화가 났다.

　"너희 어느 학교 학생이야?" 하며 뺨을 한 차례씩 때리고 타일러 보냈다. 며칠 후 정 통장에게로 경찰서에서 소환장이 날아왔다. 혐의는 폭행! 이를 폭행이라고 보아야 하는가?

① 아니다. 어른은 청소년의 비행을 타이르고 징계할 수 있다.

② 그렇다. 동기 여하를 떠나 남의 집 귀한 자식들을 손찌검한 것은 폭행이다.

③ 그렇다. 고객을 폭행한 것은 어떠한 이유로도 정당화될 수 없다.

형법이 정한 모든 범죄의 구성 요건을 실행하는 행위는 일단 모두가 '위법한 것'이라는 점을 전제한다고 이해해야 한다. 그런데 외형적으로는 행위가 구성 요건에 해당하지만 실질적으로 평가하면 위법하다고 볼 수 없는 경우가 있다. 즉 예외 없는 원칙이 없듯이 행위자에게 일정한 사유가 없으면, 그 행위의 위법성을 소멸해주는 경우다. 앞에서도 언급했지만 이를 형법에서는 '위법성 조각 사유'라고 한다. 그중 하나가 정당 행위다. 정당 행위란 '법령에 의한 행위, 또는 업무로 인한 행위, 기타 사회 상규에 위배되지 않는 행위'로서 벌하지 않는 행위, 즉 위법성이 조각되는 사유를 말한다(형법 제20조).

공무원의 적법한 직무 집행 행위(예컨대 사형수의 집행), 부모의 자녀에 대한 징계로서의 처벌, 현행범의 체포, 정신병자에 대한 감호 행위, 복권 및 복권기금법에 의한 나눔로또의 발매, 적법한 노동 쟁의 과정에서의 농성 행위, 모자보건법에 의한 임신 중절 수술 등은 모두 '법령에 의한 행위'로서 외관상 타인의 법익 침해가 수반되어도 위법성이 없는 행위다. 나아가 의사의 치료 행위나 스포츠 경기는 '업무로 인한 행위'에 속한다.

그리고 '사회 상규에 위배되지 아니하는 행위'란 사회 통념에 비출 때 정당시되는 행위로 이해하면 족할 것이다. 법령에 의한 행위나 업무로 인한 행위도 실은 사회 상규에 위배되지 않는 행위로 볼 수 있고, 때문에 "사회 상규에 위배되지 않는다"는 것은 위법성 조각 사유 전체를 지배하는 통일적 원리라고 할 수 있다.

Q 결론

법령상 징계권이 없는 사람이 미성년자를 타이르다가 '뺨을 한 차례씩 때린 행위'도 위법하다고 볼 것인가? 사회 통념상 정당시된다고 볼 수 있으므로 위법하지 않다고 보아야 한다. 다만 이때에도 징계의 목적과 방법은 적절해야 한다.

15. 불운한 좀도둑

골동품 수집광으로 유명한 오성그룹의 구매력 회장이 비밀리에 진짜 신라 금관을 입수했다. 이 금관으로 말한다면 국보 중의 국보로서, 가격은 상상을 초월하는 500억 원! 이 사실이 입에서 입으로 골동품 업계에 퍼지자 당연히 골동품 전문 도둑들이 군침을 흘렸다.

그래서 구 회장은 지하실에 특수 금고를 설치하고, 또 이 금고에는 강력한 고압 전류를 연결시켜 비밀 열쇠가 없으면 만지는 순간 감전사하게 하는 장치를 해두었다. 전문 도둑들은 생명까지 걸 수는 없었으므로 단념했는데, 어느 날 이 사실을 모르는 좀도둑이 지하실에 침입해 금고에 손대는 순간 감전사하고 말았다.

도난을 예상하여 금고에 고압 전류가 흐르도록 한 조치도 정당방위가 되는가?

① 물론이다. 예상되는 도난에 대비한 조치는 정당방위다.

② 아니다. 정당방위는 '현재 부당한 침해'가 있을 경우에만 성립된다.

③ 장래에 예상되는 불법 행위에 대해서도 정당방위는 성립되나, 그 조치가 상당해야 하는데 이 사건은 그 정도를 넘어 과잉 방위가 된다.

서부 영화에서는 천편일률적이라고 해도 좋을 만큼 주인공인 보안관은 언제나 승리하고 악당은 반드시 패배하게 되어 있다. 비겁하게 뒤에서 총을 빼는 악당을 향해 재빠르게 반격하는 보안관이 그 악당을 사살하고도 법적으로 '아무렇지 않은 것'은 보안관의 행위가 정당방위이기 때문이다.

물론 정당방위에도 정도의 차이는 있으나 어느 나라, 어느 사회를 막론하고 거의 자연 발생적으로 인정되어왔다. 때문에 "정당방위는 역사를 갖지 않는다"는 말도 이런 데서 연유된 것이리라. 정당방위는 인류 사회에서 이처럼 오랜 역사를 자랑할 수 있는 가장 전형적인 위법성 조각 사유였던 것이다.

물론 우리 형법도 예외는 아니다. 정당방위를 형법적으로 정의하면 '자기 또는 타인의 법익에 대한 현재의 부당한 침해를 방위하기 위한 행위로서 상당성이 있어서 위법한 행위로 평가할 수 없는 행위'가 된다.

정당방위는 그 허용과 인정의 폭을 넓히면 남용이 되고, 엄격하게 운용하면 정당방위 제도 그 자체를 부인하게 되는 딜레마가 있다. 마치 손안에 든 새처럼 꽉 쥐면 죽게 되고 너무 느슨하게 쥐면 새가 날아가는 경우와 같다.

정당방위의 성립 요건을 살펴보자.

첫째 요건은, '타인으로부터 현재의 부당한 침해가 있을 것'이다. '침해'란 타인의 위법 또는 부당한 공격을 말한다. 위법, 부당한 공격은 사람에 의한 것이 대부분이겠지만, 동물을 이용하여 공격해오는 경우도 포함된다. 그리고 침해는 '현재의 침해'이어야만 한다. 즉 목전에 임박하거나 지금 급박한 상태를 말한다. 과거의 침해에 대해서는 방위가 아니라 보복일 뿐이다.

둘째 요건은, '자기 또는 타인의 법익을 방위하기 위한 행위'다.

여기서 '법익'이란 법률상 보호되어야 할 모든 이익을 말하며 생명, 신체, 권리, 명예, 재산 등 그 내용을 묻지 않는다. 자기의 법익을 지키기 위해 방위할 수 있음은 물론이고 타인의 법익을 위해서도 정당방위는 가능하다.

그러므로 가족, 친지, 친구는 물론, 법인이나 기타 단체의 법익을 위한 방위도 허용되며, 심지어는 공익(국가적 법익 및 사회적 법익)을 위해서도 가능하다. 큰 길거리에서 공공연히 음란한 행위를 하는 자에 대하여 일격을 가하는 것도 타인(공익)을 위한 정당방위다.

'방위하기 위한 행위'는 대체로 '위법 부당한 공격이나 침해를 배제, 저지, 격퇴시키기 위한 방위자의 반격 행위'를 말한다. 반격은 공격자를 대상으로 해야 하고 공격자 아닌 제3자에 대해서는 허용되지 않는다.

또 방위 행위를 하는 방위자에게는 방위의 의사나 인식이 있어야 한다. 방위 의사가 없었던 반격은 그 자체가 범죄가 된다. 예를 들면 A가 B를 죽이려고 칼을 들고 덤볐는데 B는 A의 행동을 알지 못한 채 A가 자기 원수이므로 권총으로 사살했다면 B의 행위는 정당방위가 되는 것이 아니라 A에 대한 살인죄가 된다.

셋째 요건은, 방위 행위가 '상당한 이유가 있을 것'이다. 이것은 상대방의 침해나 공격에 대한 반격으로서의 방위 행위가 행위 당시의 모든 사정으로 보아 사회 통념상 필요하다거나 정당하다고 인정되는 것을 말한다. 그러나 방위자에게 도주나 피신 등과 같은 다른 방법이 있었더라도 정당방위는 인정될 수 있다.

또 반격 행위가 침해 행위의 내용과 정도에 반드시 비례하거나 균형을 갖추어야 하는 것도 아니다. 다만 침해와 반격이 현저하게 균형을 이루지 못한 경우, 예를 들면 좀도둑을 보고 사살하는 것처럼 균형을 잃은 경우에는 과잉방위가 된다.

이상과 같은 요건을 구비한 정당방위는 설사 범죄의 구성 요건에 해당되더라도 위법성이 없어 범죄가 성립되지 않는다.

그리고 정당방위에서 방위 행위가 필요한 방위의 정도를 초과하여 상당성을 갖추지 못한 경우, 즉 '과잉 방위'에 대해서는 일단 범죄가 되나 그러한 방위에 이르게 된 사정을 참작하여 형을 감경 또는 면제할 수 있다(형법 제21조 제2항). 나아가 과잉 방위 행위가 야간이라든지, 그 밖에 불안한 상태에서 방위자가 공포, 경악, 흥분 또는 당황하여 하게 된 때에는 적법 행위의 기대 가능성이 없다고 보아 벌하지 않는다(형법 제21조 제3항).

🔍 결론

정당방위가 성립되기 위한 첫째 요건은 '현재'의 침해(공격) 행위가 있어야 한다. 물론 장래의 공격이 확실시될 경우에는 방위자도 미리 방위 행위를 할 수는 있다. 그러나, 침해 행위와 방위(반격) 행위는 어느 정도까지는 균형이 필요하다. 이런 관점에 비추어볼 때 도둑의 침해에 대비해서 금고에 사람이 감전사할 수 있을 만큼 강한 전류 장치를 한 경우에는 과잉 방위라고 보아야 할 것이다.

16. 민생 치안을 확립하라

"요즘 과인이 듣자 하니 가정 파괴범들이 날뛴다 하오. 경들은 속히 민생 치안 확립 방안을 강구하도록 하시오."

상감의 특명이 내려지자 포도청장은 부랴부랴 '범죄와의 전쟁'을 선포하고, 모든 포졸들에게는 포르투갈에서 긴급 수입한 조총을 지급했다. 동시에 "반항하는 가정 파괴범은 사살해도 좋다"는 지시를 내렸다.

포도청 종로지청 홍착각 포교가 주택가 순찰을 돌던 중 어디선가 여인의 비명이 들려왔다. 살펴보니 창문을 통해 웬 남자가 여인을 겁탈하는 듯한 그림자가 보였다. 다급해진 홍 포교는 남자의 그림자를 향해 발포했다. 알고 보니 비명은 해산의 진통 때문이었고, 그 그림자는 자기 아내의 해산을 돕기 위해 두 다리를 붙잡아준 남편의 것이었다.

이로 인해 그 남자는 졸지에 중상을 입었다. 홍 포교의 발포는 정당방위인가?

① 경찰관이 성폭행 장면으로 오인했을망정 발포 행위 그 자체는 적법하므로 정당방위다.

② 경찰관은 전후 사정을 잘 살피고, 방법에 있어서도 공포의 발사와 같은 수단을 선택해야 한다. 그 한계를 넘었으므로 과잉 방위다.

③ 경찰관이 범죄가 실행 중인 것으로 오인, 착각한 것이므로 오상 방위이다.

형법상의 정당방위 제도를 운영하는 검찰, 법원의 입장은 비교적 엄격한 편이다. 즉, 여간해선 정당방위를 인정하지 않는다. 그 이유 중 하나는 정당방위의 성립 요건 자체가 엄격하기 때문일 것이다.

정당방위라고 하기 위해서는 가해자로부터 현재의 부당한 침해가 있고, 이 침해로부터 자기나 타인의 법익을 지키기 위해 방위 의사를 갖고 방위(반격)하되, 그 방위 행위가 상당한 이유가 있어야 하는 등 그 기준이 엄격하다. 이러한 요건을 결여하면 그것은 과잉 방위가 되거나 오상 방위가 된다.

오상 방위란 '현재의 부당한 침해가 없는데도 불구하고 방위자가 있는 것으로 오인하고 방위 행위를 한 경우'를 말한다. 예를 들면 심야에 택배 배달원이 대문을 두드리자 도둑으로 오인하고 대뜸 몽둥이로 가격한 경우다. 또 서로 말다툼을 하던 중에 상대방이 흥분해 손을 올리는 것을 보고 자기를 때리려는 것으로 오인하고 갖고 다니던 지팡이로 상대방을 선제 가격한 경우도 이에 해당한다.

이러한 오상 방위의 형법적 처리에 관해서는 그 오인에 대해서 정당한 이유가 있으면(다른 표현으로는 과실이 없으면), 방위자에게 범죄는 성립하나 책임이 없다고 보게 되며 정당한 이유가 없으면, 즉 과실이 있으면 과실범 처벌 규정이 있을 때에 한하여 과실범으로 처벌된다.

결론

이 사건도 오상 방위에 해당된다. 창문에 비친 그림자를 보고 겁탈하는 것으로 오인하고 발포했기 때문이다. 총은 함부로 쏠 일은 못 된다.

17. 하룻강아지 범 무서운 줄 모르다가

정년퇴직을 한 심심한 씨의 낙이라면 아침저녁으로 그의 애견을 데리고 동네 뒷산을 산책하는 일이다. 어느 날 저녁에도 습관대로 한 손에는 단장을 짚고 한 손에는 애견을 데리고 산책에 나섰다. 그런데 대문이 열려 있던 어느 집에서 도사견이 그의 애견을 보고 갑자기 줄을 끊고 달려나와 애견을 공격했다.

당황한 심심한 씨는 단장을 휘둘러 도사견을 쫓는 시늉을 했으나 도사견은 물러서지 않고 공격을 계속했다. 그대로 두면 애견은 물려 죽을 판이다.

검도 5단인 심심한 씨는 할 수 없이 단장으로 도사견을 처리했다. 단 1합의 급소 공격에 도사견은 보신탕 용도가 되고 말았다.

애견의 시가는 300만 원 정도이고 도사견은 100만 원 정도, 심심한 씨의 도사견 처리 행위는?

① 정당방위에 해당한다.

② 긴급 피난에 해당한다.

③ 자구 행위에 해당한다.

④ 손괴죄에 해당한다.

　　타인으로부터의 부당한 법익 침해에 대하여 피침해자는 반격할 수도 있고(정당방위), 피할 수도 있다. 후자의 경우가 바로 긴급 피난이다.

　　긴급 피난은 '자기 또는 타인의 법익에 대한 현재의 위난을 피하기 위한 행위로서 상당한 이유가 있어서 위법성이 없는 행위'를 말한다.

　　예를 들면 성폭력의 위기에 처한 여자가 급히 피하려고 남의 집으로 피신한 경우는 주거 침입죄가 되지 않으며, 그 피신 과정에서 대문이 부서졌어도 손괴죄가 되지 않는다. 정당방위가 타인의 행동에 의해 조성된 부당한 '침해'를 대상으로 하는 데 비해, 긴급 피난은 적법하게 조성된 '위난'에 대해서도 가능하다는 점에서 결정적 차이가 있다. 그리고 그 위난은 사람의 행위로 인한 것이든, 동물 혹은 자연 현상에 의해 야기된 것이든 묻지 않는다. 어떠한 위난이든 스스로 자초한 것이 아닌 이상, 긴급 피난하는 것은 적법하다.

　　그런데 정당방위에 있어서 방위 행위가 상당한 이유가 있어야 하는 것처럼 피난 행위도 '상당한 이유'가 있어야 한다. 다만 긴급 피난에서는 피난 행위가 사회 통념이나 사회 상규에 비추어 정당시될 뿐만 아니라, 더 나아가서 피난 행위가 유일한 방법이어야 하며(보충성의 원칙), 피난 행위로 지키고자 하는 법익이 피난 행위로 인해 타인이 입게 되는 법익보다 크거나 최소한 같아야 한다(법익 균형의 원칙)는 조건이 더 필요하다. 다만 위난을 피하지 않아야 할 책임이 있는 자(예를 들면 군인, 경찰관, 소방관, 선장)에게는 긴급 피난이 허용되지 않는다.

🔍 결론

시가 300만 원 정도의 자기 애견에게 가해진 현재의 위난을 피하기 위해서 부득이 시가 100만 원 정도의 도사견을 타살하는 행위도 긴급 피난이 되는가? 긴급 피난의 상당성, 다른 방법이 없었던 보충성, 그리고 법익의 균형성 등 모든 요건을 갖추었으므로 긴급 피난에 해당되어 위법성(손괴죄)이 없다고 봐야 한다.

18. 법은 멀고 주먹은 가깝다

건축업자인 허풍선 사장은 동해안에 콘도 500세대를 건축 중인데, 공사비가 모자라자 수표를 남발하여 돈을 끌어댔으나 콘도 분양이 저조해 도산할 지경에 이르렀다.

할 수 없이 허 사장은 콘도를 시가의 반액에 할인하겠다고 광고를 냈다. 그러자 희망자가 쇄도했다. 허 사장은 막대한 계약금을 거머쥐고는 김포 국제공항으로 달려갔다. 그동안 해외 도피 준비를 해둔 것이다.

그가 탑승 수속을 밟고 있는데, 마침 콘도를 분양 받은 박눈치 씨가 허 사장을 목격하고 사태를 즉각 파악했다. 그래서 박눈치 씨는 허 사장의 멱살을 잡고 경찰서로 끌고 가는데 허 사장이 저항하자 격투가 벌어졌다. 이로 인해 허 사장은 옷이 찢어지고 전치 4주의 타박상을 입게 되었다.

사기 행각을 벌인 뒤 해외로 도피하려는 채무자를 강제로 저지할 수 있는가?

① 할 수 있다. 채권자가 자기 권리를 보호하기 위한 불가피한 행위이므로 자구 행위가 된다.

② 할 수 없다. 권리가 있다고 하더라도 법적 절차에 따라야 하고 실력으로 관철하는 것은 허용되지 않는다.

③ 자구 행위에 해당되어 형사 책임은 없으나 민사상 손해 배상 책임은 져야 한다.

법질서가 완비된 오늘날에는 개인 간의 복수나 권리의 실력적 해결은 허용되지 않는다. 권리의 실현은 법률이 정한 절차에 따라 해결해야만 한다. 그러나 법 절차에 따라 자신의 권리를 해결하려면 시간이 촉박하고 또 실효를 거둘 수 없는 경우에는 예외적으로 실력으로 그 권리를 실현할 수도 있다.

이것을 형법에서는 자구 행위 또는 자력 구제(自力救濟)라고 한다. 자구 행위란 '법률의 절차에 의하여 권리를 보전하기가 불가능한 경우, 그 권리의 실행 불능이나 실행의 곤란을 피하기 위한 실력적 행위로서 상당성이 인정되어 위법성이 배제되는 행위'를 말한다.

예를 들면 여관집 주인 또는 식당의 주인이 숙박비 또는 식대를 지불하지 않고 슬쩍 떠나려는 손님을 붙잡고 실력으로 그 대금을 받아내는 행위는 설사 그 붙잡은 행위가 폭행죄에 해당하는 경우라고 하더라도 자구 행위가 되어 위법성이 없게 된다.

자구 행위가 성립하려면 첫째, 객관적으로 권리(청구권)를 갖는 자가 법률의 절차에 의해 그 권리를 보전하는 것이 불가능하거나 현저하게 곤란하다는 급박한 사정이 있어야 하고, 둘째는 그 실행 불가능이나 실행 곤란을 피하기 위한 상당한 이유가 있어야만 한다.

자구 행위가 상당한 이유가 있는가의 여부는 행위 당시의 모든 사정과 상황을 참작하여 결정되겠지만, 다른 수단이 없었다거나, 자구 행위라도 상대방에게 경미한 피해를 주는 방법을 선택해야만 한다.

🔍 결론

막대한 부채를 진 채무자가 외국으로 도피하려고 하는 경우, 채권자가 이를 발견하고 실력으로 경찰서로 데려가는 행위는 자구 행위다. 이 자구 행위로 인해 채무자가 전치 4주의 타박상을 입었다고 하더라도 상해죄의 위법성이 있다고 할 수 없다.

19. 생명도 생명 나름

프로 축구 '한양 타이거즈' 선수단이 지방에서의 시합을 위해 이동 중에 타고 가던 구단 버스가 전복했다. 많은 선수들이 부상을 입게 되었는데, 그중에서도 골 게터 차병근 선수가 제일 심하게 다쳤다.

병원으로 후송된 차 선수는 의사 허준에게 "선생님, 생명만 건지게 해주세요"라고 부탁한 뒤 의식을 잃었다.

의사 허준은 차 선수의 오른쪽 다리의 골절이 워낙 심하여 절단하지 않으면 생명조차 위험하다고 판단하고 부탁대로 그의 다리를 절단하는 수술을 시행했다. 이로써 차 선수는 생명을 건졌으나 선수로서의 생명은 잃게 된 것이다.

뒤늦게 병원에 도착한 차 선수의 부모는 "왜 부모 동의 없이 축구 선수의 다리를 절단하는 수술을 했느냐?"고 중상해죄로 고소하겠다고 펄펄 뛴다.

의사 허준은 어떤 이유로 자기 행위에 대해 형사 책임을 지지 않는가?

① 피해자의 승낙을 얻었기 때문에.
② 수술 그 자체가 의사의 업무이기 때문에.
③ 선수의 생명을 구하려던 긴급 피난 행위이기 때문에.

범죄에는 대부분 피해자가 있게 마련이다. 그런데 행위자가 피해자의 승낙을 얻은 경우에는 위법성이 없다.

형법도 "처분할 수 있는 자의 승낙에 의하여 그 법익을 훼손한 행위는 법률에 규정이 없는 한 벌하지 아니한다"라고 규정하고 있다.

이처럼 당연하다고 생각되는 것이 형법에 명문으로 규정된 것은 그 나름대로 이유가 있다. 피해자의 승낙이 범죄 구성 요건 해당성 자체를 배제하기 때문이다.

승낙이 있게 되면 이처럼 대부분 구성 요건 해당성 자체를 배제하지만, 더 나아가서 형법 제24조는 피해자의 승낙이 위법성을 조각시키는 모든 경우를 예정하고 특별히 설치된 규정이다.

주의할 것은 피해자의 승낙은 승낙의 의미를 알고 진지하게 찬동하거나 승인하는 것이므로 그 의미를 이해할 수 없는 정신병 환자나 유아의 승낙, 또는 속이거나 협박에 의한 승낙은 해당하지 않는다. 그리고 승낙에 의한 행위일지라도 그것이 사회 상규에 위배되지 않을 것이 필요하다.

예컨대 병역을 면탈할 목적으로 무릎 수술을 해달라고 한 경우에 아무리 피해자의 승낙(간청)에 의한 것이라고 하더라도 의사가 이를 받아들여 수술해준 경우에는 물론 위법성이 있다(병역법 제86조 참조).

🔍 결론

교통사고로 다리에 부상을 입은 축구 선수에 대해 오른쪽 다리를 절단한 의사의 수술 행위는 실은 피해자의 승낙 때문이 아니라 치료 행위는 대부분이 '의사의 업무로 인한 행위'이기 때문에 위법성이 없다고 보게 된다. 그러나 개별적인 수혈, 이식 등의 치료 유사 행위는 역시 피해자의 승낙 때문에 위법성이 없다고 판정되는 것이다 (따라서 ①도 정답일 수 있다).

20. 전혀 기억이 없는뎁쇼!

"피고인은 어째서 술집의 종업원을 강제로 간음하려 했는가?"

검사가 강간 미수죄로 기소된 오리발 피고인에게 물었다.

"저는 그런 적이 없는데요."

"자네 어제저녁 쓰리랑 룸살롱에 가지 않았나?"

"저는 그런 곳에 간 적이 없는데요."

"그런 적이 없는 게 아니라 기억이 없는 게 아닌가?"

"그런 것 같기도 합니다. 저는 어젯밤 일이 통 기억나질 않습니다."

검사와 피고인의 끝없는 설전이 벌어진 셈인데, 요컨대 피고인은 술에 만취해 어젯밤의 행동을 기억하지 못하는 것이다. 자, 형법은 심신의 장애로 인해 사물을 변별할 능력이 없거나 의사를 결정할 능력이 없는 심신 상실 상태의 행위는 벌하지 않는다고 하고 있다. 그렇다면 '술에 만취된 상태'도 심신 상실 상태인가?

① 그렇다. 술에 만취되어 자기 행위를 기억조차 못 하고 있다면 만취 당시 심신 상실 상태였다고 보아야 한다.

② 그렇지 않다. 만취를 심신 상실 상태로 본다면 처벌될 사람이 없다.

③ 경우에 따라 다를 것이다. 평소의 자기 주량을 초과하여 만취된 경우에는 심신 상실 상태라고 봐야 한다.

범죄 행위가 되기 위한 마지막 성립 요건은 행위자에게 그 '책임'을 물을 수 있는가다. 구성 요건에 해당하는, 위법한 행위가 모두 범죄가 되는 것은 아니고 그 행위를 한 행위자를 법적으로 비난할 수 있어야 한다.

이러한 '행위자에 대한 비난 가능성'을 형법에서는 '책임'이라고 부른다. 따라서 어떠한 행위라도 "책임 없으면 형벌도 없다"는 말처럼 도의적 비난 가능성의 차원을 떠나 법률적인 비난 가능성이 있어야 범죄로 간주되고 형벌이 부과된다.

형법학에서는 무엇을 근거로 하여 행위자를 비난할 수 있는가에 대해서, 인간을 자유의사를 가진 존재로 간주하고 그럼에도 불구하고 스스로 자기 의사에 따라 위법한 행위를 했기 때문에 가해지는 도의적 비난이 책임을 묻는 근거라는 '도의적 책임론'과, 인간은 자유의사를 가진 존재가 아니라 천차만별의 소질과 주위 환경에 의해 필연적으로 지배받는 존재라고 파악하여 행위자의 반사회적 성격에서 유발된 범죄에 대해 형벌이나 보안 처분을 받아야 할 지위가 책임의 근거라는 '사회적 책임론'이 대립하고 있다.

한편 책임의 본질이 무엇인가에 관해서도 견해가 대립하는데, 행위자에게 범죄 사실의 인식(고의)이나, 인식할 수 있었으나 부주의하여 인식하지 못한 과실만이 행위자를 법적으로 비난할 수 있는 요소라는 '심리적 책임론'과, 행위자에게 법률이나 법질서가 요구하는 적법 행위를 기대할 수 있었는데도 행위자가 그렇게 하지 않았기 때문에 비난하는 것이라는 '규범적 책임론'의 대립이 그것이다.

책임의 근거와 본질이 어떠하든지 간에, 책임이란 '행위자에 대한 법적 비난 가능성'이며 법률이 그 책임을 묻는 결정적 이유는 행위자에게 적법 행위의 기대 가능성이 있었기 때문이라고 보면 틀림없다.

형법에서는 여기에서 더 나아가 행위자에게 법률적 비난을 가하기 위한 요건으로서(또는 전제로서) 행위자에게 사물을 분별·판단하고 그에 따라 의사를 결정할 능력, 즉 '책임 능력'이 있어야 한다고 본다.

왜냐하면 이러한 책임 능력이 없는 자에게는 법 규범에 맞는 적법 행위를 요구하더라도 그렇게 나올 것을 기대할 수 없고, 기대 가능성이 없는 이상 법률적 비난(즉 형벌 부과)을 할 수 없기 때문이다.

그런데 과연 책임 능력이 있는지 없는지를 어떻게 판단할 것인가? 형법은 이 문제에 관해 소극적인 방법, 즉 형벌이 특별히 정한 '일정한 자'는 일률적으로 책임 능력이 없다고 보고 있다. 이를 '책임 무능력자'라고 한다. 형법이 정한 책임 무능력자의 범위는 다음과 같다.

첫째, 심신 장애자다. 심신 장애자란 심신의 장애로 말미암아 제대로 사물을 분별하거나 판단할 능력이 없거나 의사를 결정할 능력이 없는 자를 말한다. 예를 들면 정신병자, 백치 등이다.

심신 상실 상태는 반드시 영구적이어야 하는 것이 아니고, 누구든지 즉 위에서 예를 든다면 정신병자나 백치가 아니더라도 '행위 당시에 심신 상실 상태'에 있었으면 심신 장애자로 본다. 그러나 완전한 무의식 상태는 심신 상실 상태로 보지 않는다.

둘째, 14세 미만의 자다. 이를 특별히 '형사 미성년자'라고 한다. 14세 미만의 자는 형법이 일률적으로 사물 분별 능력이나 의사 능력이 없다고 정한 것이다. 이러한 사람들의 행위는 구성 요건에 해당하고 위법하더라도 형사 책임을 묻지 않는다.

형법은 이 밖에도 심신 장애로 말미암아 사물 분별 능력이나 의사 결정 능력이 미약한 자(심신 미약자)와 농아자(聾啞者)에 대해서는 '한정 책임 능력자'라고 하여 형을 감경하도록 조치하고 있다.

농아자는 청각 장애와 언어 장애를 동시에 보유하고 있어야 하며, 한 가지만 장애인 경우에는 심신 미약자로 간주하지 않고 있음을 유의해야 한다.

Q 결론

누구나 술을 많이 마셔 자기 몸조차 가누지 못하거나 술이 깨고 나면 그 전의 일을 전혀 기억하지 못하는 경험이 있을 것이다. "음주로 만취가 된 상태에서 저지른 행위도 심신 상실 상태하의 범죄로 보아야 하는가"는 형법에서 아주 어려운 문제에 속한다. 특히 만취 상태에서의 일을 기억하지 못하는 것은 이른바 '필름이 끊긴 상태' 라고 하여 더욱 외부에서 판단하기가 어렵다.

실제로도 법정에서는 이러한 주장이 아주 흔하게 제기된다. 술을 마시면, 특히 만취하면 조건 반사적으로 통제 불가능의 상태에 빠지는 극심한 알코올 중독의 경우에는 심신 상실 상태, 또는 심신 미약 상태로 볼 여지도 있다.

그러나 법원은 이런 주장에 대해 대단히 인색하다. 판례는 "술에 만취되어 범행을 기억하지 못하고 있다는 사실만으로 바로 범행 당시 심신 상실 상태에 있었다고 단정할 수 없다"고 하고 있다(1985. 5. 28. 대법원 판결). 판례에 따라 이 사건도 심신 상실 상태가 아니라고 판단한다.

21. 봉숭아학당 오 서방 이야기

중학교 과정인 '봉숭아학당' 1학년생인 오 서방은 키가 동급생들보다 머리 하나는 더 크다. 그 내력인즉 오 서방 출생 당시에는 부모들이 출생 신고를 일부러 늦게 하는 풍조가 있었기 때문이다. 그래서 그의 실제 나이는 16세인데도 호적상으로는 만 13세다. 16세면 당시에는 장가들 나이.

그가 동급생인 삼순이를 짝사랑했으나 삼순이는 지지리도 못난 오 서방의 구애를 매몰차게 거절했다. 그는 삼순이를 자기 사람으로 만드는 방법은 이 방법밖에 없다고 생각하고, 삼순이를 자기 집으로 납치해서 헛간에 가두고 매일 결혼해줄 것을 강요했다.

이런 행위를 오늘날의 형법에서는 '결혼 목적 약취·유인죄'라고 한다. 한편 형법은 "14세 미만인 자의 행위는 벌하지 아니한다"고 하고 있다. 그렇다면 오 서방의 경우는 처벌되는가?

① 그렇다. 실제 나이가 16세이므로.

② 그렇지 않다. 호적상으로는 14세 미만이므로.

③ 실제 나이와 호적상 나이가 다른 경우에는 정신 연령을 감정해서 사물 분별 능력이 없는 경우에만 벌하지 않는다.

형법은 14세 미만의 자를 '형사 미성년자'라고 하여 책임 능력이 없는 책임 무능력자로 보아 범죄 행위를 처벌하지 않고 있다. 14세 미만의 자는 육체적으로는 물론 정신적으로도 미숙하므로 사물 분별 능력이나 의사 결정 능력이 없어 법률이 요구하는 적법 행위를 기대할 수 없기 때문이다.

14세 미만이란 만 14세 생일 전까지를 말한다. 14세 미만이기만 하면 육체적으로 어른에 버금가는 성장을 했어도, 또는 천재 소년처럼 지력, 판단력 등 정신 능력이 제아무리 탁월하고 출중해도 형사 미성년자다.

형사 미성년자의 범죄 행위는 형법으로 처벌하지 않는다.

참고로, 민법상 성년이 되는 연령은 만 19세부터인데, 형벌법 분야에서도 19세 미만의 미성년자는 '소년'으로 간주하여 소년법에서 특별 취급을 한다. 즉 소년에 대해서는 원칙적으로 형벌이 아닌 '보호 처분'을 하도록 하며, 형벌을 과할 경우에도 소년이라는 점을 고려하여 형을 감경할 수 있고, 형기도 정기형이 아니라 단기형과 장기형(예를 들면 '단기 2년, 장기 3년' 식으로)이 동시에 부과되는 부정기형을 선고하여 교정과 교화를 시도한다.

그러나 실제 나이와 호적상의 나이가 다를 경우 형사 미성년자인지 여부는 '실제상의 나이'를 기준으로 한다.

Q 결론

14세 미만인지 여부는 호적을 기준으로 하지 않고 실제 연령을 기준으로 하기 때문에 오 서방은 형사 미성년자가 아니라 소년법상의 소년으로 간주하여 처리한다.

22. 제 버릇 개 못 준다

술고래인 최대포 씨는 술만 먹으면 아무나 두드려 팬다. 그러나 술이 깨면 언제 그랬느냐는 듯이 얌전한 사람. 모두 그와의 술자리를 피하므로 그는 고독했다. 그리고 고독과 비례하여 주량도 상승했다.

그리하여 그가 술을 먹고 두드려 팰 대상으로는 그의 불쌍한 아내만 남았다. 아내가 "제발 술 좀 끊고 삽시다"라며 울며불며 매달리자 그도 금주를 선언했다.

"그 대신, 금주 기념으로 딱 한 잔만!"

아내는 눈빛을 반짝이며 기쁜 마음으로 마지막 술상을 차렸다. 웬걸? 그는 인사불성 상태가 되자 "뭐, 술을 끊으라고?" 하며 더 때리는 것이 아닌가? 우리 형법은 심신 상실 상태에서의 행위는 벌하지 않는다. 그렇다면 '취하면 사람을 때리는 습벽이 있는 사람이 이를 알고도 일부러 술을 마시고 취하는 행위'는 어떻게 보아야 하는가?

① 결론은 마찬가지. 폭행이라는 행위가 음주 만취 상태에서 이루어졌으므로 역시 벌할 수 없다.

② 아무런 책임이 없다. 알코올 중독자는 형벌로 다스릴 대상이 아니라 치료의 대상이기 때문이다.

③ 형사 책임이 있다. 자신의 습벽을 알고도 일부러 심신 상실 상태를 만들어 이를 이용한 것으로 보아야 하기 때문이다.

우리 형법은 심신 장애로 인해 사물 분별 능력이 없거나 의사 결정 능력이 없는 심신 장애자의 행위에는 책임을 묻지 않으며(즉 법적으로 비난하지 않으며), 이러한 능력이 미약한 심신 미약자에 대해서는 형을 감경해주고 있다.

그렇다면 심신 장애자나 심신 미약자가 아닌 정상인이 '고의나 과실로 스스로 일시적인 심신 장애 상태를 일으키고 그 상태를 이용해 범죄를 실행하는 경우'에는 어떻게 해야 할까? 이것을 형법학에서는 '원인에 있어서 자유로운 행위'라고 한다. 이에 대해서 책임을 물을 수 없거나 형을 감경해야 한다는 주장도 있었으나, 현재는 벌할 수 있고, 또 벌해야 한다는 것이 통설·판례·형법(제10조 3항)의 확고한 입장이다.

그러나 원인 자유 행위의 가벌성의 근거에 대해서는 심신 상실 상태를 만든 원인 설정 행위에서 구하는 설, 심신 상실 상태에서의 범행 실현 행위에서 구하는 설, 두 개의 행위는 각각 나누어서 생각할 수 없는 것이므로 원인 설정 행위 및 범행 실현 행위 모두가 처벌의 근거로 삼을 수 있다는 설이 대립된다. 그중 마지막 설이 통설이다.

행위자가 스스로 심신 상실 상태를 만드는 수단은 제한이 없다. 예를 들면 음주, 수면, 마약이나 수면제, 환각제 복용 등이다. 또 범행의 실현도 반드시 고의범에 국한되지 않고 과실에 의해서도 가능하다. 예를 들어 산모가 젖을 먹이다가 잠이 들어 유아가 젖가슴에 눌려 질식사한 경우에는 과실 치사죄가 되는 것이다.

🔍 결론

술만 먹으면 인사불성이 되어 사람을 두드려 패는 습성이 있는 사람이 그 습성을 이용하기 위해 스스로 술을 먹어 인사불성이 된 뒤 사람을 두드려 팬 경우, 이는 '원인에 있어서 자유로운 행위'로 평가되어 처벌된다.

23. 목구멍이 포도청

방자는 요즘 신바람이 절로 난다. 이조 판서 이몽룡 대감의 출퇴근길에 견마잡이가 되어 "이판 대감 행차시다. 게 물렀거라" 하고 외치면 길을 가던 모든 백성들이 땅에 엎드리기 때문이다. 그런데 문제가 생겼다. 이 대감이 타는 말이 조금만 기분이 나쁘면 방자의 고삐를 낚아채고 제멋대로 달리는 것이다. 날뛰는 말이 행인들을 다치게 할 가능성은 충분했다.

그래서 방자는 이 대감에게 여러 번 "아무래도 말을 바꾸지 않으면 일이 날 것만 같습니다"라며 말의 교체를 아뢰었건만, 이 대감은 그때마다 "네가 말 다루는 게 서투른 탓이야" 하며 방자를 나무랐다. 더 이상 뭐라고 했다가는 자기가 해고될 판이다.

그러던 어느 날 말의 못된 버릇이 발동해 방자로부터 고삐를 빼앗은 뒤 종로를 질주하여 행인 여럿을 다치게 했다. 견마잡이 방자가 행인의 부상에 대해 형사 책임이 있다고 할 수 있을까?

① 없다. 위험한 말을 교체해주지 않은 말의 주인이 책임져야 한다.
② 없다. 행인을 다치게 한 말에게 동물로서의 직무 유기 책임을 물어야 한다.
③ 없다. 방자가 자신의 해고를 감수하고서까지 그 말을 사용하지 않을 것을 기대할 수 없다.
④ 있다. 말을 효과적으로 통제하지 못한 마부로서의 잘못이 있다.

행위자에게 형사 책임을 묻기 위해서는 '행위 당시의 구체적 사정에 비추어 행위자에게 그 범죄 행위 이외의 다른 적법한 행위를 기대할 가능성'이 있어야 한다. 이를 '기대 가능성'이라고 한다.

기대 가능성이 있으면 처벌할 수 있고, 반대로 기대 가능성이 없으면 처벌할 수 없다. 이것은 형법이 책임의 본질을 행위자에 대한 법적 비난 가능성으로 파악하고 있기 때문에 당연한 논리적 귀결인 것이다. 책임은 결국 기대 가능성의 유무에 달려 있다고 할 수 있다. 그렇다면 기대 가능성의 유무는 누구를 표준으로 판단해야 할까?

행위자를 표준으로 한다는 행위자 표준설과 책임을 과하는 위치에 있는 국가를 표준으로 한다는 설이 제시되어 있으나, 통설은 비겁자도, 영웅도 아닌 사회의 보통 사람을 표준으로 하여 보통 사람이 행위자의 입장과 처지였다면 어떻게 했을까를 가정해 판단하는 평균인 표준설이다.

심신 장애자나 14세 미만인 자의 행위에 대해서 처벌하지 않는 이유도 따지고 보면 이러한 자는 적법 행위에 대한 기대 가능성이 없기 때문인 것이다.

형법은 여기에서 더 나아가 기대 가능성이 '적은' 경우에도 형의 감경으로 배려하고 있다.

🔍 결론

기대 가능성 이론은 일찍이 1897년 독일 법원의 판례로부터 시작되었다. 내용은 바로 이 사건과 같은 경우였는데, 독일 법원은 마부인 피고인이 나쁜 습성이 있는 말의 사용을 거부하면 즉시 주인으로부터 해고되어 생계에 위협을 받게 되므로 마부는 그 말의 사용을 거부해야 한다는 것을 기대할 수 없다는 이유로 무죄를 선고했다. 방자의 경우도 결론은 같다.

24. 왕관을 훔쳐라, 그렇지 않으면

천재적 금고 털이범 아랑드랑이 5년 만에 교도소 문을 나섰다. 그의 출소를 알고 옛날의 동료 털래용이 찾아와 다시 손잡고 일하자고 했다. 그러면서 "프랑스 국립 은행에 보관 중인 루이 14세의 왕관을 훔치자"고 제안했다. 그러나 아랑드랑은 열 살 된 딸 시뇨레를 위해 범죄와의 인연을 끊겠다고 교도소에서 수없이 맹세한 처지.

그가 거절하자 털래용은 그의 딸을 납치했다. 그러고는 일주일 이내 왕관을 훔쳐서 넘겨주지 않으면 그의 딸을 살해하겠다고 위협했다. 진퇴양난의 기로에 서 있던 아랑드랑은 할 수 없이 그의 천재적 솜씨를 발휘해 왕관을 훔쳤다. 물론 그는 이 왕관이 탐났던 것은 아니다. 아랑드랑의 행위는?

① 동기 여하를 불문하고 절도죄.
② 딸의 목숨을 구하기 위한, 강요된 행위이므로 무죄.
③ 일단 절도죄가 성립하나, 정상이 참작되어 가벼운 형만 받게 된다.

범죄는 행위자 스스로의 의지에 따라 수행하는 경우가 대부분이지만, 때로는 타인의 강요에 못 이겨 하는 경우도 없지 않다.

예를 들면 어린이를 유괴·납치한 후 그 아버지에게 재직하고 있는 회사의 영업상 기밀문서를 훔쳐 올 것을 요구하여 할 수 없이 그 요구대로 훔쳐다 주었다고 가정할 경우, 이 절취 행위는 강요된 행위에 해당한다.

강요된 행위에 대해서 형법은 피강요자의 행위가 기대 가능성이 없다고 하여 처벌하지 않고 있다. 그런데 강요된 행위가 되어 처벌되지 않기 위해서는 다음과 같은 요건이 필요하다.

첫째는, 강요자로부터 저항할 수 없는 폭력이 있었어야 한다. 피강요자가 도저히 저항할 수 없는 정도의 폭력이어야 한다. 더 나아가서 그 폭력으로 강요되는 행위에 대해서도 거부할 수 없어야 한다.

둘째는, 강요자로부터 자기 또는 친족의 생명이나 신체에 가하겠다는 위해를 방어할 방법이 없는 협박이 있어야 한다. 협박은 피강요자에게는 물론 친족에 대해서도 있을 수 있다. 피강요자가 그 협박을 물리치거나 저지, 또는 회피할 수 없었어야 한다.

셋째는, 위와 같은 폭력이나 협박의 강요에 따라 행위의 수행 간에 인과 관계가 있어야 한다. 이러한 요건을 갖춘 강요된 행위는 처벌되지 않는다. 강요자는 피강요자가 수행한 범죄의 간접 정범으로 처벌된다.

🔍 결론

딸을 납치한 자가 절도를 강요한 경우 이는 자기 딸의 생명·신체에 대한 방어 방법이 없는 협박에 해당한다. 따라서 그러한 요구에 따라 어쩔 수 없이 절취 행위를 하게 된 피강요자의 행위는 처벌하지 않는다.

25. 이기면 관군, 지면 역적(?)

인조반정에 커다란 공이 있었던 이괄은 요즘 심기가 불편하다. 인조반정 후 논공행상(論功行賞)에서 결정적 공을 세웠는데도 지방의 한직으로 밀려났기 때문이다. 그가 불평불만이 많다는 소문이 조정에까지 들리자, 조정에서는 "불충한 이괄을 파직하고 귀양을 보내야 한다"는 의견이 드셌다.

이를 알게 된 이괄은 앉아서 당하느니 군사를 일으켜 간신배들을 몰아내고 스스로 임금이 되기로 결심하고 반란을 일으켰다. 이것이 인조 2년에 일어난 이괄의 난이다. 이괄의 부장(副將) 오충성은 "앞장서라"는 명을 받고 고민했다. 분명히 위법한 명령인데, 따르자니 반란군의 일원이 되고, 안 따르자니 자기 목숨이 위태롭다.

고민하던 그가 갑옷을 입고 말 위에 올랐다. 부하는 상관의 명령에 복종해야 한다. 이것은 군대의 철칙이다. 그렇다면 상관의 '위법한 명령에 복종'했을 경우는 어떻게 될까?

① 부하는 적법한 명령에만 복종할 의무가 있다. 따라서 위법한 명령에 따라서 한 행위는 처벌된다.

② 부하의 입장에서 상관이 내린 명령을 거부하는 것은 사실상 기대할 수 없다. 따라서 벌할 수 없다.

③ 형사 책임이 있으나, 복종하게 된 사정을 고려하여 형을 감경할 수 있다.

　공무원, 군대, 경찰, 회사 등 조직된 사회나 단체에는 상하의 서열과 계급이 존재한다. 상관은 부하에게 지시·명령·감독할 수 있고, 부하는 그 명령에 복종해야만 한다(군형법 제44조, 국가공무원법 제57조). 이러한 관계, 즉 상하 간에 명령과 복종은 조직의 생명이기도 하다. 그런데 상관의 명령은 반드시 적법·정당한 것만 있는 것이 아니라 위법·부당한 명령도 적지 않다. 이럴 때 위법·부당한 명령에 복종한 부하의 행위는 어떻게 평가해야 하는가?

　이에 대해서는 부하는 적법한 명령에만 복종할 의무가 있다는 것을 근거로 위법한 명령에 복종한 행위도 형사 처벌의 대상이 된다는 설도 만만치 않으나, 다수설은 상관의 위법한 명령도 실제로는 부하의 복종을 강제하고 구속하므로 여기에 복종한 부하의 행위를 처벌하는 것은 건전한 법 감정에 맞지 않는다는 이유로 처벌하지 않는다는 것이다.

　그 불처벌의 근거로는 위법성이 없다는 견해도 있으나, 부하가 상관의 명령을 거부하고 적법 행위로 나올 것을 기대할 수 없다는 기대 가능성 이론에 의해 책임을 조각시키자는 것에 많은 학자들이 찬성하고 있다.

　이에 따라 결론은 상관의 위법한 명령에 복종한 부하의 행위도 구성 요건에 해당하고 위법하다고 보게 되나, 다만 적법 행위의 기대 가능성이 없는 경우에 한하여 책임을 인정하지 않는다는 것이 된다.

Q 결론

위법한 명령을 거부하게 되면 자기 생명이 위태로워 부득이 복종할 수밖에 없었던 경우는 강요된 행위로 보아도 좋을 것이다. 따라서 이 경우 부하를 벌할 수 없다고 보아야 한다.

26. 용서할 수 없는 그대

세상에서 가장 용서받지 못할 범죄 중 하나가 어린이 유괴죄! 법률상으로는 '미성년자 약취·유인죄'라고 한다.

오로지 아이를 낳지 못한다는 이유 하나만으로 이혼당한 오팔자 여사는 필생의 소원이 아기를 갖는 것이다. 길을 가다가도 젊은 엄마들이 정답게 어린아이와 손잡고 가는 것을 보면 멍하니 바라보기 일쑤!

그래서 그녀가 오랜 고민 끝에 생각해낸 것이 어린이 유괴였는데, 입양이라는 수단은 왜 생각해내지 못했는지… 쯧쯧.

그녀는 대상자를 물색하기 위해 일주일간이나 '희망어린이집'에서 관찰을 했다. 이를 수상히 여긴 주민의 신고로 그녀가 경찰에 연행된 것은 너무나 당연한 결과일 것이다.

그녀의 이와 같은 행위도 죄가 되는가?

① 당연히 무죄. 유괴 행위가 없었다.
② 유괴 예비죄. 대상자 물색이라는 준비 행위가 있었다.
③ 유괴 미수죄. 유괴의 실행에 착수했으나 신고로 목적을 달성하지 못했다.

하나의 범죄가 시작에서 완성에 이르는 단계를 살펴보면 다음과 같다. 첫째는 범죄의 준비 과정이며, 둘째는 실행의 착수이고, 셋째는 범죄의 완성(결과의 발생)이다. 형법은 이러한 범죄의 단계마다 대처한다. 형법은 '범죄를 실현하기 위해 준비하는 행위로서 아직 실행의 착수에 이르지 않은 행위'도 '예비죄'라고 하여 처벌한다.

다만 모든 범죄의 예비죄가 처벌되는 것은 아니고, 형법이 특별히 "이러이러한 범죄의 예비죄는 처벌한다"고 규정한 경우에만 처벌된다. 예비죄가 처벌되는 경우에는 음모죄도 동시에 처벌한다. 예비는 단순히 어떤 범죄를 생각하거나 의욕하고 있는 행위자의 심리 상태나 의도 자체를 말하는 것이 아니다. 예비는 생각에서 더 나아가 이러한 의도나 범죄의 의지를 넘어서 그것을 준비하는 외부적 행위를 말한다. 예를 들면 범행 도구를 입수하는 것, 실행 장소나 도주로를 물색하거나 그 실행 장소로 잠입하는 것을 말한다.

또 예비는 이러한 준비 행위를 말하는 것이고, 더 나아가서 범죄 행위의 일부라도 실행에 착수한 경우에는 예비 행위는 미수 또는 기수에 흡수되고, 별도로 처벌되지 않는다.

다만 예비죄의 형은 실행한 범죄의 형보다는 가벼우며, 내란죄, 외환죄, 방화죄, 통화 위조죄의 예비는 예비 단계의 행위자가 자수하면 그 형을 반드시 감경하거나 면제하도록 하여 자수를 권장하고 있다.

Q 결론

속칭 유괴죄라고 부르는 미성년자 약취·유인죄는 예비죄도 처벌하도록 규정되어 있다(처벌 규정이 없으면 예비죄는 문제되지 않는다). 문제는 유괴의 대상을 물색하기 위해 일정한 장소에 가서 관찰하는 행위를 '예비 행위'로 볼 것인가에 있는데, 예비 행위라고 봐야 한다.

27. 그대는 나를 원망치 마라

이조 판서 홍 대감의 애첩 초란은 자신에게 대감 소생의 아들이 없어 초조했다. 대감이 춘섬의 소생 길동을 심히 사랑하니, 초란은 질투에 불탄 나머지 길동을 없애고자 자객 '특재'를 매수했다. 자객 특재로 말하자면 조선 제일의 칼잡이. 그날 밤 길동은 《주역》을 읽던 중 까마귀가 세 번 울고 가매, 괴이함을 느껴 자기 침소에 짚으로 만든 인형을 대신 누이고 이불을 덮어둔 채 대비했다.

자객 특재는 그런 줄도 모르고 길동의 불 꺼진 침소에 침입하여 "그대는 나를 원망치 마라. 천첩 소생의 팔자인 줄로 알라" 하고 장검을 들어 이불 속에 있는 길동의 머리를 베었으나 비명 대신 짚 인형 부서지는 소리뿐이라. 물론 그는 길동의 요술에 의해 저세상 사람이 되었다.

그렇다면 길동을 죽이려던 자객 특재의 행위는 형법상 무엇이라고 하는가?

① 살인죄의 예비 행위.

② 살인죄의 미수범.

③ 청부 살인의 하수인(방조범).

범죄의 단계적 과정에서 볼 때 행위자가 고의·예비의 단계를 지나 실행에 착수했으나 행위가 종료되지 못했거나 결과가 발생하지 아니한 경우를 미수(未遂)라고 한다. 또한 행위를 종료하거나 결과가 발생하면 기수(既遂)라고 한다.

그런데 우리 형법은 미수범을 모두 처벌하는 입장이 아니라, 처벌 규정을 둔 경우에만 처벌하고, 그 형도 기수범의 형보다 경감할 수 있도록 하는 입장을 취하고 있다.

미수범은 세 가지 형태가 있다. 하나는 실행에 착수했으나 외부적인 장애로 인해 행위를 종료하지 못하거나 결과가 발생하지 않은 '장애 미수'다. 대부분의 미수범은 이런 형태를 말한다. 또 하나는 실행에 착수한 자가 자의로 그 실행 행위를 중지하거나 그 행위로 인한 결과의 발생을 방지한 형태의 '중지 미수(中止未遂)'다. 그리고 마지막으로는, 실행에 착수했으나 실행의 수단 또는 대상의 착오로 인해 결과의 발생이 불가능했음에도 결과 발생의 위험성이나 가능성이 있는 '불능 미수(不能未遂)'다.

어느 형태의 미수범이든 일단 실행에 착수했을 것과 범죄의 미완성이라는 두 가지 조건을 그 요건으로 한다.

🔍 결론

살인의 고의로 살인의 대상자로 지목한 피해자의 안방에 침입하여 자고 있는 피해자를 향해 칼을 내려치는 행위는 예비의 단계를 벗어나 실행에 착수한 것으로 보아야 한다. 그런데 피해자가 미리 알고 대비함으로써 범죄의 결과가 발생하지 아니한 경우이므로, 이는 외부적 장애에 의한 살인죄의 장애 미수죄에 해당한다.

28. 후퇴할 수 있는 황금 다리

"바늘 도둑이 소도둑 된다"는 말은 좀도둑 소심한에게 해당되는 말이다. 그는 조실부모하여 고아로 자랐는데, 돌봐주는 이가 없게 되자 좀도둑질이 그의 불가피한 생존 수단이 되었다. 국립 무료 급식소(=교도소)의 신세를 자주 지게 되자 선배들이 충고(?)를 했다. "기왕에 버린 몸, 사업은 크게 할수록 좋다"고. 그는 이 말이 맞다고 생각하고 열 번째로 출소하자 강도로 업종을 전환했다.

그리하여 큰 부잣집에 복면을 하고 침입했는데, 때마침 그 집에는 일곱 살 난 어린아이 혼자 집을 보고 있었다. 강도를 만나 공포에 질려 우는 것을 보고 그는 양심의 가책을 느꼈다. "내 적성에 강도는 안 맞는단 말이야." 그는 포기하고 그 집을 나왔다.

이런 경우를 '할 수 있었음에도 하지 않았다'라고 하는데, 그래도 죄는 될 것 같다. 과연 무슨 죄인가?

① 강도 예비죄.

② 강도 미수죄.

③ 무죄.

실행에 착수했으나 범죄가 완성되지 못한 미수범은 미완성의 원인이 외부적인지 또는 내부적인지에 따라 장애 미수와 중지 미수로 구분된다. 독일 학자 프랑크는 이것을 '하려고 했으나 할 수 없었다'의 경우가 장애 미수이고, '할 수 있었으나 하지 않았다'의 경우가 중지 미수라고 간단히 공식화했다.

어쨌든 실행에 착수한 자가 자의로 그 행위를 중지하거나 범죄 결과의 발생을 방지하여 범죄를 완성치 않은 경우를 중지 미수라고 하며, 형법은 중지 미수범에 대하여 형을 반드시 감경하거나 면제하도록 규정하고 있다. 중지 미수에 대한 형법의 이와 같은 특별한 특혜에 대해 학자들은 범죄인에게 '범죄로부터 후퇴할 수 있는 황금의 다리'를 만들어주어 범죄의 완성을 미리 방지하려는 형사 정책적 고려에서 기인하는 것이라고 설명하고 있다.

핵심은 범죄인이 '자의'로 그 행위를 중단하는 것이다. 중단의 원인은 후회, 참회, 동정, 연민 등의 윤리적 동기에 국한되지 않으며, 검거 또는 형벌에 대한 두려움 등 이유를 묻지 않고 범죄 완성의 외부적인 장애가 없는데도 스스로 중지하면 중지 미수가 된다.

주의할 것은 모든 행위의 중단·중지가 자동적으로 중지 미수가 되는 것이 아니고, 자신의 실행의 착수로 인한 범죄 결과의 발생을 방지시켜 범죄가 미완성으로 끝나야 한다는 것이다. 그러므로 불을 낸 방화범이 불길이 맹렬하게 솟는 것을 보고 놀라서 도망친 경우엔 중지 미수가 되는 것이 아니라 방화죄의 기수범이 되는 것이다.

♀ 결론

강도죄의 실행에 착수한 자가 주거에 침입했으나, 피해자(?)가 우는 것을 보고 연민의 정을 느껴 포기하고 중단한 경우에도 강도죄의 중지 미수다(단, 주거 침입죄는 기수범이 되었다).

29. 오늘은 스타트가 안 좋아

소매치기 절도는 대개 서너 명이 팀워크를 이루어 수행한다. 피해자의 주위를 둘러싸고 피해자의 신경이나 주의를 분산시키는 바람잡이가 있는가 하면, 외부인의 시선을 차단하는 시선 막이, 실제 물건을 훔쳐내는 일꾼, 이를 총괄 지휘하는 사장 등으로 역할이 분담된다.

그러나 자타가 공인하는 한국 최고의 소매치기 김번개는 팀워크를 비웃고 언제나 단독으로 해낸다.

어느 날 아침 지하철이라는 일터로 출근한 그가 어느 꺼벙한 중년 신사를 대상자로 점찍었다. 그는 중년 신사에게 접근하여 번개같이 양복 안주머니를 뒤졌는데, 그 신사의 주머니 속엔 지갑이 없었다. 그는 "오늘은 스타트가 안 좋은데…" 하고 다음 칸으로 이동하다가 지하철 범죄 수사단에 체포되었다. 그에게 절도죄가 성립되는가?

① 처음부터 목적 달성(=결과 발생)이 불가능하므로 무죄.

② 일단 절도의 실행에는 착수했으므로 절도의 장애 미수.

③ 결과 발생은 불가능했으나 행위 자체가 결과 발생의 위험성이 있으므로 처벌되는 절도의 불능 미수.

④ 절도 행위의 준비가 있었으므로 절도 예비죄.

가령 살인죄의 고의로 대상자에게 설탕을 독약인 줄 알고 복용시킨 경우 사람이 죽지는 않는다. 그러나 이 경우에도 행위자는 처벌한다. 왜냐하면 비록 설탕을 독약으로 착각했어도 결과 발생의 위험성이 있기 때문이다.

이처럼 행위자가 실행에 착수했으나 실행의 수단 또는 대상의 착오로 인해 결과 발생이 불가능했더라도 법률적 관점에서 위험성이 있다고 평가되어 처벌하는 미수범을 '불능 미수'라고 한다(결과 발생의 가능성이 전혀 없는 경우는 '불능범'이라고 한다).

설탕을 독약으로 착각하고 투입한 경우나 치사량 미달의 독약을 치사량인 줄 알고 투입한 경우는 '실행 수단의 착오'이고, 사체를 살아 있는 것으로 오인하고 발포한 경우 또는 빈방인데도 사람이 있는 것으로 오인하고 살해 의사로 발포한 경우는 '대상의 착오'에 해당한다.

그러면 구체적으로 어떤 경우에 위험성이 있다고 볼 것인가? 이에 관해서는 학설이 분분하나 '행위 당시에 행위자가 인식한 사정을 기초로 하여 일반인의 입장에서 볼 때 결과 발생의 위험성이 있으면 미수범이고, 없으면 불능범'이라는 견해가 제일 유력하다.

불능 미수도 다른 미수범과 마찬가지로 미수범의 처벌 규정이 있는 경우에만 처벌되나, 다만 그 형만큼은 감경하거나 면제할 수 있다.

결론

소매치기가 피해자의 양복 주머니에 손을 넣었으나, 즉 실행에 착수했으나 때마침 피해자가 그 주머니에 지갑을 넣어두지 않음에 따라 절취의 목적을 달성하지 못한 경우도 절도의 불능 미수에 해당한다.

30. 그놈의 정 때문에

1910년 8월 29일 일제의 국권 강탈로 나라가 망하자 변부자의 하인이었던 마당쇠, 방쇠, 먹쇠는 비분강개하던 끝에 압록강을 넘어 만주로 가서 독립군이 되었다. 그러나 일제 식민지가 된 땅에는 친일파가 너무도 많이 생겨났다.

이에 독립군 사령부는 이들에게 친일파를 응징, 즉 암살하라는 특명을 내렸다. 그래서 이들 3인은 국내로 침투했다. 변부자도 응징 대상자였는데, 거사일 밤 마당쇠는 변부자가 자기에게만 잘 대해주고 장가까지 보내준 옛정 때문에 괴로워서 현장에는 가질 않고 근처 술집에서 술만 마시고 있었다.

방쇠, 먹쇠가 변부자의 집에 침투하여 그를 응징(살해)했음은 물론이다. 범죄를 공모했으나 현장에서 가담하지 않은 마당쇠의 책임은 어디까지인가?

① 범행 현장에 가지 않았으므로 가담한 것으로 볼 수 없다. 따라서 살인죄의 책임이 없다.

② 범행을 공모한 이상, 범행 현장에 가지 않았어도 다른 공범자의 실행 행위에 대해 공동의 책임이 있다. 따라서 살인죄.

③ 살인죄의 예비 음모죄만 성립하고, 살인죄의 책임은 없다.

④ 살인 미수죄만 성립한다.

범죄의 참가 형식은 범행이 한 사람에 의하여 이루어지는 단독범과 두 사람 이상의 협력에 의해 이루어지는 공범으로 나누어진다. 공범이란 1인으로도 저지를 수 있는 범죄에 다수가 참가하는 것을 말한다(임의적 공범). 우리 형법이 규정한 공범의 종류는 공동 정범, 교사범, 종범의 세 가지다.

여기에서 살피고자 하는 공동 정범이란 '2인 이상이 공동하여 죄를 범하는 형태의 공범'을 말한다. 공동 정범에서 무엇을 공동으로 하는가에 관해 2인 이상이 행위를 공동으로 하여 각자의 범죄를 수행하는 것이라는 행위 공동설과, 2인 이상이 공동으로 특정한 범죄를 행하는 것이라는 범죄 공동설이 대립되고 있다.

형법은 '2인 이상이 공동하여 죄를 범한 때'를 공동 정범으로 보고 있으므로 범죄 공동설에 입각하고 있다. 공동 정범이 되기 위해서는 첫째, 각 공범자가 공동 실행의 의사(또는 공동의 범행 의사)가 있어야 한다. 이 의사는 사전에 치밀하게 의논하는 공모는 물론이고 범행 현장에서 우연히 모르는 사람들 간에도 순간적으로 뜻이 맞으면 있다고 보게 된다.

둘째 요건은 공동으로 실행 행위를 하는 것이다.

그런데 법원의 판례는 더 나아가 공범자들 간에 공동 실행의 의사가 있었던 이상, 그중의 1인이 공동의 실행 행위에 가담하지 않았더라도 그 실현된 범죄의 공범이 된다는 입장을 아주 오래전부터 확립해놓고 있다. 이를 '공모 공동 정범'이라고 한다.

◌ 결론

법원이 발전시켜온 공모 공동 정범의 이론에 의하면 공모에 가담한 이상, 실행 행위를 하지 않은 자에 대해서도 공동 정범의 규정을 적용할 수 있다. 따라서 마당쇠도 살인죄의 공동 정범이다.

31. 형씨! 우리 동업이나 합시다

7년째 흉년이 들자, 농민들은 살아갈 길이 막막해졌다. 너도나도 보따리를 싸 다른 곳으로 이사 가거나 걸인이 되는가 하면 산속으로 들어가 도적이 되기도 했다.

농사꾼 꺽쇠는 문경 새재 산속으로 들어가 나그네를 터는 산 도적이 되었다. 어느 날 한양으로 과거를 보러 가는 선비가 산길을 따라 올라오자 그는 이 선비를 상대로 강도업을 개시했다. 상당한 시간 동안의 격투 끝에 선비는 정신을 잃고 쓰러졌고, 꺽쇠는 담배 한 대를 피우며 한숨 돌리고 있었다.

그때 농사꾼으로 보이는 돌쇠가 그곳을 지나가게 되었다. 꺽쇠가 돌쇠에게 사정을 이야기하고 동업을 제의하자 돌쇠도 "내 신세도 그대와 다를 것이 없소" 하며 흔쾌히 승낙하고 동업자가 되기로 했다. 그들은 당장 정신을 잃은 선비의 짐을 뒤져 노잣돈 100냥을 빼앗아 나누어 가졌다. 돌쇠는 강도죄의 공범인가?

① 공범이다. 꺽쇠의 범행 완료 전에 강도에 고의로 가담했으므로.

② 아니다. 돌쇠는 처음부터 강도를 모의한 것도, 행동을 같이한 것도 아니므로 절도죄의 책임만 있다.

③ 강도죄의 방조죄와 절도죄의 책임이 있다.

공동 정범이 되기 위해서는 먼저 공범자 간에 공동으로 범행을 하려는 의사가 있고, 다음 공동으로 범죄를 실행하는 행위가 있어야 한다.

순서적으로 본다면 공동 실행의 의사는 행위 이전에 존재하는 것이 보통이다. 그런데 이 의사가 행위 이전에 존재하는 것이 아니라 행위자의 실행 행위의 일부가 종료되었으나 아직 범행이 완성되기 이전에 존재하게 되어도 공동 정범이 될 수 있다.

예를 들면 A가 강도의 의사로 행인에게 폭행을 가하여 항거 불능의 상태에 빠뜨렸으나 아직 재물은 강취하지 않고 있는 단계에서 우연히 지나가던 B에게 자기 의사를 밝히고 B가 여기에 찬동하여 A와 B가 공동으로 재물을 탈취한 경우를 들 수 있다.

선행자와 후행자 사이에 현장에서 범행의 양해가 이루어지고 후행자는 선행자가 조성한 상황을 이용한다는 점에서 이런 형태의 공동 정범을 '승계적 공동 정범'이라고 부른다. 승계적 공동 정범을 인정할 것인가 또는 부정할 것인가에 대해서는 부정설과 긍정설이 대립되나 다수설과 판례의 입장은 이를 긍정하고 있다.

승계적 공동 정범이 인정되는 이상 뒤늦게 참가한 자도 자기가 실행한 부분만 책임지는 것이 아니라, 선행자와 함께 범죄의 전체에 대해 공동 정범이 된다(위에 든 실례에서 돌쇠는 절도죄가 되는 것이 아니라 강도죄의 공동 정범이 되는 것이다).

ꆰ 결론

승계적 공동 정범도 공동 정범이 된다. 따라서 돌쇠도 강도죄의 공동 정범이다.

32. 해탈사의 불상, 끝내주는 물건이더군!

　골동품 수집가인 원불성 사장이 지난여름 휴가철에 강원도 산골짝으로 피서를 갔다. 그 산에는 신라 시대 의장 대사가 창건한 무명의 작은 고찰(古刹) 해탈사(解脫詩)가 있었다. 그래서 원 사장이 들러보았더니 법당에 모셔놓은 자그마한 불상이 눈에 띄었다.

　그는 직감적으로 그 불상이 국보급 문화재임을 간파했다. 피서를 마치고 서울로 돌아온 원 사장은 자기에게 골동품을 팔러 오던 최민첩 씨에게 이렇게 말했다.

　"지난 휴가 때 강원도엘 갔는데…, 야! 그 불상 끝내주는 물건이더군. 누가 가져오면 값은 달라는 대로 줄 텐데…."

　최민첩은 즉시 강원도로 떠났다. 3일 후 원 사장이 이 불상을 손에 넣었음은 물론이다.

　원 사장의 행위는 우선 장물 취득죄가 된다. 그러면 그가 최민첩에게 한 말은 형법이 어떻게 평가해야 하는가?

① 절도를 공모한 것으로 보아야 한다. 따라서 공모 공동 정범이 된다.

② 절도의 고의가 없었던 사람에게 범죄를 결의하게 한 것이므로 절도죄의 교사범이 된다.

③ 단순히 '불상'에 대해서 전문가적 판단을 말한 것에 불과하다.

공범의 한 형태로 교사범이라는 것이 있다. 범죄의 고의가 없는 자를 부추겨 범죄 행위를 하게 하는 것을 말한다. 이때 부추기는 자를 '교사범', 부추기는 것에 넘어가 범죄를 수행하는 자를 '피교사자'라고 하는데, 둘 다 동일한 형으로 처벌된다.

교사범은 형법적으로 정의하면 '범죄의 고의가 없는 타인을 교사하여 범죄를 실행하게 하는 경우'를 말한다. 스스로는 범죄 행위를 하지 않으면서 타인으로 하여금 범죄를 저지르게 함으로써 범인을 만들어낸다는 점에 특색이 있다. 또 교사범은 결코 공동 실행의 의사가 없고 공동으로 실행 행위를 하지 않는다는 점에서 의사와 실행을 공동으로 하는 형태의 공범인 공동 정범과 구별된다.

교사의 수단과 방법은 제한이 없다. 명령, 강제, 위협, 이익의 제공이나 약속, 간청, 권고 등 명시적이든 묵시적이든 범행 의사가 없는 자에 대해 범죄 의지를 발생하게 하고 그 범죄를 수행하게 하면 교사범이 된다.

이때의 교사는 어떤 특정한 범죄를 구체적으로 시시콜콜하게 지시할 필요는 없으나, 그렇다고 너무 막연해서는 곤란하다. 예를 들어 돈을 빌리러 온 사람에게 "돈이 될 만한 물건을 가져오라"고 했더니 그 사람이 물건을 훔쳐 온 경우에 절도를 교사한 것이라고는 볼 수 없는 것이다.

Q 결론

단골 골동품 판매자에게 특정한 장소의 특정한 물건에 대하여 "갖고 오면 값은 달라는 대로 주겠다"라고 한 것은 교사 행위로 평가하기에 족하다. 따라서 원 사장은 절도죄의 교사범이 된다.

33. 닭서리! 그것은 겨울밤의 낭만?

길고 긴 겨울밤, 양지마을 청년들이 마을 회관에 모여 술을 마시면서 이런저런 이야기를 하다 보니 안주가 떨어졌다. 술은 아직 많이 남았는데 이미 가게는 문을 닫았고…. 그때 누군가가 마을에 있는 '켄터키 양계장'을 기억해냈다.

이렇게 해서 일용이가 대표로 선발되어 닭서리에 나섰다. 그가 양계장 철조망 밑으로 침투해서 계사 안으로 접근하는 것을 발견한 경비원 응삼이는 빙긋이 웃고는 고개를 돌려버렸다.

이리하여 그날 밤 켄터키 양계장에서 수면 중이던 닭 다섯 마리는 양지마을 청년들의 위장 속에서 최후를 맞이했다. 닭서리도 절도죄가 된다. 그렇다면 경비원 응삼이는?

① 절도죄의 공범이다.
② 경비원으로서의 직무 유기, 주인에 대한 배임죄를 저질렀다.
③ 절도범의 절도를 방조한 종범이다.

다른 사람의 범죄를 도와주면 당연히 그 범죄의 종범이 되어 넓은 의미의 공범이 된다. 타인의 범죄를 도와주는 일체의 경우를 형법에서는 '종범' 또는 '방조범(幇助犯)'이라고 부른다. 종범이 되기 위해서는 주관적으로는 방조의 의사(범행 실행자, 즉 정범의 범죄에 대한 인식)가 있어야 하고, 객관적으로는 방조 행위가 있어야 한다.

방조 행위의 수단, 방법은 묻지 않는다. 범행에 사용될 흉기나 노끈 등의 범행 도구 제공, 장소의 제공, 범행 자금의 제공 등과 같은 물질적 방법은 물론이고, 격려, 조언, 충고, 정보 제공 등 정신적 방법에 의해서도 가능하다.

또 적극적인 작위에 의해서도 방조할 수 있고, 법률상 범죄를 방지할 의무가 있는 자가 고의로 그 의무를 다하지 않은 부작위에 의해서도 방조는 가능하다. 방조의 시기는 범죄의 실행자가 그 실행 행위 이전이든, 실행 행위 중이든 상관없으나, 적어도 실행자의 실행 행위가 종료된 뒤에는 방조범이 성립하지 않는다.

방조범의 방조 행위를 범죄의 실행자가 알고 있어야 할 필요는 없다. 즉 방조는 실행자가 모르는 상태에서도 이루어질 수 있는 것이다. 종범이 성립되면 실무상으로는 정범자가 실행한 죄의 '방조죄'로 표시된다. 예를 들면 A의 절도 범행을 B가 도와준 경우 B에게는 '절도 방조죄'가 성립되는 것이다. 다만 종범의 처벌은 정범의 형보다 감경한다.

𝗤 결론

방조 행위는 부작위에 의해서도 가능하다. 양계장의 경비원이 절도의 범행을 목격하고도 눈감아준 경우 부작위에 의한 절도 방조범이 된다.

34. 손 안 대고 코 풀기

때는 서부 개척 시대. 0.1초라도 총을 먼저 뽑는 자만이 살아남을 수 있었던 시대다. 콜로라도 애리조나 마을도 무법천지였는데, 악당 람보파와 코만도파가 세력을 양분하고 날마다 으르렁거린다.

이 마을에 정의의 사나이 클린트 이스트우드 보안관이 새로 부임했는데, 전에 텍사스에서 그와 대결해본 경험이 있는 코만도는 보안관의 총솜씨가 서부 제일이라는 사실을 알고 있었다.

코만도는 람보를 제거하기 위해 "신임 보안관이 당신을 체포하려고 하니 대비하시오"라고 거짓 정보를 흘렸다. 람보는, 살기 위해서는 보안관을 합법적으로 제거해야 했고 그래서 보안관에게 결투를 신청했다. 당시 결투는 합법이었다.

그 결투에서 람보는 총집에서 총도 뽑아보지 못한 채 땅에 쓰러졌다. 자, 타인의 합법적 행위를 이용해 목적을 달성하는 경우에도 형사 책임이 있는가?

① 이용자는 살인죄의 '교사범'이 된다.
② 행위자와 함께 이용자도 '공동 정범'이 된다.
③ 타인을 도구 삼아 간접으로 이용했으므로 '간접 정범'이 된다.
④ 행위자를 처벌하지 않으므로 그 이용자에게도 책임이 없다.

우리에게도 잘 알려져 있는 중국의 병법서 《손자병법》 중 〈36계〉엔 차도살인(借刀殺人)이라는 것이 있다. 자기 손에 피를 묻히지 않으려고 남의 칼집에 든 칼을 빌려 목적을 달성하는 경우를 말한다.

범죄에도 이와 같은 형태가 있다. 바로 '다른 사람을 도구로 이용해 범행하는 경우'가 그것인데 이것을 간접 정범이라고 한다. 이용자가 이용하는 타인은 어떤 이유에서든지 처벌되지 않거나 과실범으로밖에 처벌되지 않아야 한다는 조건이 뒤따른다.

간접 정범이 성립되는 요건은 아래와 같다. 첫째, 타인의 처벌되지 않는 행위를 이용하는 경우여야 한다. 여기에서 타인의 고의 없는 행위, 정당방위처럼 위법성이 없는 행위, 정신병 환자나 어린아이와 같이 의사 능력이 없는 자의 행위, 피이용자의 강요된 행위, 위법한 명령에 복종해야만 하는 부하의 행위, 그 밖의 기대 가능성이 없는 행위는 처벌하지 않으므로 이를 이용하면 간접 정범이 된다.

둘째, 과실범으로 처벌되는 자를 이용하는 경우여야 한다. 예를 들면 의사가 고의로 간호사의 과실 행위를 이용해 환자를 사망하게 한 경우 살인죄의 간접 정범이 되는 것이다.

셋째, 피이용자가 교사 또는 방조하여 타인을 이용하고, 피이용자가 그에 따라 범죄 행위의 결과를 발생하게 하면 간접 정범은 성립된다. 간접 정범은 교사범과 종범의 예에 의하여 처벌한다. 피이용자는 물론 처벌하지 않거나 과실범이 될 뿐이다.

Q 결론

타인의 정당방위를 이용하여 살인의 목적을 달성하면 살인죄 간접 정범이 된다.

35. 훔치되, 해치지는 않는다

대도(大盜) 조세형도 나이가 들자 밤이슬을 맞으며 담을 넘는 것이 점점 힘들어졌다. 그래서 제자를 양성하기로 결심했다. 엄선한 제자 무대포에게 부잣집을 물색하는 법, 담을 넘는 법, 현관과 창문을 소리 안 나게 여는 법, 경비견 처리법 등등 모든 비법을 가르쳤다. 동시에 그의 철학인 "훔치되, 해치지 않는다"는 것도 가르쳤다.

그러나 백문이불여일행(百聞而不如一行)! 스승과 제자는 부자 동네 남촌동으로 현장 실습을 나갔다. 스승이 망을 보고 제자가 담을 넘어갔는데, 제자가 물건을 들고나오다가 주인에게 들키자 얼떨결에 주인을 폭행했고 격투 끝에 붙잡혔다. 절도가 강도가 된 것이다. 스승 조세형도 강도 죄의 책임이 있는가?

① 없다. 절도만을 공모했고 강도는 예상할 수 없었기 때문이다. 아울러 그의 철학이 "훔치되, 해치지 않는다"라는 것을 기억하라.

② 있다. 현장 또는 현장 부근에 함께 있었기 때문이다.

③ 있다. 공모의 범위를 벗어난 경우에도 공범자는 다른 공범자의 행위에 대해 같은 책임이 있다.

행위자가 인식한 사실과 실제 발생한 사실 간에 차이, 즉 착오가 있는 경우를 '사실의 착오'라고 하는데, 이러한 착오는 공범의 경우에도 성립할 수 있다. 즉 공범자 간에 서로 공모·합의하여 인식했던 사실과, 실제로 발생한 사실 간에 착오가 있었던 경우가 얼마든지 있을 수 있다.

이것을 '공범의 착오'라고 하는데, 논의의 핵심은 실행 행위를 담당한 실행자에 의해 실제 발생한 사실이 공모 범위를 초과한 경우, 초과된 사실에 대해서 나머지 공범자가 책임지는 부분이 어디까지인가 하는 점이다.

예를 들면 A와 B가 절도를 공모한 뒤 A가 망을 보고 B가 담을 넘어 집 안에 들어가 물건을 훔치던 중 발각되어 강도가 되거나 살인을 하게 된 경우, 절도만을 공모한 A에게 어떤 형사 책임이 뒤따르는가의 문제다.

형법이 인정하는 공범은 공동 정범, 교사범, 종범의 세 가지 형태이므로 공범의 착오도 세 가지 형태로 나타난다.

이를 해결하기 위한 이론의 대립은 복잡하나 공동 정범의 착오의 경우에 (특히 공모 공동 정범을 인정하는 판례의 입장에서는) 동일 구성 요건 내의 착오는 공모한 범죄와 실행된 범죄가 시기, 장소, 방법, 객체 등에서 다른 경우에도 구성 요건이 같은 이상 실행된 범죄의 공모 공동 정범이 된다고 한다. 예를 들면 A를 살해하려 했는데, 막상 B가 사망한 경우에도 B에 대한 살인죄의 공동 정범이 된다는 것이다. 또 실행된 범죄가 결과적 가중범인 경우에도 예상 가능성이 있었으면 모두 실행된 범죄의 공동 정범이 된다.

Q 결론

절도를 공모하고 실행 행위를 분담했는데, 공범자 1인이 강도로 나아간 경우 나머지 1인이 강도의 예견 가능성이 없었다면 그 공범자는 절도의 공동 정범으로서만 책임이 있다는 데 학설이 일치한다(그러나 실무상으로는 강도 행위에 대해서 공모 공동 정범으로 보게 될 여지도 있다).

36. 여인이 한을 품으면

신출 장군이 무과에 급제하기 전의 이야기. 하루는 사냥을 나갔다가 산속에서 길을 잃었다. 간신히 산속의 오두막집을 찾아내고 하룻밤 묵기를 청했으나 주인 처녀가 거절했다. "제발 이 산속에서 호랑이 밥이 되는 것을 면하게 해주시오." 계속되는 간청에 주인 처녀는 할 수 없이 허락했다. 젊은 남녀가 그날 밤을 어떻게 보냈는지는 상상에 맡긴다.

그 후 신 장군은 벼슬길에 나아갔으나 그날 밤의 약속, 즉 아내로 맞겠다는 약속은 까맣게 잊고 다른 규수와 혼인했다. 산속 주인 처녀는 복수를 위해 한양으로 올라와 신 장군의 암살을 시도했다. 첫날은 말을 쏘아 실패했고, 둘째 날은 신 장군의 어깻죽지를 쏘아 실패했으나, 마지막 날엔 명중시켜 드디어 복수에 성공했다. 산속 주인 처녀의 범죄는 모두 몇 가지인가?

① 재물 손괴죄, 상해죄, 살인죄(3개).

② 상해죄, 살인죄(2개).

③ 살인죄(1개).

행위자가 권총을 1회 발사하여 두 사람을 죽게 하고 한 사람을 다치게 했다면 행위자의 죄는 하나인가? 아니면 여럿인가?

행위자의 범죄 수를 따지는 과제는, 형법에서는 죄수론(罪數論)이라고 하는데, 이것은 수사와 재판의 과정에서 아주 중요한 의미를 가지며, 재판을 받는 당사자의 이해관계와도 직결되는 문제다.

한 개의 행위가 1죄인가 수죄인가를 판별하는 기준으로서는 여러 학설이 제시되어 있으나, "구성 요건을 표준으로 한다"는 구성 요건 표준설이 많은 지지를 받고 있다. 이에 의하면 어떤 범죄 행위가 한 개의 구성 요건에 해당하면 1죄다(그리고 여러 개의 구성 요건에 해당하면 당연히 수죄가 된다). 이것을 '단순 1죄'라고 한다.

그리고 한 개의 행위가 외관상으로는 여러 개의 구성 요건에 해당하는 것처럼 보여도 실제로는 하나의 형벌 법규만 적용되는 관계를 '법조 경합(法條競合)'이라고 하는데 이것도 1죄로 취급된다.

법조 경합이라고 판단되는 경우에는 비록 외관상 여러 개의 구성 요건에 해당되는 것처럼 보여도 형이 가장 무거운 죄만 적용되거나, 기본적인 죄만 적용되고, 나머지는 여기에 흡수되어 문제 삼지 않는다. 예컨대 강도를 예비하고, 나아가 강도 행위까지 할 경우 예비죄는 적용되지 않는다.

♀ 결론

살인을 의도하고 저격을 시도한 행위가 외관상으로는 말의 부상(손괴죄), 피해자의 상처(상해죄), 피해자의 사망(살인죄)이라는 여러 개의 구성 요건에 해당되는 것처럼 보여도 실은 하나의 법규만 적용되는 법조 경합이라고 할 수 있다(포괄적 1죄라고 보는 견해도 있다). 그리고 어느 견해에 의하든 실제 적용되는 법규는 살인죄 하나이고 나머지는 살인죄에 모두 흡수된다.

37. 뛰는 놈 위에 나는 놈 있다

왕 서방이 명나라에서 수입한 중국 비단은 어찌나 곱고 부드러운지 조선 처녀들의 혼숫감으로 각광을 받았다. 왕 서방이 출고를 조절하므로 비단값이 엄청나게 비쌌는데도 여전히 불티나게 팔렸다. 값이 비싸고 물건이 귀하면 반드시 도둑이 끓는 법. 왕 서방은 비단 창고에 경비원을 두고, 철저히 지켰다.

천재적 창고 털이범 '두더지'는 경비원이 해가 진 후 다음 날 아침까지 한 시간 간격으로 순찰을 도는 모습을 유심히 관찰했다. 창고를 한 바퀴 돌며 순찰하는 시간은 20분, 다음 순찰 시간까지는 40분의 공백이 있음을 발견했다. 그리고 그 간격을 이용해 밤새 10회에 걸쳐 열 필의 비단을 훔쳐냈다. 두더지의 절도 행위는 모두 몇 번 이루어졌는가?

① 한 번의 절도죄. 피해자, 범행 장소, 피해 물품이 모두 같기 때문이다.

② 열 번의 절도죄. 범행 시간, 범행 횟수가 각각 다르기 때문이다.

　형법의 죄수론에서 '어떤 행위자에 의해 수행된 여러 개의 행위가 모두 하나하나의 구성 요건에 해당되어 수죄이지만, 그 행위의 특수성에 비추어 특별히 여러 개의 행위를 포괄해 1죄로 처리'하는 경우가 있다. 이를 '포괄적 1죄'라고 한다.

　판례에 의하면 포괄적 1죄로 간주해야 할 요인으로서 피해 법익, 범죄 의사, 죄질이 동일하고 행위가 시간적으로 계속성이 있는 경우가 있다.

　형법이 포괄적 1죄라고 간주하고 있는 형태는 다음과 같다.

　첫째, 한 개의 구성 요건 중에 여러 개의 행위가 제시되어 있으나, 그 여러 개의 행위를 하더라도 포괄해 1죄로 평가하는 경우다. 동일인을 체포하고 감금하더라도 한 개의 감금죄에 해당하는 것이 그 실례다.

　둘째, 동일한 범죄 의사로 예비·음모하고 실행에 착수했으나 일시 미수에 그치더라도 끝내 기수에 이르게 되면 이러한 일련의 단계적 행위를 포괄해 1죄로 보는 경우다.

　셋째, 상습 도박죄와 같이 구성 요건의 성질상 같은 성질의 행위가 반복될 것이 예상된 범죄, 절도범이 같은 시간, 같은 장소에서 여러 개의 물건을 훔치는 경우(접속범), 같은 쌀 창고에서 수일에 걸쳐 매일 밤 쌀 한 가마씩을 훔치는 경우(연속범), 강도죄와 같이 여러 개의 행위가 결합된 경우(결합범) 등도 포괄적 1죄로 본다.

⚲ 결론

절도범이 같은 창고에서 시간적 간격을 달리하면서 같은 재물을 여러 번 절취하는 경우는 접속범으로서 모든 행위를 포괄하여 1죄로 간주한다. 따라서 한 개의 절도죄가 된다.

38. 무사고 운전 비결

"무사고 운전의 비결은 잘 달리는 것보다 잘 서는 데 있습니다. 따라서 횡단보도에서는 무조건 섰다가 출발해야 합니다." 운전면허를 따고 처음 도로 연수에 나선 초보 운전자 심약한 여사에게 교관이 거듭 강조한 말이다. 심 여사는 마음속으로 '횡단보도 일단정지'를 수없이 반복하면서 운전했다.

그러나 첫 번째로 맞닥뜨린 횡단보도에서 마음과 몸이 따로 노는 바람에 잘 서기는커녕, 브레이크 대신 액셀러레이터를 밟아 길을 건너던 모녀를 치었다. 뿐만 아니라 좌회전하던 차량까지 받아버렸다. 이 모든 일이 시간상으로 1초, 공간적으로는 5미터 이내에서 일어난 일이다.

하나의 행위가 사람도 치고, 자동차도 쳤는데 죄는 몇 가지인가?

① 하나의 교통사고처리 특례법 위반죄(1개).
② 손괴죄와 한 개의 교통사고처리 특례법 위반죄(2개).
③ 손괴죄와 두 개의 교통사고처리 특례법 위반죄(3개).

'행위자의 한 개의 행위가 여러 개의 구성 요건에 해당하거나 동일한 구성 요건을 수차례 충족시키는 경우'를 상상적 경합(범)이라고 한다.

돌을 던져 사람을 다치게 하고 동시에 이고 가는 물동이를 깬 경우, 폭탄을 던져 여러 사람을 살해한 경우가 실례다. 전자의 경우는 다른 종류의 상상적 경합(異種類의 想像的競合)이라고 하며, 후자의 경우는 같은 종류의 상상적 경합(同種類의 想像的競合)이라고 한다.

상상적 경합에 관한 논의가 의미 있는 것은 첫째는 그것이 1죄냐 아니면 수죄냐 하는 것이고, 처벌은 어떻게 할 것이냐에 관계되어 있기 때문이다. 오직 하나의 행위(예를 들면 위의 실례에서 투석, 투탄)가 있었으므로 1죄라는 설도 있으나, 하나의 행위가 여러 개의 구성 요건에 해당하므로 수죄에 해당한다는 것이 통설과 판례의 입장이다.

상상적 경합범이라고 판정되면, 처벌은 여러 개의 죄 중에서 가장 중한 죄에 정한 형으로 처벌하게 된다. 예를 들면 돌을 던져 사람도 다치게 하고, 물건도 깬 경우에 상해죄와 손괴죄의 법정형을 비교해 형이 무거운 죄로 처벌하는 것이다(참고: 상해죄는 법정형이 7년 이하의 징역 또는 1,000만 원 이하의 벌금(형법 제257조에 의거)이고, 손괴죄는 3년 이하의 징역 또는 700만 원 이하(형법 제366조 재물 손괴에 의거)의 벌금이므로, 상해죄가 더 무거운 죄다).

⚲ 결론

횡단보도 앞에서 일단정지나 서행을 하지 못한 한 개의 과실 행위로 인해 사람을 다치게 하고 남의 차도 망가뜨린 경우에 상상적 경합범이 된다. 처벌은 횡단보도에서 일단정지를 하지 아니한 도로교통법 위반죄보다 무거운 죄인 업무상 과실 치상죄(현재는 교통사고처리 특례법 위반)에 의한다.

39. 정말 초범인가?

"재판장님, 이번이 처음이오니 한 번만 용서해주십시오."

절도범 몰염치가 재판장에게 자비를 호소했다.

"정말 초범인가?" 판사가 확인을 위해 물었다.

"네, 정말 처음입니다." 몰염치가 능청을 떨었다.

"알았다. 2주일 후 판결을 선고하겠다."

웬걸? 그 이튿날 검사는 피고인에 대해 사기죄를 추가로 기소했다. 참고로 각 죄의 법정형은 다음과 같다. 절도죄는 6년 이하의 징역, 사기죄는 10년 이하의 징역.

이와 같이 여러 개의 죄에 대해 한 번에 재판을 받을 경우, 형기를 결정, 선고하는 방법은?

① 모든 죄의 법정형을 합산하므로 본건에서는 징역 16년까지 할 수 있다.

② 가장 무거운 사기죄에 2분의 1까지 가중하므로 15년까지 할 수 있다.

③ 가장 무거운 죄와 가벼운 죄를 배제하고 중간의 죄를 기준으로 하므로 징역 6년까지 할 수 있다.

수사나 재판의 실무를 살펴보면 동일인의 여러 개의 범죄는 모두 동시에 기소하고, 동시에 판결하게 된다. 이것이 피고인에게도 유리하고, 재판에 있어서도 편리하다. 이처럼 동일인이 범한 두 개 이상의 범죄를 '경합범(＝실체적 경합범)'이라고 한다. 경합범은 이론의 여지가 없는 수죄다.

가령 A라는 피고인이 절도죄, 강도죄, 폭행죄를 범했다면 이 세 개의 범죄는 경합범이 된다. 그렇다면 법관은 두 개 이상의 범죄를 판결에서 어떻게 처리하는가? 다시 말하면 두 개 이상의 범죄를 재판함에 있어서 형(刑)을 어떻게 정하는가?

우선 형은 세 가지가 있다. 하나는 형법에서 각 죄마다 정해놓은 법정형(法定刑)이다. 가령 형법 제250조의 살인죄의 법정형은 '사형, 무기 또는 5년 이상의 징역'이다.

둘째, 법정형이 두 개 이상인 경우 법관은 반드시 먼저 그중 하나를 선택해야만 한다. 가령 살인죄의 피고인을 동시에 징역형에도 처하고 사형에도 처할 수는 없다. 그러므로 법관은 사형이나 무기 또는 5년 이상의 유기 징역형 중 어느 하나를 선택해야 한다. 다음 선택된 형을 놓고 법률이 정한 가중이나 감경이라는 작업을 해야 한다. 예를 들면 살인 피고인에 대해 유기 징역형을 선택했다고 할 때 피고인이 미수범이었다면 감경할 수 있다. 감경할 때에는 그 선택한 형의 2분의 1까지 할 수 있다. 이처럼 법관이 여러 개의 법정형 중에서 하나를 선택한 후 법률이 정한 가중이나 감경의 작업을 마친 경우의 형을 처단형(處斷刑)이라고 한다.

셋째, 법관은 처단형에서 다시 구체적으로 법정에서 피고인에게 선고할 형을 정한다. 예를 들면 살인 피고인에게 법정형에서 유기 징역형을 선택하고, 다시 참작할 정상(피해자가 처벌을 바라지 않거나, 피고인이 깊이 진심으로 뉘우치거나, 전과가 없는 초범일 때 이러한 모든 사정들)이 있어서 이를 참작한 결과 피고인에게 10년의 징역형을 최종적으로 정했다면 이 '10년의 징역형'이 법정에서 피고인에게 부과되는 형이 된다. 이것을 선고형(宣告刑)이라고 한다.

이처럼 법관은 법정형의 범위 내에서 선고형을 정할 수 있는 형벌의 선언자인 것이다.

경합범의 형을 정한다는 것은 바로 처단형을 정하라는 의미다. 경합범을 동시에 재판할 경우 그 처단형은 다음과 같이 정해진다.

첫째, 경합범 중 가장 중한 죄의 법정형이 '사형, 무기(징역·금고)'일 때에는 가장 중한 죄의 법정형이 처단형이 된다(예를 들면 살인죄와 절도죄의 경합범을 동시에 재판할 경우, 살인죄의 법정형에 사형이 있으므로 사형이 처단형이 된다. 물론 이때에도 선고형은 달라질 수 있다).

둘째, 경합범의 각 죄의 법정형이 사형, 무기가 아니고 같은 종류의 형이 규정된 경우에는 가장 중한 죄의 법정형의 장기(長期)나, 다액(多額)에 그 2분의 1까지 가중한다(예를 들면 사기죄와 절도죄의 경합범을 동시에 재판할 경우에 사기죄의 법정형은 10년 이하의 유기 징역형이고 절도죄는 6년 이하의 징역형이므로 법관은 중한 죄인 사기죄의 징역형의 장기인 10년에 2분의 1까지, 즉 5년까지 일단 가중하게 된다). 다만 징역형을 가중할 경우에도 가중된 유기 징역형이 50년을 넘어서는 안 된다는, 즉 최고 50년까지만 가중할 수 있다는 제한이 있다(형법 제42조).

셋째, 경합범의 각 죄에 정한 법정형이 무기 징역이나 무기 금고 이외의 서로 다른 종류의 법정형이면 이때는 병과(倂科)한다. 즉 서로 다른 법정형을 선택해서 함께 처단형을 정할 수 있다(예를 들면 간통죄와 도박죄의 경합범을 동시에 재판할 경우에 간통죄의 법정형은 2년 이하의 징역형이고, 도박죄는 1,000만 원 이하의 벌금형이므로 법관은 간통죄에 대해 징역 1년의 형과, 도박죄에 대하여 300만 원의 벌금형으로 처단형을 동시에 정할 수 있다).

피고인에게 최종적으로 내려지는 선고형은 이처럼 법률이 미리 정해놓은 법정형의 범위 내에서, 법관이 그중 어느 하나를 선택하고 형의 가중이나 감경의 작업을 거친 처단형에서, 다시 법관이 정상을 참작하는 복잡한 과정을 걸쳐 형성되는 것이다.

🔍 결론

동일한 피고인이 범한 절도죄, 사기죄는 판결이 확정되지 아니한 경합범이다. 이를 동시에 재판하는 경우, 각 죄의 법정형은 같은 종류의 징역형이므로 법관의 처단형은 사기죄의 법정형의 2분의 1까지 가중한 징역 15년까지이다. 단, 법관은 이때 처단형을 그대로 선고할 수도 있고, 정상을 참작하여 처단형을 감경하거나 또는 가중하여 다시 선고형을 정할 수도 있다.

40. 배은망덕한 피고인

"피고인은 전과가 없는 초범이고, 범행을 깊이 뉘우치고 있으므로 이번에 한하여 용서하기로 한다."

술을 먹고 동료의 갈비뼈 순서를 헷갈리게 한 피고인 김원통에게 판사가 자비를 베풀었다. 3년간의 '집행 유예'를 선고한 것이다. 그래서 그는 그날 밤 석방됐다.

석 달 만에 자유의 몸이 된 그를 축하한다는 명목으로 친구들과 그가 다시 술집에 모였다. 모두들 거나하게 취했을 때 누군가가 그를 보고 '전과자'라고 하자 김원통은 판사님의 훈계를 깜빡 잊고 상대방의 안면 질서를 문란하게 했다.

자비를 베풀었던 판사 앞에 김원통이 폭력죄로 다시 섰음은 물론이다. 판사님도 동정은 가는데…. 문제는 "집행 유예 판결을 받고 그 기간 중에 있는 자에 대해 다시 집행 유예를 선고할 수 있는가?"이다(참고: 그의 죄에는 징역형만 규정되어 있다).

① 할 수 없다. 법률상으로 불가능하다.

② 할 수 없다. 배은망덕도 유분수이고, 판사님의 자비심에도 한계가 있다.

③ 할 수 있다. 판사는 범죄를 용서할 권한이 있으므로 얼마든지 다시 용서할 수 있다.

죄를 범하고 구속되고 재판에 회부된 피고인이 자유의 몸이 되는 것, 즉 석방되는 방법은 대체로 무죄의 판결, 벌금형의 판결, 그리고 집행 유예의 판결이 선고되는 경우라고 할 수 있다(물론 그 밖에도 법관의 보석 허가 결정, 선고유예의 판결, 공소 기각의 판결이 있는 경우에도 석방된다).

'집행 유예'란 쉽게 말하면 선고된 형의 집행을 유예하는 것, 즉 교도소에서 복역하는 것을 유예해주는 제도를 말한다. 집행 유예의 선고는 불구속의 피고인에 대해서도 가능함은 물론이다. 집행 유예가 선고되면 그 정해진 유예 기간 중에 재범하지 않는 한 유예 기간의 경과로써 형의 선고의 효력이 상실되도록 되어 있다. 다시 말하면 집행 유예는 그 유예 기간 중에 재범하지 않는다는 것을 조건으로 용서받는 것이라고 할 수 있다. 그런데 집행 유예를 선고하려면 다음과 같은 요건이 있어야 한다.

첫째는, 선고되는 형이 '3년 이하'의 징역이나 금고일 경우다. 선고형이 3년 이하로 내려갈 수 없으면 법관이 집행 유예를 선고하고 싶어도 할 수가 없다.

둘째는, 피고인에게 참작할 만한 정상이 있어야 한다.

셋째는, 피고인이 종전에 금고 이상의 실형 선고를 받은 사실이 없거나, 그 사실이 있더라도 집행이 종료된 지 5년 이상이 경과되었어야 한다(집행이 면제된 경우에도 같다). 그리고 집행 유예 기간 중에 있는 자가 재범을 하여 다시 재판을 받는 경우 그 재판에서는 법관도 재차 집행 유예는 선고할 수 없다는 것이 대법원의 일관된 판례의 입장이다.

Q 결론

폭행으로 기소된 피고인이 법관으로부터 집행 유예 선고를 받고, 그 기간 중에 다시 재범한 경우 재차 집행 유예는 할 수 없다는 것이 법원의 방침(판례)이다. 실무상으로는 재범한 죄의 법정형에 벌금형이 있으면 다시 정상을 참작하여 벌금형이 선고되기도 한다.

41. 나는 억울하다

"마지막으로 할 말이 있으면 하시오!"

사형 집행관이 사형수에게 물었다.

"나는 결코 아내를 죽이지 않았습니다. 하느님은 나의 억울함을 아실 것입니다."

아내를 죽인 혐의로 사형을 선고받고 교수대에 선 피고인은 그가 처음부터 절규했던 말, "나는 억울하다"라는 말을 유언으로 남기고 형장의 이슬로 사라졌다.

그 후 진범이 체포되었다. 이 사건은 1960년대 영국에서 실제로 있었던 일이다.

영국은 그 후 사형 제도를 폐지했지만, 우리나라는 아직도 사형 제도를 유지하고 있다. 이렇게 생각해보자. 흉악범에 대한 사형이라는 형벌은 꼭 필요한가? 사형은 생명권을 국민의 기본권으로 인정한 헌법에 위반되는 것은 아닌가?

① 사형은 흉악범에 대한 응징을 통해 사회 질서를 유지하기 위해서 불가피하다. 따라서 합헌이다.

② 사형은 형벌로서의 효력이 없고, 남용과 오판의 가능성 그리고 인도적 이유 때문에 폐지되어야 한다. 따라서 헌법 위반이다.

사형은 범죄인의 생명을 박탈하는 형벌이므로 형벌 중에서 최고의 형이고, 그런 의미에서 극형(極刑)이라고 한다. 사형은 그 형이 확정되면 법무부장관의 집행 승인을 받아 교도소에서 교수(絞首)하여 집행한다. 우리나라는 1953년 형법을 제정할 당시에 사형을 형벌로서 인정할 것인가 여부에 대해서 깊은 검토 없이 무비판적으로 도입했다.

현재 사형이 법정형으로 규정되어 있는 범죄는 형법에서 살인죄 등 약 20여 개의 범죄에 이르며, 국가보안법, 특정범죄 가중처벌 등에 관한 법률 등 특별형법에서는 약 50여 개에 이르고, 군형법에서는 약 40여 개에 이른다. 뿐만 아니라 사형은 연간 약 20여 건 이상이 법원에서 선고되고 있는 실정이다. 이것도 부족해 우리 사회에서는 사회적인 물의를 빚는 범죄가 발생하면 범죄인을 엄벌에 처하라는 여론에 쫓겨 사형의 범죄 수를 추가해나가고 있다. 때문에 우리나라는 사형에 관한 한 최후진국이며, 세계적으로도 이미 사형의 남용 국가로 악명이 자자한 형편이다.

'사형을 형벌로서 인정할 것인가?' 하는 존폐의 논쟁은 서구에서는 이미 오래전부터 제기되어왔다. 근대 형법학의 아버지라고 일컫는 이탈리아의 체사레 베카리아는 1764년 그의 저서 《범죄와 형벌》에서 최초로 사형의 폐지를 주장했는데, 그 후 서구 사회는 사형의 존폐에 관한 치열한 논쟁을 거치게 되었고 1846년 미국의 미시간 주에서 사형을 폐지한 이래 현재까지 사형 폐지국 또는 사형 제도는 있으나 집행을 하지 않는 준폐지국은 140여 개 국가에 달한다(〈2014년 엠네스티 연례 사형 현황 보고서〉 참조).

사형 폐지 국가들의 면모를 보면 이른바 선진 국가들은 대부분 이를 폐지한 데 반해 아시아, 아프리카의 후진 국가들, 독재 국가들이 사형을 존속시키고 있음을 알 수 있다.

사형은 폐지해야 되는가? 참고삼아 존폐론의 논쟁을 살펴보자.

'존치론'의 골자는 다음이다.

첫째, 사형은 생명을 박탈하는 극형이므로 일반인에게 겁을 주어 범죄 억제의 효과(위하력: 威嚇力)가 대단히 크다는 것이다.

둘째, 살인이나 강도 강간, 강도 살인, 유괴 살인 등의 흉악 범죄인의 생명을 박탈하는 것은 사회적 정의라는 것이다.

셋째, 사형은 국민들이 확실하게 지지하고 있다는 것이다.

이에 대하여 폐지론자들의 주장은 다음과 같다.

첫째, 사형은 인도적 이유에서 존치시킬 수 없다. 인간의 생명은 일회적이며, 때문에 한 인간의 생명은 우주의 무게보다 무겁고 소중한 것이다. 따라서 하나뿐인 범죄인의 생명을 박탈하는 사형은 인도적 견지에서 허용될 수 없다.

둘째, 사형은 종교적 견지에서도 허용될 수 없다. 인간의 생명은 절대자, 조물주, 하느님만이 허용한 것이며, 생명을 줄 수 없는 인간이 인간의 생명을 말살하는 것은 있을 수 없다. 즉 인간이 형벌이라는 미명으로 인간의 생명을 박탈할 권리가 없다.

셋째, 사형은 인간이 생명을 누리고 살아갈 수 있는 '생명권'을 근본적으로 부정하는 것이므로 헌법에 위반되어 허용해서는 안 된다.

넷째, 형벌의 본질은 죄를 범한 범죄인을 교육하고 교화해 건전한 사회인으로 복귀시키는 것인데, 교육과 교화를 근원적으로 포기하는 사형은 형벌의 본질에 반하는 제도이므로 허용될 수 없다.

다섯째, 사형은 존치론자들이 맹신·확신하는 것처럼 범죄 억제의 효과가 없다. 이것은 이미 오래전에 사형을 폐지한 선진 국가에서 사형 폐지 후 사형을 선고할 수 있는 흉악 범죄가 증가하지 않았다는 일치된 통계가 입증하고 있다. 사형이 일반인에게 겁을 주어 흉악 범죄를 억제한다는 것은 비과학적인 미신일 뿐이다.

여섯째, 사형은 오판(誤判)에 의해 저질러질 수 있기 때문에 폐지해야 한다. 존치론자들은 오늘날의 형사 재판은 철저한 증거재판주의에 입각해 있기 때문에 오판의 가능성은 없다고 말하지만, 수사와 재판에 임하는 검사나 판사도 전지전능한 신은 아니며 불완전하기 짝이 없는 인간일 뿐이다. 인간은 선입관, 고정 관념, 편견에 사로잡히기 일쑤이며, 모함, 무고, 위증, 증거의 조작 등 인간의 판단을 그르칠 수 있는 오판의 요소는 도처에 존재한다. 인간이 어떠한 재판 제도를 갖고 운영하든지 간에 무죄한 자를 사형장으로 보낼 가능성 앞에 모든 인간은 전율하고 겸허해야만 한다. 오판으로 인해 사형이 집행된 경우에 이는 회복이 불가능하다. 따라서 오판의 가능성이라는 이유 하나만으로도 사형은 폐지할 근거가 충분하다(참고: 1965년 영국이 사형을 폐지하게 된 결정적 배경도 오판으로 인해 무죄한 자를 처형한 사실이 밝혀졌기 때문이다).

일곱째, 사형은 지배자, 권력자, 독재자 등에 의해 남용되고 악용되어온 대표적 형벌이므로 폐지해야 한다. 사형은 지배자가 자기의 정적이나 반대자를 단숨에 침묵시키고 제거할 수 있는 효율적 수단으로 악용되어온 것은 인류 역사가 보여주는 엄연한 사실이다.

여덟째, 사형은 불공평한 제도이므로 폐지해야 한다. 사형을 선고받은 사형수에 대한 연구와 분석에 의하면 사형수는 대부분이 '약자'다. 즉 부자보다는 가난한 자, 지위가 있는 자보다는 없거나 낮은 자, 교육을 받은 자보다는 못 받거나 덜 받은 자, 백인보다는 흑인이나 유색 인종이 더 많다. 같은 살인을 했어도 강자보다는 약자가 사형에 의해 희생된다. 이것은 정의도, 공평도 아닌 엄연한 차별인 것이다.

그리고 사형 폐지론자들은 사형 폐지의 대안으로서 종신형을 제안하고 있다. 종신형으로도 범죄의 예방과 억제, 범죄인의 교정과 교육, 피해자의 분노 등 모든 과제를 달성할 수 있다고 역설한다.

참고로, 우리나라가 1990년 7월 10일 가입한 유엔 인권 규약(시민적 및 정치적 권리에 관한 규약)에서도 사형의 폐지를 권고하고 있으며, 사형을 부득이 인정하는 경우라고 하더라도 사형은 '가장 중요한 범죄'에 국한되어야 한다고 강조하고 있다. 한편 우리나라는 사형이 법률상으로는 폐지되지 않았으나, 1997년 이후 사형수에 대해 사형을 집행하지 않고 있어 '사실상의 사형 폐지국' 또는 '준폐지국'으로 분류되고 있으며, 제15대 국회 이후 계속해서 사형 폐지 특별법이 발의되고 있다.

🔍 결론

사형의 존폐는 국가의 정책적 결단에 달린 문제이고, 개인에게는 각자의 세계관에 따라 선택할 수 있는 문제다. 따라서 어느 것이든 정답일 수 있다. 그러나 필자는 사형에 반대하고 있다.

PART 2
각칙

● 형법 각칙에 관한 기초적 설명

1. 형법의 각칙은 어떻게 구성되어 있는가?

1) 법률 제293호로 제정된 '형법'은 제1편을 '총칙'이라고 하고 있으며 제2편을 '각칙(各則)'이라고 하고 있습니다. 각칙이란 형법이 범죄 행위라고 선언한 모든, 각 범죄가 수록되어 있다는 뜻입니다. 따라서 각칙이란 형법상의 구체적인 '범죄 목록'을 말합니다.

2) 형법 각칙은 제87조부터 제372조까지 모두 266개 조문으로 구성되어 있는데, 이들 조문은 거의 대부분이 범죄의 종류와 내용 그리고 법정형을 규정하고 있습니다.

3) 형법 각칙은 제1장에서 제42장까지 42개의 장(章)으로 구분되어 있습니다.

제1장 내란의 죄

제2장 외환의 죄

제3장 국기에 관한 죄

제4장 국교에 관한 죄

제5장 공안을 해하는 죄

제6장 폭발물에 관한 죄

제7장 공무원의 직무에 관한 죄

제8장 공무 방해에 관한 죄

제32장 강간과 추행의 죄

제33장 명예에 관한 죄

제34장 신용, 업무와 경매에 관한 죄

제35장 비밀 침해의 죄

제36장 주거 침입의 죄

제37장 권리 행사를 방해하는 죄

제38장 절도와 강도의 죄

제39장 사기와 공갈의 죄

제40장 횡령과 배임의 죄

제41장 장물에 관한 죄

제42장 손괴의 죄

그런데 형법학자들은 형법 각칙의 각 범죄를 보호 법익이 무엇인가에 따라 개인적 법익에 대한 죄, 사회적 법익에 대한 죄, 국가적 법익에 대한 죄로 구별하고 있는 것이 일반적입니다.

2. 형법 각칙의 범죄와 특별 형법상의 범죄의 관계

1) 형법은 1953년에 제정되어 지금까지 반세기 이상 시행되고 있으나, 시대와 상황, 사회의 급속한 변화에 따라 형법 각칙의 범죄 규정만으로는 효과적으로 대응할 수 없는 경우가 많았습니다. 따라서 국가는 그동안 형법 각칙상의 상당수의 범죄를 특별히 다루고자 별도로 특별법을 제정하여 시행해오고 있습니다. 이러한 법률을 '특별 형법'이라고 부릅니다.

형법과 이들 특별 형법과의 관계는 이른바 "일반법과 특별법이 동시에 존재하는 경우에는 특별법을 우선적으로 적용한다"는 '특별법 우선의 원칙'에 따라 형법이 적용되지 않고 특별 형법이 적용된다는 것을 염두에 두시기 바랍니다.

2) 그중 중요한 특별 형법 몇 가지를 소개하면 아래와 같습니다.

• 폭력행위 등 처벌에 관한 법률: 이 법은 형법상의 상해, 폭행, 체포, 감금, 협박, 주거 침입, 퇴거 불응, 폭력에 의한 권리 행사, 공갈, 손괴의 범죄 행위를 집단적으로 하거나 상습적으로 하는 경우 또는 야간에 범하는 경우에 대처하기 위한 특별 형법입니다. 그러므로 위에 든 범죄 행위를 집단적, 상습적, 야간에 범하는 경우에는 형법 각칙이 적용되지 않고 위 특별 형법이 적용됩니다.

• 특정범죄 가중처벌 등에 관한 법률: 이 법은 형법상의 뇌물죄, 체포·감금 치상죄, 약취·유인죄, 상습적 강도죄와 절도죄, 통화 위조죄, 강도 상해죄, 강도 강간죄, 밀수 행위, 탈세 행위, 무허가 벌목 행위, 교통사고를 낸 운전자의 뺑소니 행위, 마약 사범 등 중요 범죄에 대해 그 법정형을 대폭 강화시킨 법입니다. 가령 뇌물죄를 예로 든다면 뇌물의 액수가 1,000만 원 이상이면 형법상의 뇌물죄의 적용이 배제되고 이 법이 우선적으로 적용되며, 그 법정형도 뇌물 액수가 1,000만 원 이상 5,000만 원 미만까지는 5년 이상의 유기 징역, 5,000만 원 이상인 경우에 무기 또는 10년 이상의 유기 징역으로 강화되어 있습니다. 사회에서는 이 법을 약칭하며 '특가법(特加法)'이라고 부르기도 합니다.

• 국가보안법: 이 법은 실은 형법 제정 이전인 1948년에 제정된 법인데, '국가의 안전과 국민의 생존 및 자유를 확보할 목적'으로 제정된 것이라고 그 목적을 법률 자체에서 밝히고 있습니다.

이 법에서는 '정부를 참칭(僭稱)하거나 국가를 변란할 것을 목적으로 하는 국내외의 결사 또는 집단'이라고 정의한 '반국가 단체'라는 것을 전제하고 그 구성이나 가입, 지령 수행, 잠입·탈출, 찬양·고무, 회합·통신, 편의 제공, 불고지의 행위 등을 강력하게 규제하고 있습니다. 이로써 이 법은 반국가 단체 구성원이나 그 지령을 받은 자가 수행하는 형법상의 간첩 행위, 살인 행위 등 상당수의 형법 각칙상의 범죄 행위에 대해서는 형법과의 관계에서 볼 때 특별 형법의 위치에 서 있습니다. 참고로 말한다면 이 법은 제정 이후 지금까지 우리 사회 일각에서는 그 악용과 남용의 가능성 때문에 악법이라고 규정되어 개정하거나 폐지해야 한다는 주장과, 또 한편에서는 남북 분단의 현실 속에서 국가의 안전을 수호하는 중요한 법이기 때문에 개정이나 폐지를 허용할 수 없다는 주장이 대립되어 왔고, 아직 그 결말을 보지 못하고 있습니다.

• 교통사고처리 특례법: 종전에는 교통사고 시 인명 손상 행위는 형법 제268조가 규정한 업무상 과실 치상죄, 치사죄가 적용되었습니다. 그러나 형법 제정 이후 자동차의 급격한 증가와 이에 따른 교통사고의 증가라는 사회 사정의 급격한 변화에 대처하기 위해 1981년 국가는 이 법을 제정하지 않으면 안 되었습니다. 이 법에서는 자동차 운전자의 사고 행위(즉 업무상 과실 치사상 행위)가 횡단보도 사고 등 이른바 '11대 사고'에 해당되지 않으며 종합 보험이나 공제에 가입 또는 피해자와 합의했을 때에는 피해자의 명시적인 의사에 반하여 공소를 제기할 수 없도록 하는 특례를 정해놓았습니다. 따라서 이 법은 11대 사고, 종합 보험 등의 미가입, 미합의 경우에만 형법상의 종전의 업무상 과실 치사상 행위를 이 법 위반으로 적용하고 있으므로 특별 형법의 관계에 서게 되는 것입니다.

3. 《재미있는 법률여행》 형법 편에서는

1) 이 책에서는 형법 각칙에서 규정한 300여 가지가 넘는 모든 죄를 일률적으로 다루지 않았습니다. 우리 사회에서 자주 발생하거나, 반드시 이해해야 한다고 생각되는 중요한 범죄 91가지를 선정했습니다.

2) 그리고 이를 다루는 방식에 있어서도 학자들 식으로 무조건 의의, 개념, 보호 법익, 주체, 객체, 행위, 처벌, 다른 죄와의 관계 등의 순서로 무미건조하게 해설하는 것이 아니라, 지면의 제약을 고려하여 필자가 임의로 선정한 88개의 범죄(확인)를 사례화하고, 사례가 제시한 쟁점이나 과제를 해결하는 데 필요한 범위 내에서 해당 범죄의 개요를 간결하게 설명했고, '결론'에서 다시 언급하는 방식을 취했습니다. 그리고 이해를 돕기 위해 풍부한 예를 들어놓았습니다.

3) 독자 여러분들께서는 '해설'을 통해 해당 범죄가 어떤 것인가를 반드시 파악해보시기 바랍니다.

1. 태아는 언제 사람이 되는가?

원숭이도 나무에서 떨어질 때가 있다.

천하의 명의 '화타' 선생에게 어느 날 만삭의 임산부가 찾아왔다. 그녀가 분만 일보 직전 상태에서 주기적인 진통을 하자, 화타는 그녀를 분만대 위에 누이고 분만을 유도했으나 초산부인 그녀는 계속 진통의 비명만 지르고 있었다.

무려 세 시간 동안이나 애썼는데도 자궁에서 아기가 나오지 않자 화타는 최후의 수단으로 그녀의 복부를 누르고 훑어 내렸다. 그러나 그로 인해 태아는 그녀의 배 안에서 질식, 사산했다. 화타는 태아가 사산한 데 대하여 어떠한 형사 책임을 지게 되는가?

① 태아도 사람으로 간주되므로 살인죄의 책임을 지게 된다.

② 분만 중인 태아도 사람이므로 살인죄가 되나, 고의가 없었으므로 업무상 과실 치사죄의 책임을 지게 된다.

③ 태아는 분만 전까지는 사람이 아니므로 아무런 형사 책임을 지지 않는다. (다만 민사상 손해 배상 책임은 져야 한다.)

살인죄는 '사람'을 살해함으로써 생명을 침해하는 범죄를 말한다. 범죄의 대상(객체)이 사람이므로, 여기에는 모든 사람이 다 포함된다. 예를 들면 조산으로 인한 발육 불량으로 장래 사람으로 성장할 희망이 없는 갓난아이, 기형아, 빈사 상태에 있는 환자, 심지어는 사형 판결이 확정되어 집행을 기다리는 사형수 등 어떠한 사람도 살인죄의 대상이 된다. 그렇다면 출생하기 전의 태아는 어떻게 될까? 우리 형법은 고의에 의한 살인죄, 낙태죄, 과실에 의한 살인죄(과실 치사) 등을 구분하여 형벌을 달리하고 있기 때문에 '태아는 언제부터 사람이 되는가' 하는 질문은 의미 있고 실제적인 문제다.

'태아가 언제 사람이 되는가' 하는 시기에 관해서는 학자들 간에 견해의 차이가 있다. 분만 개시(=진통 개시)가 있으면 된다는 진통설, 태아의 신체 일부가 모체로부터 외부로 노출된 때라는 일부 노출설, 완전히 모체 밖으로 나와야 한다는 전부 노출설, 태아가 모체에서 완전히 분리되어 태반에 의한 호흡이 아니라 자기 폐에 의한 호흡을 개시한 때라는 독립 호흡설이 있다.

많은 학자들이 동감하는 통설과 판례가 지지하는 입장은 진통설이다. 즉, 만삭의 산모가 분만을 위해 주기적인 진통을 개시한 때 이 태아를 고의로 살해한다면 살인죄, 과실로 사망하게 하면 과실 치사죄가 되는 것이다. 그리고 진통이 개시되기 전의 태아는 사람이 아니므로, 살해하면 낙태죄가 된다.

Q 결론

분만을 위해 주기적인 진통이 개시된 태아를 살해하면 낙태죄가 아니라 살인죄가 된다. 물론 과실로 살해하면 과실 치사죄가 된다(이 사례에서는 화타에게 살인의 고의가 없었으므로 살인죄는 성립하지 않고 과실 치사죄가 성립하는데, 의사의 업무상 과실로 결과가 발생하였으므로 업무상 과실 치사죄가 성립한다).

2. 사람은 언제 죽는가?

한숨만 과장이 여름휴가를 동해안으로 가게 되었다. 한 과장은 가족들을 태우고 손수 운전을 했다.

그런데 영동 고속 도로에서 화물 트럭 뒤를 따라가던 그가 추월을 하려고 중앙선을 넘어 진행하다가 마주 오던 버스와 정면으로 충돌했다. 병원에 후송된 그의 가족들은 장남을 제외하고는 모두 소생했으나 불행하게도 장남만 뇌를 크게 다쳐 이른바 '뇌사 상태'가 되었다.

물론 소생할 가망은 없었다. 이때 주치의는 "어차피 살아날 수는 없으니 장남의 장기를 다른 사람에게 이식해주는 것이 어떻겠습니까?" 하고 간곡히 제의했다. 한숨만 과장도 눈물을 머금고 이에 동의했다.

이리하여 장남의 간은 주치의 허춘 과장의 집도로 만성 간경화증을 앓고 있던 어떤 소년에게 이식되어 한 사람의 생명을 구하게 되었다. 그렇다면 의사 허춘에게 형사 책임이 있을까?

① 없다. 사람은 뇌의 기능이 정지되면 사망한 것으로 보는 것이 합리적이므로, 사망한 사람의 장기 이식은 살인죄가 되지 않는다.

② 없다. 사람은 심장과 호흡이 정지되어야 사망한 것으로 보게 되나, 이 경우에는 유족(부모)의 동의가 있었으므로 살인죄가 된다고 볼 수 없다.

③ 있다. 심장과 호흡이 정지되기 전에 장기를 적출한 것은 일단 살인죄가 된다. 이것은 유족의 동의가 있더라도 그렇다.

사람은 '언제' 사람이 아닌 시체가 되는가? 다시 말하면 "살인죄에서 '사람을 살해하는 것'은 어떤 상태를 만드는 것인가"라는 질문이 된다. 그것은 물론 사망이다. 그렇다면 사망은 구체적으로 어떤 상태를 말하는가? 이에 관한 지금까지의 통설과 판례는 '사람의 심장이 영구적으로 멈추었을 때'라는 이른바 '심장사설'이었다. 그러므로 심장이 멈춘 사람은 그 순간부터 시체가 되고, 장례의 대상이 되어 매장이나 화장을 하는 것이다.

그러나 1967년 1월 3일 남아프리카 공화국에서 버나드 박사에 의해 세계 최초의 심장 이식 수술이 성공하고, 그 이후 의학과 의술이 발달함에 따라 사람의 죽음의 시기를 앞당겨야 할 의학적·사회적 필요가 급증하게 되었다. 이에 따라 죽음을 뇌의 완전 정지로 보자는 이른바 '뇌사설'이 대두되었고, 세계의 각국은 뇌사의 판정 기준을 마련해 뇌사를 입법화하기 시작했다.

우리나라에서도 장기 이식의 필요성 때문에 뇌사설을 지지하는 입장이 늘어나고 있으며, 또 뇌사자로부터의 장기 이식도 실제 이루어지고 있다. 이러한 상황에서 1999년 9월 7일에는 '장기등 이식에 관한 법률'이 제정되어 뇌사 판정 위원회의 판정과 절차에 따라 뇌사자로부터 장기의 적출과 이식이 합법화되었다. 이 법률의 제정·시행에도 불구하고 형법학에서는 사람의 사망 시기와 관련해 논쟁이 종식된 것은 아니다. 이 법률로써 뇌사를 사실상 사망 시점으로 인정했다는 견해도 있지만, 이 법률에서도 뇌사자를 제외한 자를 '살아 있는 사람'이라고 보고 있으므로 뇌사설이 합법화된 것으로 보기 어렵다는 견해도 만만치 않다.

Q 결론

현재로써는 죽음의 시기를 심장이 정지된 때로 보아야 할 것이다(그러나 뇌사설을 지지하는 다수설적 입장에서는 ①이 정답이 된다고 할 수 있다).

3. 편안히 가시게 하려고

팔순이 다 된 홍 판서가 어느 날부터 식음을 멀리하더니 시름시름 앓게 되었다. 효자인 홍길동이 부친을 서울대학교병원에 입원시켜드렸는데, 진찰 결과 말기 위암으로 판명되었다. 현대 의학으로도 치료가 불가능했다.

암으로 인한 고통으로 비명을 지르는 부친을 보며 곁에서 괴로워하던 홍길동은 친구이자 주치의인 심동정에게 마약의 투여를 간청했다. 부친도 원했음은 물론이다. 친구의 간곡한 부탁을 거절할 수 없었던 의사 심동정은 다량의 마약을 투여해 홍 판서는 이틀 후 운명했다.

이런 일이 없었더라도 홍 판서는 1개월 정도 더 생존할 수 있었을 뿐이다. 홍길동과 심동정은 말하자면 부친을 이른바 '안락사'시킨 것이다. 이런 경우에도 살인죄가 성립하는가?

① 피해자 본인이나 가족의 명시적 요청에 의한 안락사는 위법성이 없다. 따라서 살인죄가 성립되지 않는다.

② 살인죄는 성립되지 않으나, 그보다 형이 가벼운 '촉탁·승낙에 의한 살인죄'가 성립된다.

③ 이유·동기·방법을 불문하고 안락사를 시키는 행위는 현행 형법상 살인죄가 된다.

세상에서 사람의 생명처럼 소중한 것도 없을 것이다. 그래서 기독교의《신약 성서》에서도 "사람이 만일 온 천하를 얻고도 제 목숨을 잃으면 무엇이 유익하리요(〈마태복음〉16장 26절)"라고 하여 생명(목숨)의 소중함을 일깨워주고 있다. 그렇다. 전 우주의 무게보다 무겁다고 할 수 있는 소중하고 귀한 생명. 그러기에 모든 종교는 생명의 존중, 생명의 경외를 가르친다.

이처럼 사람의 생명은 신성하고 소중한 것이기에 형법에서도 사람의 생명을 박탈, 부정, 말살하는 살인죄를 무거운 형벌로 다스리고 있다. 또 고의로 한 살인은 아니어도 사람의 부탁을 받거나 승낙을 얻어 당사자를 살해하는 행위도 '촉탁·승낙에 의한 살인죄'라고 해서 처벌하고 있으며, 자살의 의사가 없는 자를 자살하도록 교사하거나 자살을 돕는 일체의 행위에 대해서도 '자살 관여죄'라고 하여 처벌하고 있다.

그렇다면 불치의 질병으로 회복할 가능성이 없는 사람이나 사기(死期)에 임박하여 격심한 고통을 겪고 있는 사람에 대하여 그 사람의 부탁을 받아 죽음을 앞당기게 하는 소위 '안락사(安樂死)'에 대해 형법은 어떻게 대처하고 있는가?

또 요즘은 현대 의학과 의술의 발달로 인하여 생명을 연장하는 치료(소위 '연명 치료')가 가능해졌는데, 본인이나 가족의 간곡한 애원에 의하여 이 생명 연장 치료를 중단하는 소위 '존엄사(尊儼死)'에 대해서는 어떻게 보아야 할 것인가가 법률적으로도 논란의 대상이 되고 있다.

우선 안락사를 살펴보자.

안락사는 격렬한 고통에 허덕이는 불치 또는 빈사의 환자에게 그 고통을 제거하거나 경감시키기 위해 그를 살해하는 것으로 정의되는데, 여기에는 그 환자 본인의 부탁이나 승낙이 있는 '자의적 안락사'와 본인이 의사를 표시할 수 없거나 가능하다고 하더라도 외부의 제3자가 이해할 수 없는 상태에서 이루어지는 '비임의적 안락사', 본인이 적극적으로 반대했으나 외부인이 이에 반하여 강제로 실시하는 '타의적 안락사'의 유형이 있을 수 있다.

또 사기에 임박한 환자에게 필수적인 치료를 중단하거나 산소 호흡기나 인공 영양 공급 장치를 제거함으로써 생명을 더 이상 연장시키지 않는 '소극적(수동적) 안락사'와 환자의 생명을 단축시키기 위해 독극물 등을 주사, 투여해 사망에 이르게 하는 '적극적 안락사'의 유형이 있을 수 있다.

안락사 논쟁에서 비임의적 안락사, 타의적 안락사, 적극적 안락사는 위법한 살인 행위가 된다는 것은 의문의 여지가 없으나, 문제가 되는 것은 바로 소극적 안락사다. 또 이 안락사의 유형이 존엄사 문제와 결합될 때 법률적 문제는 한층 복잡해진다. 먼저 어떠한 형태의 안락사도 인정할 수 없다는 주장에 따르면 소극적 안락사의 경우, 이에 관여한 자에게 살인죄 또는 촉탁·승낙에 의한 살인죄의 책임을 묻는 것이 가능해진다. 한편 안락사 긍정설에 의하면, 환자의 사기가 목전에 임박해 있고, 또 견디기 어려운 고통을 받고 있는데 이를 그대로 두거나 연장시키는 것은 무의미·무가치한 일이므로 안락사에 의해 사기를 다소 단축시키더라도 사회 상규상 위법은 아니라는 주장이다. 전 세계적으로 소극적 안락사와 존엄사 문제를 함께 놓고 이를 허용할 수밖에 없다는 주장이 날로 힘을 얻어가고 있다.

우리 사회에서 안락사와 존엄사 문제가 사회적 의제로 대두된 계기는 '김 할머니 사건'이라고 할 수 있다. 폐암 여부를 확인하려고 병원에 입원했던 할머니는 조직 검사를 받던 중 과다 출혈로 뇌에 손상을 입고 소위 식물인간 상태가 되었는데 가족들이 무의미한 연명 치료를 중단하고 품위 있게 죽을 수 있도록 해달라고 병원에 요청하였으나 병원이 이를 거부했다. 그러자 가족들이 연명 치료 중단 조치를 취할 것을 요구하는 소송을 냈다. 이 소송에 대해 대법원은 2009년 5월 21일 "회복 불가능한 사망의 단계에 이른 환자가 인간으로서의 존엄과 가치 및 행복 추구권에 기초하여 자기 결정권을 행사하는 것으로 인정되는 경우에는 특별한 사정이 없는 한 연명 치료의 중단이 허용될 수 있다"고 판시하여 일정한 조건하에 존엄사 허용의 물꼬를 텄다. 이 판결로 김 할머니는 연명 치료가 중단되었으나 200여 일을 더 생존하다가 돌아가셨다.

정리하자면 우리 사회도 안락사에 대해서는 찬반양론이 대립하고 있으나, 무의미한 연명 치료의 중단, 즉 존엄사에 대해서는 이를 긍정하는 방향으로 가고 있다. 그리하여 만일 존엄사가 허용되어 그 위법성이 없게 된다면 남은 문제는 회복 불가능하다는 판단 기준은 무엇이며, 또 본인이 품위 있게 죽을 수 있도록 해달라는 의사 표시는 무엇으로 확인할 수 있느냐가 될 것이며(이에 대해서는 환자가 생전에 작성한 '사전 의료 지시서'라는 것이 그 증빙으로 될 것이다), 존엄사의 남용은 어떻게 막아낼 것이냐 등의 만만치 않은 과제들이 해결되어야 할 것이다.

Q 결론

이 사례는 소위 소극적 안락사의 경우에 해당될 것이다. 소극적 안락사에 관여한 자에게 살인의 위법성이 조각되기 위해서는 첫째, 환자가 불치의 질병으로 사기에 임박했고 둘째, 환자의 고통이 차마 지켜볼 수 없을 정도로 극심하며 셋째, 방법이 환자의 고통을 제거 또는 완화하기 위한 것이고 넷째, 환자의 진지한 촉탁이나 승낙이 있고 다섯째, 원칙적으로 의사에 의하여 시행되고 그 방법이 윤리적으로 정당한 조건에 충족되어야 한다는 통설에 따라 살펴보아야 한다. 통설에 따라 이 사례에서 위법성이 없다는 결론에 찬성한다.

4. 여자에게 절개가 있다면 남자에겐 오기가 있다

상사병은 골치 아픈 불치의 병인가 보다. 천하의 미녀 황진이를 열렬히 짝사랑하던 먹쇠는 황진이가 그의 구애를 받아들이기는커녕 코웃음을 치자 화가 났다. 그래서 먹쇠는 그녀를 저주하여 살해하기로 결심하고, 그녀의 초상화를 그려놓고 밤마다 죽으라고 저주했다.

어느 날 우연히 먹쇠의 저주를 알게 된 황진이가 큰 충격을 받고 시름시름 앓더니 정말 몇 달 만에 죽고 말았다면, 먹쇠에게 어떤 형사 책임이 있는가?

① 저주와 사망 간에 인과 관계가 있으므로 당연히 살인죄가 성립된다.

② 살인죄의 책임은 없고, 모욕죄가 성립된다.

③ 저주한다고 사람이 죽는다고 볼 수는 없다. 따라서 살인죄의 책임을 지울 수 없다.

형법에서 말하는 살인이라는 행위의 수단·방법은 천차만별이며, 아무런 제한이 없다. 외국의 입법례를 보면 살인은 치밀하게 준비한 모살(謀殺, murder)과 그렇지 않은 고살(故殺, manslaughter)로 구분하여 전자에 대해서는 형을 더 무겁게 하는 국가(예컨대 미국)도 있으나, 우리 형법은 이를 구별하지 않고 있다.

사람이란 동물은 어찌나 잔인한지, 사람이 사람을 죽이는 방법도 헤아릴 수 없이 많다. 형법은 그 방법을 묻지 않고 고의로 사람을 살해한 경우는 모두 살인죄로서 무겁게 다스리고 있다.

그런데 사람을 살해하는 방법과 관련해 문제가 되는 경우가 하나 있다. 바로 저주나 기도에 의한 살인, 소위 미신적 방법에 의한 살인이 가능한가의 여부와 가능하다고 할 경우, 살인죄가 성립되는가 하는 논란이 그것이다.

학자에 따라서는 피해자가 가해자에 의해 저주받았음을 알게 되어 정신적 충격을 받아 사망한 경우에는 저주와 사망 간에 소위 인과 관계가 있다고 보아 살인죄의 성립을 인정하는 견해도 있다.

그러나 대부분의 학자들은 이를 부정한다. 미신범에게 살해의 의사가 있음은 분명하지만 저주나 기도에 의한 살해의 가능성을 인정할 수 없다고 보기 때문이다. 가령 피해자가 우연히 그 저주를 알고 정신적 충격으로 사망했다고 하더라도 이를 형법상 의미 있는 인과 관계로 볼 수 없다는 것이다.

♀ 결론

저주나 기도에 의한 살인(의 시도), 소위 미신범은 살인죄에 해당한다고 볼 수 없다.

5. 같은 살인죄인데 너무하잖소?

　견우와 직녀는 사실상 이혼 상태다.

　직녀는 남편의 무능과 학대에 견디다 못해 친정으로 도망쳤다. 이에 화가 난 견우는 직녀의 친정으로 찾아가 집으로 가자고 강력히 청했으나, 직녀와 그의 부모는 "매일 술만 먹고 아내를 때리는 무능한 사람과는 살수 없다. 이혼하자"고 제의했다.

　모욕을 당했다고 생각한 견우는 순간적으로 화가 나서 직녀의 부모를 살해했다. 견우가 '존속 살해죄'로 재판을 받게 된 것은 당연한데, 자기나 배우자의 부모를 살해하는 존속 살해죄는 보통의 살인죄보다 형이 높다. 견우가 이를 위헌이라고 주장한다면? 이에 대한 당신의 생각은?

① 위헌이다. 피해자가 누구냐에 따라 법정형이 다른 것은 헌법상 '법 앞의 평등' 이념에 위반된다.

② 다른 사람도 아닌 자기 또는 배우자의 부모를 살해하는 행위는 인륜에 반하므로 보통 살인죄보다 중벌해야 하며, 이를 위헌으로 볼 수 없다.

형법은 살인죄의 대상이 '자기 또는 배우자의 직계 존속'인 경우에는 존속 살인죄라고 하여 법정형을 단순 살인죄에 비해 엄청나게 가중하고 있다. 즉 존속 살인죄의 법정형은 '사형 또는 무기 징역'이다.

이와 같이 자기의 직계 존속(예를 들면 부모, 조부모) 또는 법률혼 관계에 있는 배우자의 직계 존속(예를 들면 처부모, 시부모)을 살해하는 경우에 형법이 특별히 형을 가중하는 입법례는 우리나라에만 있는 것은 아니다(존속 살인죄는 프랑스, 벨기에, 포르투갈 등에도 있다). 그런데 우리 형법상의 존속 살인죄의 가중 처벌은 결국 존속의 생명을 일반인의 그것보다 중하게 보호하는 셈인데, 이것이 헌법상의 '평등의 원칙'(헌법 제11조 제1항)에 위반되는 것이 아니냐는 논란이 오래전부터 제기되어왔다.

합헌이라는 주장을 살펴보면, 가중 처벌은 존속의 생명을 더 보호하려는 것이 아니고 비속(자식)의 패륜성을 비난하기 위한 것이며, 그 근거는 자식의 부모에 대한 도덕적 의무에 있다고 한다. 이에 대해 위헌설은 합헌론이 봉건 시대에나 통할 수 있는 시대착오적인 발상이라고 비난하면서 존속 살인죄의 형의 가중은 평등의 원리를 기초로 하는 근대법의 원리에 반한다고 주장하고 있다. 위헌설이 학자들의 다수설이라고 할 수 있다. 일본은 1973년 최고 재판소가 위헌이라고 판시했는데 우리나라 헌법재판소는 2013년 7월 25일 존속 살인죄에 있어서 가중 처벌은 합헌이라고 판시했다.

⌕ 결론

다수설에 찬성한다. 존속 살인죄를 범한 자에게 형을 가중하는 것은 위헌이며, 이를 인정할 합리적 근거가 없는 차별적 대우라고 생각한다(그러나 당신이 합헌이라고 해도 틀린 것은 아니다).

6. 이루어질 수 없는 사랑

갑돌이와 갑순이는 모두가 알다시피 동성동본이다. 그들의 열렬한 사랑에도 불구하고 법률과 인습의 장벽은 너무나 높아 그들은 부부가 될 수 없었다. 그래서 그들은 이승에서 이루지 못한 사랑을 저승에서 이루기로 했다. 이른바 정사(情死)를 결심한 것이다. 갑돌이가 먼저 제안하고 갑순이도 이에 동의했다.

그들은 바다가 보이는 동해안의 어느 여관에서 다량의 수면제를 먹고 음독자살을 시도했으나, 여관 주인에게 발견되어 병원으로 후송되었다.

그런데 갑돌이는 살아났고 갑순이는 사망했다. 살아난 갑돌이에게 갑순이의 사망에 대한 형사 책임이 있는가?

① 있다. 갑순이의 자살을 방조한 자살 방조죄의 책임이 있다.

② 있다. 승낙을 받아 살해한 승낙에 의한 살인죄의 책임이 있다.

③ 없다. 자살은 범죄가 아니며, 합의하여 서로가 자살하기로 한 경우 아무런 죄가 되지 않는다.

④ 없다. 이승에서의 이룰 수 없는 사랑도 슬픈데 살아난 한 사람에게 형사 책임을 묻는 것은 너무 가혹하다.

자기 생명을 스스로 포기·부정하는 자살은 법률적으로 범죄인가?

서양에서는 고대부터 19세기경까지 자살은 국가에 대한 의무 위반으로서, 살인죄의 일종으로 처벌 대상이었다. 실제의 처벌은 자살 실패자에게 과해졌고, 자살에 성공한 경우에는 교회가 매장과 집례를 거절했다. 그러나 19세기 이후 개인주의 사상이 대두되면서, 자살에 의한 자기 생명 포기를 법적으로 간섭·처벌하지 않게 되었다. 우리 형법으로도 자살은 범죄가 아니다.

그러나 타인으로 하여금 자살하도록 교사, 즉 유혹·유인하거나 자살하려는 자를 방조, 즉 도와주는 행위는 범죄로서 처벌된다. 이를 '자살 관여죄'라고 한다. 여기서 자살의 '교사'라 함은 자살의 의사가 없는 자를 권유, 유혹, 유인, 명령, 지시, 애원, 간청 등의 수단과 방법으로 자살하려는 의사를 갖게 하여 자살하게 하는 경우를 말한다. 한편 자살의 '방조'는 이미 자살을 결의한 자에게 자살을 용이하게 하는 일체의 행위를 말한다.

그렇다면 합의에 의한 공동 자살(Suicide pact)의 경우, 한 사람이 살아났다면 그 사람의 형사 책임은 어떻게 될까? 이에 대해서는 단독 자살이 처벌되지 않는 것처럼 공동 자살도 처벌되지 않는다는 설, 자살 관여죄가 된다는 설, 승낙에 의한 살인죄가 된다는 설이 대립되어 있다. 이 중 자살 관여죄가 된다는 설이 다수설이라고 할 수 있다.

🔍 결론

우리가 흔히 '정사'라고 하는 것도 법률적으로는 합의에 의한 공동 자살이라고 할 수 있다. 살아남은 사람에게는 경우에 따라 자살 교사죄나 자살 방조죄가 된다고 보아야 한다(참고: 민법상의 동성동본 간의 혼인 금지 규정은 1997년 7월 16일 헌법재판소가 '헌법 불합치' 결정을 함에 따라, 2005년 3월 31일 민법이 개정되어 역사 속으로 사라졌다).

7. 사람은 머리가 항상 단정해야

이발사 장 씨는 직업이 직업이니만치 사람의 머리는 항상 단정해야 한다는 신념의 소유자다. 따라서 그가 장발족을 미워하는 것은 너무나 당연한 일이리라. 뿐만 아니라 그는 콧수염도 혐오하고 있다. 신체에 털이 많은 서양인의 콧수염은 그런대로 봐줄 수 있지만, 동양인의 콧수염은 한마디로 꼴불견이라는 것이다.

어느 날 그의 이발관에 가수 김흥국 씨가 이발하러 왔다. 김 씨가 이발 의자에 앉아 잠시 졸고 있는 틈을 타서 장 씨는 자기 소신에 따라, 그리고 김흥국 씨를 위해 그의 콧수염을 전부 밀어버렸다. 장 씨의 행위는 죄가 되는가?

① 아무런 죄가 되지 않는다. 수염은 시간이 가면 또 자라난다.

② 콧수염의 존재, 그 자체에 긍지를 갖고 있는 김 씨에 대한 명예 훼손죄가 된다.

③ 신체에 대해 가해진 폭행이 된다.

④ 민사상 손해 배상 책임을 지게 된다.

형법을 보면 폭행이라는 용어가 자주 등장한다. 폭행은 '불법한 유형력(有形力)의 행사'라고 정의되는데, 학자들은 이 폭행의 범위를 대상과 정도에 따라 네 가지로 분류한다.

첫째는, 사람에 대한 것이든 물건에 대한 것이든 묻지 않고 일체의 불법한 유형력의 행사다(내란죄). 둘째는, 사람에 대한 직접·간접적인 유형력의 행사를 말한다(공무 집행 방해죄). 셋째는, 사람의 신체에 대한 유형력의 행사를 말한다(폭행죄). 넷째는, 상대방의 반항을 불능케 하거나 현저히 곤란하게 할 정도의 유형력의 행사를 말한다(강도죄, 강간죄).

형법 제260조가 규정한 폭행의 개념은 위에서 말한 것 중 셋째의 경우를 말한다. 폭행죄에 있어서 '폭행'이란 사람의 신체에 대한(신체를 향한) 유형력의 행사이고, 사람의 신체를 고의로 상하게 하는 상해와는 구별되는 개념이다(물론 폭행을 하여 신체를 상하게 하면 폭행 치상죄가 된다).

폭행의 수단과 방법은 제한이 없다. 신체에 대한 직접·간접적인 유형력의 행사가 모두 폭행이다. 예를 들면 상대방의 멱살을 잡거나 옷을 잡아당기는 것, 돌을 던지거나 몽둥이를 휘두르는 것, 넘어진 사람 위에 올라타는 것, 북을 치거나 고함을 쳐서 놀라게 하는 것, 침을 뱉는 것, 최면을 거는 것, 마취약을 사용하는 것 등은 모두 다른 사람의 신체에 대한 폭행이 된다.

일본의 판례이기는 하나 머리를 함부로 깎거나 콧수염을 미는 행위도 폭행이 된다.

ℚ 결론

사람의 콧수염을 승낙 없이 미는 행위도 신체에 대한 불법한 유형력의 행사로서 폭행죄가 된다.

8. 식욕 부진에 수면 장애까지

삼룡이란 놈이 동네 처녀 삼월이를 죽자 살자 하면서 따라다니건만 삼월이는 그럴수록 삼룡이가 징그럽기만 하다.

"제발 징그럽게 따라다니지 마라"는 매몰찬 소리를 듣게 된 삼룡이는 "그렇다면 정말 징그러운 것이 무엇인지를 보여주겠다"면서 뱀을 잡아다가 삼월이가 이고 가는 물동이 속에 몰래 넣어두었다.

우물가에서 물동이를 내려놓던 삼월이가 기절한 것은 물으나 마나 한 일. 이로 인해 삼월이는 닷새 동안 식욕 부진에 잠도 제대로 이루지 못했다는데….

삼룡이의 행위를 형법적으로 어떻게 평가해야 하는가?(단, 삼월이는 외상은 입은 바 없다.)

① 폭행죄가 된다.
② 상해죄가 된다.
③ 협박죄가 된다.
④ 아무 죄도 안 된다.

  폭행과 상해는 모두 다른 사람의 신체에 대해 가해지는 범죄다. 그런데 이 두 가지는 그 고의의 내용이나 구성 요건, 보호 법익이 다른 별개의 범죄다.

  폭행이 신체에 대한 불법한 유형력 행사 그 자체를 처벌하는 범죄인 데 비하여, 상해는 신체의 완전성과 생리적 기능을 훼손한 결과가 있어야 한다(물론 폭행을 수단으로 상해죄를 범할 수 있고, 이 경우 폭행은 상해죄에 흡수된다).

  따라서 상해의 개념은 '신체의 생리적 기능을 훼손하거나 신체의 외관에 중대한 변경을 가져오는 침해 행위'가 된다. 상해는 신체에 상처를 내는 경우(외상)가 대부분이겠지만, 외상이 없더라도 상해죄는 성립할 수 있다.

  즉 인사불성(기절 상태)에 빠뜨리는 것, 성병을 감염시키는 것, 여성의 처녀막을 파열시키는 것, 보행 불능 상태에 빠뜨리는 것, 수면 장애를 일으키는 것, 식욕을 감퇴시키는 것 등도 상해에 해당한다. 그 밖에도 다른 사람의 머리카락을 전부 자르는 것도 신체의 외관에 변경을 가한 것이므로 상해가 된다.

  그러나 물론 정도를 넘지 않은 부모의 징계 행위(처벌), 의사의 치료 행위, 정당방위, 피해자의 승낙이 있었던 경우에는 상해죄로서의 위법성이 없다.

  형법은 상해를 폭행보다 더 무겁게 처벌하고 있다.

☌ 결론

상해는 외상이라는 결과가 없더라도 성립된다. 물동이에 뱀을 넣어 이로 인해 삼월이에게 식욕 부진, 수면 장애라는 결과가 초래되었다면 이것은 상해죄가 된다.

9. 심술보가 유죄다

사람에게는 누구나 신체 내부에 '오장육부'가 있거니와 연놀보에게는 하나 더 있었으니 바로 간장 옆에 붙어 있는 '심술보'가 그것이렷다.

평소에는 멀쩡하다가도 이 심술보가 발동하면 처를 마구 때리기 시작하므로, 놀보 처가 견디다 못해 경찰에 신고를 하여 놀보가 상습 폭력범으로 구속이 되었다더라. 놀보 처는 놀보가 구속되자 즉시 후회하고 "자식들을 보아서라도 놀보를 선처해주십시오" 하는 탄원서를 제출하였다더라.

자, 가정 폭력도 엄연한 폭력이다. 이럴 경우 검사는 연놀보를 어떻게 처리해야 하는가?

① 상습 폭력죄로 기소해도 무방하다.

② 심술보가 원인이므로 정신 병원에 입원시켜 치료하게 해야 한다.

③ 놀보 처의 탄원을 받아들여 엄히 훈계 후 석방할 수 있다.

④ 법원에 보호 처분을 해달라고 청구한다.

가정 폭력, 즉 '가족 구성원 간에 신체적·정신적 또는 재산상의 피해를 수반하는 행위'도 엄연한 범죄다. 이 가정 폭력에는 상해, 폭행, 유기, 학대, 체벌, 감금, 협박, 성폭력, 명예 훼손, 사기, 공갈, 손괴의 죄 등이 모두 포함된다.

가족 구성원 간의 폭력에 대해서는 형사 처벌을 하기보다는 특별한 예외를 인정함으로써 형사 처벌을 하게 되는 경우 예상되는 가정의 해체를 막고 그 환경의 조정과 가정 폭력 행위자의 성행(性行)의 교정을 주된 목적으로 하는 '가정폭력방지 및 피해자보호 등에 관한 법률'이 제정(1997. 12. 31.)되어 운영되고 있다.

이 법의 최대 특징은 가정 폭력 범죄자에 대하여는 기존의 형사 처벌보다 법원의 '보호 처분'을 우선시하는 것이다.

이 보호 처분으로는 행위자로 하여금 피해자에 대한 접근 금지, 전화 금지나 제한, 친권 행사의 제한, 사회봉사, 수감 명령, 보호 관찰, 보호 시설 감호 위탁, 치료 위탁, 상담 위탁 등 다양한 수단이 마련되고 있다. 그래서 가정 폭력 범죄자에 대해서는 피해자가 원할 경우 및 검사의 판단에 의해 공소 제기보다는 법원에 위와 같은 보호 처분을 요구하는 '가정 보호 사건'으로 처리하게 된다.

보호 처분은 검사의 가정 보호 사건 청구에 의해 법원이 행한다.

◯ 결론

이 사건에서 연놀보의 처는 가정 폭력 피해자이나 남편에 대한 형사 처벌은 원치 않고 있으므로, 이럴 경우 검사는 연놀보에 대하여 법원에 보호 처분을 청구하게 된다.

10. 아내를 다루는 법에 관하여

김보수와 박현대는 직장 동료이자 둘도 없는 친구 사이. 그들이 퇴근길에 포장마차에 들러 꼼장어를 안주 삼아 한잔한 것까지는 좋았으나 빈 소주병이 늘어나면서, 화제가 '아내를 다루는 방법'에 이르자 의견 차이를 나타낸 것이 비극의 시작이었다.

김보수는 "마누라는 그저 사흘에 한 번씩 때려서라도 남편의 말에 꼼짝 못하게 해야 한다"는 주장이었고, 박현대는 "지금이 어느 시대냐? 아내와의 대화와 타협이 가정 평화의 지름길이다"라는 주장이었다. 성질 급한 김보수는 박현대가 자신의 주장에 동조하지 않자 주먹으로 박현대의 얼굴을 한 대 때렸다.

그런데 이게 웬일인가? 의자에 앉아 있던 박현대가 뒤로 넘어지면서 머리가 땅바닥에 부딪쳐 그 자리에서 사망하고 말았다. 김보수에게는 물론 살인의 고의는 없었다. 김보수의 책임은?

① 살인의 미필적 고의가 있으므로 살인죄가 성립된다.

② 상해의 고의가 있었으므로 상해죄가 성립된다.

③ 머리가 땅에 부딪치면 죽을 수도 있다는 것은 예견할 수 있으므로, 상해치사죄가 성립된다.

④ 고의가 없는 범죄이므로 과실 치사죄가 성립된다.

살인이라는 고의는 없이 단순히 폭행이나 상해를 가했는데 상대방이 뜻밖에 사망한 경우에 행위자가 져야 되는 형사 책임은 무엇인가?

형법은 이럴 때 폭행 치사죄나 상해 치사죄가 된다고 본다. 이때 행위자에게는 사람을 살해할 고의는 없었고(살인의 고의가 있었다면 당연히 살인죄), 폭행이나 상해의 고의밖에 없었음은 물론이다. 그러나 형법은 이 경우에도 행위자가 사망의 결과를 예상(예견)할 수 있었다는 조건하에 폭행(또는 상해) 치사죄의 책임을 묻게 된다.

이처럼 '폭행이나 상해라는 기본 범죄의 고의 및 행위+사망의 예견 가능성'이 있는 경우에 성립하는 범죄를 '결과적 가중범'이라고 한다. 말하자면 결과적 가중범이란 고의와 과실의 결합범이라고 이해하면 된다. 폭행 치사죄 또는 상해 치사죄는 전형적인 결과적 가중범이라고 할 수 있다.

판례는 "얼굴이나 머리와 같이 인체의 중요한 부위를 강타하면 상대방으로 하여금 흥분이나 혈압의 상승을 일으키게 하여 사망에 이르게 할 수 있다는 것은 누구나 예상할 수 있다"라고 상해 치사죄를 인정한다.

더 나아가서 이때 피해자의 사망 원인이 폭행이나 상해가 유일한 원인이 될 필요는 없고 피해자가 종전부터 갖고 있던 지병이 이로 인해 악화되거나, 피해자가 적기에 충분히 치료를 받지 않았기 때문에 사망한 경우에도 폭행(상해) 치사죄는 성립될 수 있다고 본다. 이 죄는 우리 사회에서 흔히 보게 되는 범죄에 속한다.

🔍 결론

언쟁 중 상대방의 얼굴을 가격해 넘어뜨리면 머리가 땅바닥에 부딪쳐 사망할 수도 있다는 것은 예상 가능한 일이다. 따라서 김보수에게는 폭행 치사죄(또는 상해 치사죄)가 성립한다.

11. 세상에서 제일 재수 없는 사나이

재수 없는 포수는 곰을 잡아도 웅담이 없단다. 의과 대학을 우수한 성적으로 졸업하고 의사가 된 오진만이 자기 고향에서 개업을 했다. 개업 첫날 첫 환자로 교통사고 환자가 실려 왔다.

장이 파열된 환자였으므로 수술을 하게 되었는데 대학교에서 배운 대로 최선을 다하여 수술한 결과 환자의 수술은 일단 성공했다.

그러나 이게 웬일인가? 환자가 복통을 호소하여 엑스레이를 다시 찍어 보니 배 속에 수술용 가위가 보이는 것이 아닌가? 의사 오진만의 형사 책임은?

① 중상해죄가 된다.
② 과실 상해죄가 된다.
③ 업무상 과실 치상죄가 된다.
④ 수술하면서 환자 배 속에 남긴 가위는 다시 제거하면 된다.

도둑이 밤중에 물건을 훔치다가 자는 아이를 발로 밟아 다치게 한 경우 무슨 죄가 되는가? 보통 사람의 경우라면 과실 상해죄이지만, 도둑의 경우에는 업무상 과실 치상죄가 된다(물론 우스갯소리).

형법에서는 '업무'라는 용어가 자주 등장한다. 죄명 앞에 '업무상'이라는 수식어가 붙는 경우가 그러한데, 업무상 과실 치상죄, 업무상 동의 낙태죄, 업무상 실화죄, 업무상 과실 교통 방해 죄 등이 그 실례다.

업무의 개념은 보통 '사람이 사회생활상의 지위에 기하여 계속적으로 행하는 사무'라고 정의된다. 대개 업무는 직업이나 생업의 동의어로 이해되지만, 반드시 그렇지는 않다. 예컨대 누구든지 운전을 하다가 사고를 내면 운전을 직업으로 하지 않더라도 업무상 과실 치상죄가 된다(현재는 운전 중의 사고는 교통사고처리 특례법에 의하여 처리되고 있다). 왜 그럴까? 그 행위가 사람의 생명이나 신체에 위험을 초래하기 때문에 업무라고 보는 것이다.

그러므로 '업무상 과실'이란 바로 '업무상 요구되는 필요한 주의 의무를 다하지 못하는 일체의 경우'를 말한다. 주의 의무가 요구되는 근거는 법령이나 관습, 사회적 통념(조리) 등이다. 주의 의무는 위험의 발생을 미리 '예상할 의무'와 그 결과의 발생을 '방지할 의무'로 구별된다. 주의 의무가 없다면 결과가 발생해도 업무상 과실로 인정하지 않는다.

⚲ 결론

의사의 의술은 환자의 생명·신체에 자칫 위험을 초래하기 쉬우므로 법령상으로도 엄격한 주의 의무가 요구된다. 그러므로 수술을 하는 의사는 적어도 환자의 배 속에 가위나 거즈 등 이물질을 남겨서는 안 되는 주의 의무가 있다고 봐야 하고 이를 다하지 못한 경우, 업무상 과실 치상죄(사망하면 업무상 과실 치사죄)가 성립한다.

12. 바캉스 베이비

성춘양의 배가 불러오기 시작한 것은 태양이 은빛 모래 위에 마구 작렬했던 8월의 동해안 피서가 끝난 지 3개월째부터였다. 성춘양은 이른바 '바캉스 베이비'를 갖게 된 것이다. 그러나 처녀(?)의 몸으로 아이를 낳아 기를 수는 없기에, 고민하던 그녀는 산부인과 의사 박병팔을 찾아가 "불량배에 의해 강제로 임신했노라"고 속이고 임신 중절 수술을 간청했다.

박병팔은 그 말을 사실이라고 믿고 성춘양의 부탁을 들어주었다. 물론 박병팔은 성춘양으로부터 수술비 등의 비용을 받았다. 성춘양과 의사 박병팔의 형사 책임은 무엇인가?

① 성춘양은 낙태죄, 의사 박병팔은 비용을 받았으므로 '업무상 동의 낙태죄'가 된다.

② 성춘양은 낙태죄, 의사 박병팔은 모자보건법에 의하여 죄가 되지 않는다.

③ 불량배에 의한 임신의 경우 낙태가 허용되므로 두 사람 모두 무죄다.

지금 전 세계는 '낙태를 인정할 것이냐'의 문제를 놓고 찬반양론으로 격렬히 논쟁하고 있는 중이다.

우리나라도 예외는 아니다. 몇 년 전의 일이지만 법무부가 마련한 형법 개정안에서 낙태를 일정 조건하에서 허용할 것이라는 보도가 나온 이후, 모든 종교계가 거세게 반발하고 나섰으며, 낙태 반대 운동이 벌어지기도 했다. 낙태는 간통, 사형, 안락사 등의 문제와 함께 형법학에서도 '뜨거운 이슈'가 되고 있는 것이다.

낙태(落胎, Abortion)란 태를 자연적 분만기 이전에 인위적으로 모체 밖으로 배출하거나 모체 안에서 살해하는 것을 말한다. 낙태가 범죄로서 금지된 것은 서구 기독교의 영향 때문이었다. 19세기에 이르러 거의 모든 나라가 예외 없이 낙태죄를 처벌했다.

그러나 21세기에 이른 요즘의 세계적 추세는 낙태의 전면적 금지에서 제한된 자유화, 제한된 자유화에서 전면 자유화라는 방향으로 나아가고 있다. 이 와중에 낙태를 불법화하여 과거로 돌리려는 반대의 물결도 어느 곳이든 만만치는 않다.

지금 미국은 낙태에 관한 한 국론이 찬반양론으로 완전히 분열되어 있다. 미국 연방 대법원은 1973년 대법원 판사들이 7 대 2로 낙태죄를 위헌으로 판시하여 자유화의 경향을 지지했다. 판결 이유는, 낙태의 여부는 임신한 여자의 사생활권에 속하기 때문이라고 했다. 이러한 미국 연방 대법원의 진보적(?) 판결은 낙태 허용자들의 일대 승리였으나 그것도 반전되었다. 1992년 6월 29일 미국 연방 대법원은 다시 5 대 4의 판결로 낙태를 부인했기 때문이다. 낙태 반대론자들의 반격이 성공한 것이다.

이만큼 낙태는 어느 나라에서나 중요한 사회적 이슈이고 그만큼 예민한 문제다.

낙태는 단순히 형법의 분야에서 금지할 것인가 아니면 허용할 것인가의 논쟁의 차원을 떠나는 문제일 수도 있다. 즉 태아도 존엄한 생명으로 보호받아야 한다는 이유로 종교, 윤리, 철학도 낙태 문제에 관해 발언할 여지가 얼마든지 있는 것이다. 반면 원치 않는 임신으로부터 또는 사정에 의해 낙태를 할 권리를 주장하는 여성들도 당사자로서 발언할 자유가 있기 때문에 낙태는 국가적·사회적 논쟁이 되고 있는 것이다.

어쨌거나 우리 형법은 1953년 제정 이래 임신한 부녀가 스스로 낙태하거나[自落胎] 또는 타인이 그녀의 동의를 얻어 낙태하거나(동의 낙태죄) 동의를 얻지 않은 낙태(부동의 낙태죄)를 모두 처벌하고 있다.

그러나 한동안 좁은 국토에 많은 인구라는 인구 과잉의 문제를 안고 있던 우리나라는 형법상의 낙태죄 규정에도 불구하고 인구 조절을 위한 국가 정책적 차원에서 산아 제한이라는 명분하에 낙태를 묵인하여 형법상의 낙태죄를 사문화시켜왔었다.

즉 1973년 2월 8일에 모자보건법이 제정되었는데 이 법 제14조에서는 다음과 같은 경우에 낙태(인공 임신 중절 수술)를 허용했던 것이다.

임산부나 그 배우자가 우생학적 또는 유전학적 정신 장애나 신체 질환이 있는 경우, 본인이나 배우자가 대통령령으로 정하는 전염성 질환이 있는 경우, 강간 또는 준강간에 의하여 임신된 경우, 법률상 혼인할 수 없는 혈족 또는 친족 간에 임신된 경우, 임신의 지속이 보건 의학적 이유로 모체의 건강을 심히 해치고 있거나 해칠 우려가 있는 경우다.

이 법에서는 낙태의 조건으로 본인과 배우자의 동의를 얻어야 하고, 배우자가 사망, 실종, 행방불명 기타 부득이한 사유로 동의를 얻을 수 없는 경우에는 본인, 즉 임산부의 동의만으로도 낙태할 수 있게 했다. 이러한 요건을 갖춘 낙태에 대해서 이 법 제28조에서 임산부의 낙태죄와 의사의 낙태죄에 관한 규정을 적용하지 않는다고 명시했다.

우리 사회도 이제 서구 사회와 같은 공개적이고 진지한 논의를 통해 낙태에 관한 입법 정책을 분명하게 확정 지어야 할 때라고 본다. 소위 '사회적 합의'를 이룰 때인 것이다.

🔍 결론

형법적으로 말한다면 성춘양은 낙태죄, 의사 박병팔은 동의에 의한 낙태죄가 성립한다. 그리고 이 낙태는 모자보건법에 비추어보더라도, 합법적인 임신 중절 사유에 해당한다고 할 수 없다.

13. 죽으면 죽었지 수혈은 안 된다

대한민국은 자유 국가다. 따라서 종교의 자유가 있다. 최맹신 여사는 '여호와의 증인'이라는 종교의 신자다. 어느 날 그의 딸이 교통사고를 당해 병원으로 실려 갔다. 사고 현장에서 피를 너무 많이 흘린 탓으로 긴급수혈이 필요했다.

그러나 최 여사가 "교리상으로 다른 사람의 피를 받아서는 안 된다"고 강력하게 주장하는 바람에 병원에서는 수혈을 할 수 없었고, 그의 딸은 끝내 사망하고 말았다. 최맹신 여사에게 형사 책임을 물을 수 있는가?

① 유기 치사죄의 책임을 물을 수 있다.

② 미필적 고의에 의한 살인죄의 책임을 물을 수 있다.

③ 살인의 고의가 없으므로 과실 치사의 책임만 물을 수 있다.

④ 종교적 확신은 보호되어야 하므로, 도덕적 비난은 할 수 있어도 형사 책임은 물을 수 없다.

이 문제는 우리 사회에서 실제로 있었던 사건이다. 쟁점은 자기가 신봉하는 종교상의 교리에 따라 딸의 수혈을 거부한 행위가 형법상 소위 유기죄가 되는가이다.

유기죄란 노약자, 유아, 질병, 기타 사정으로 인해서 부조(扶助)를 요하는 자를 보호할 의무가 있는 자가 이를 포기(유기)하거나 그 생존에 필요한 보호를 하지 않음으로써 성립하는 범죄를 말한다. 고려 시대에 있었던 '고려장'은 오늘날의 형법으로 본다면 전형적인 (존속) 유기죄에 해당하는 셈이다.

유기죄의 주체는 보호 의무가 있는 자이고, 이 보호 의무는 법률(예를 들면 경찰관, 친권자) 또는 계약에 의해 발생하게 된다. 기숙사에서 수용된 종업원들에 대해서 고용주는 근로 계약상의 보호 의무가 있다. 그리고 최근 학자들과 판례는 관습, 조리, 사회 통념에 의해서도 보호 의무가 발생한다고 하여 보호 의무를 확대하고 있다.

유기죄의 객체는 보호를 받아야 할 대상, 즉 요부조자(要扶助者)다. 형법은 노인, 유아, 질병에 걸린 자만을 들고 있으나, 불구자, 백치, 마취자, 술에 몹시 취한 자, 만삭의 임산부, 최면술에 걸린 자, 극심한 기아 상태에 있는 자도 보호 의무의 대상이 된다고 보아야 할 것이다.

행위는 유기, 즉 보호 의무 대상자를 보호받지 못하는 상태에 방치하는 것을 말한다. 유기는 적극적으로 대상자를 이전시켜버리는 것, 소극적으로 그 장소에서 스스로 떠나는 것을 모두 포함한다.

Q 결론

교통사고를 당해 수혈이 필요한 자신의 자녀에 대해 그 부모가 수혈을 반대하여 사망하게 했다면 이는 유기죄(좀 더 정확하게는 유기 치사죄)가 된다. 생명을 포기해도 할 수 없다는 종교상의 교리가 위법성을 부인할 수는 없을 것이다.

14. 아내를 얻는 법

금강산 나무꾼 칠득이는 어느 날 나무를 하다 사냥꾼에게 쫓기는 사슴을 구해주고 사슴으로부터 아내를 얻는 방법을 귀띔받았다.

그는 사슴이 일러준 대로 금강산 호수에 목욕하러 하강한 선녀들 중 가장 예쁜 선녀의 옷을 감추었다. 목욕을 마친 선녀들 가운데 칠득이의 아내가 될 선녀가 호수에서 나올 수 없었던 것은 너무나도 당연한 일. 법적으로 생각해보자.

목욕 중인 여자의 옷을 훔쳐 밖으로 나오지 못하게 하는 행위도 죄가 되는가?

① 죄가 안 된다. 목욕 중인 여자의 신체를 결박하지는 않았기 때문이다.

② 감금죄가 된다. 옷을 감추어 밖으로 나오지 못하는 시간 동안 신체의 자유를 박탈했기 때문이다.

③ 형법상의 죄는 되지 않으나, 정당한 이유 없이 타인을 불안하게 했으므로 경범죄로 처벌된다.

모든 국민은 신체의 자유를 갖고 있다. 이 자유를 합법적으로 제약하여 구속할 수 있는 방법은 법관이 허가한 구속 영장에 의한 구속, 법관의 판결에 의한 교도소에서의 형의 집행, 수사 기관의 긴급 체포, 그리고 누구라도 할 수 있는 범행 현장에서의 현행범 체포뿐이다.

이러한 방법에 의하지 아니하고 함부로 사람을 체포하거나 일정 장소에 감금해 신체(활동·이동)의 자유를 침해하는 범죄가 바로 체포죄, 감금죄다.

여기서 '체포'란 사람의 손발을 묶거나 오랫동안 붙잡는 행위를 말하고, '감금'이란 일정한 구역, 장소, 건물 밖으로 나가는 것을 불가능하게 하거나 심히 곤란하게 하여 신체 활동의 자유를 제한, 박탈하는 것을 말한다.

출입문을 봉쇄하거나 자물쇠를 채우는 일, 감시인 또는 맹견을 두어 지키는 것도 감금이며, 피해자를 협박하여 도망치지 못하게 하는 것도 감금이 된다. 또 자동차에 태워 질주함으로써 탈출을 못 하게 하거나, 건물의 옥상이나 나무 위로 올라간 사람이 내려오지 못하게 사다리를 치우는 것도 감금 행위가 된다.

그렇다면 목욕 중인 여인의 옷을 감추어 수치심 때문에 밖으로 나오지 못하게 하는 것은 어떤가? 역시 감금 행위에 해당한다. 왜냐하면 여인의 수치심을 이용해 목욕 장소에 가두었다고 보아야 하기 때문이다.

ℚ 결론

금강산 나무꾼 칠득이의 행위는 이론의 여지가 없이 감금죄가 된다.

15. 내가 누군지 알아?

방자란 놈이 자기 주인(이 도령)이 암행어사가 되자 그만 기고만장해졌다.

어느 날 그가 술을 잔뜩 먹은 뒤 술값을 치르지 않자, 주막 주인이 포도청 남원지청에 고발했다.

포도청에 끌려가서도 방자는 자기를 거칠게 조사하는 포졸에게 "내가 누군지 아느냐? 나를 이런 식으로 취급하면 너희 목을 자르겠다"고 고함을 쳤다. 포졸이 가만히 알아보니 방자의 주인이 바로 암행어사였던 것이다. 그는 그만 겁을 먹고 방자를 풀어주고 말았다.

방자가 포도청에서 한 행위는 어떻게 평가해야 하는가?

① 권리 행사 방해죄다.

② 협박죄다.

③ 공무원 자격 사칭죄다.

폭행이 '행동'에 의한 폭력이라면, 협박은 '언어'에 의한 폭력이라고 할 수 있다. 형법전에 나오는 죄 중에는 협박이라는 개념이 빈번히 사용되고 있다. 학자들은 이러한 협박을 세 가지 종류로 분류하고 있다. 하나는 가장 넓은 의미로 상대방이 공포심('외포심'이라고 한다), 즉 겁을 먹을 만한 해악(害惡)을 알리는 것이다. 공무 집행 방해죄, 소요죄, 내란죄에서 사용되는 협박은 이런 의미다.

둘째는 좁은 의미로 해악을 알림으로써 상대방이 현실적으로 겁을 먹게 하거나 겁을 먹은 경우다.

셋째는 상대방이 완전히 겁을 먹고 저항하지 못할 정도로 해악을 알리는 경우다. 강도죄, 강간죄의 수단인 협박이 여기에 해당한다.

협박 그 자체를 처벌하는 이유는 사람의 자유로운 의사 결정을 침해하기 때문이다. 따라서 협박죄는 의사 결정의 자유에 대한 범죄다.

협박의 내용이 되는 해악은 아무런 제한이 없다. 보통은 "죽여버리겠다", "다리를 분질러놓겠다" 등등으로 상대방의 신체, 정조, 업무, 신용, 명예 등에 해를 끼치겠다고 알리는 것이다. 물론 언어 이외에도 문서에 의한, 그리고 거동에 의한 협박도 가능하다.

이 협박으로 상대방이 현실적으로 겁을 먹었어야 범죄는 완성되고, 그렇지 못한 경우는 협박 미수죄다.

♀ 결론

상전의 지위를 빙자, 암시하여 "가만두지 않겠다", "목을 자르겠다"고 한 행위는 해악을 알린 것이며, 협박죄가 성립한다(경우에 따라 공무 집행 방해죄가 될 수도 있음은 물론이다).

16. 이러시면 천벌을 받습니다

아버지가 남겨준 많은 유산을 한 푼도 못 받고 오히려 놀부에게 쫓겨나기까지 한 흥부는 많은 자식들을 데리고 살길이 막막했다. 그래서 형님을 찾아가 겨울을 나게 쌀 몇 가마만 도와달라고 했으나 오히려 뺨만 얻어맞았다. 착하디착한 천하의 흥부도 화가 나서 "형님, 이러시면 천벌을 받습니다"라고 한마디 했다.

과연 그 후 놀부는 우리가 잘 아는 대로 천벌을 받아 쫄딱 망하고 말았다. 그렇다면 "천벌을 받는다"고 경고하는 것도 협박이 되는가?

① 그렇다. 다른 사람의 천재지변, 길흉화복을 예언하는 것도 협박죄가 된다.

② 천벌을 받는다고 경고했어도 경고자가 천벌을 실현할 수는 없으므로 협박이 될 수 없다.

③ 천벌을 경고받은 사람이 그로 인해 실제 겁을 먹게 된 경우에만 협박이 된다.

의사 결정의 자유(나아가 이에 기초한 행위의 자유까지 포함)를 침해하는 협박죄는 상대방에게 해를 끼칠 것을 고지하는 행위를 말한다.

이 해악의 내용에는 아무런 제한이 없다. 그런데 행위자는 그가 상대방에게 고지한 해악을 최소한 자기 또는 제3자가 이를 좌우하거나 실현할 가능성이 있다는 것도 알리거나 암시해야 한다.

예를 들어 상대방에게 "다리를 분질러놓겠다"고 협박했다고 하자. 그런데 이 협박을 어린아이가 어른에게 했다고 하면, 우선 어린아이는 이 협박대로 실현할 수도 없거니와 이 말을 들은 어른이 겁을 먹지도 않을 것이다. 다시 예를 들어 "벼락을 맞을 것이다"라고 협박했다고 하자. 사람은 이 벼락을 좌우하거나 실현할 수가 있을까?

이러한 해악의 고지는 협박으로 평가되지 않는다. 그렇다면 "천벌을 받을 것이다"라든가, "제명에 죽지 못할 것이다"라는 식의 해악의 고지는 어떨까? 천벌이라든가 사람의 수명을 협박자가 좌우할 수는 없을 것이므로 역시 협박으로 보기는 어렵다.

따라서 천재지변, 길흉화복의 도래를 알리는 것은 듣는 사람은 불쾌하겠지만 협박은 아니다(다만, 천재지변이나 길흉화복을 빗댄 해악의 경우 행위자가 실현할 가능성이 없다고 하더라도, 이에 그치지 않고 저주·기원 기타의 방법으로 이를 실현하겠다고 고지하여 상대방이 겁을 먹게 되면 이 경우에는 협박이 될 수도 있다).

🔍 결론

협박죄에서 말하는 해악의 고지는 행위자가 실현할 가능성이 있거나 그 가능성이 암시되어 상대방이 겁을 먹어야 한다. 따라서 "천벌을 받는다"는 것은 단순한 경고에 불과하고 협박으로 볼 수 없다.

17. 미망인과 한밤을

옛날, 그리 멀지 않은 옛날, 어떤 마을에 정절 높기로 소문이 자자한 미망인 고상해 여사가 살고 있었다. 한편 건넛마을에는 돈 많은 최 생원이 상처한 지 오래도록 재혼하지 않고 있었으니, 그 속셈은 바로 이웃 마을 고상해 여사를 심히 사모하고 있었기 때문이었다.

그러나 내외하는 풍습이 엄격하고 남의 이목이 두려운지라 최 생원은 남에게 말하지 못하고 끙끙 앓고만 있었는데, 어느 날 그가 하인들에게 넌지시 뜻을 고하니 주인의 의중을 알아차린 하인들은 즉시 그날 밤으로 미망인 집 담을 넘어가 고상해 여사를 납치해 최 생원의 안방에 밀어 넣었다. 이른바 '보쌈'이 이루어진 것이다. 최 생원의 행위를 법적으로 평가한다면?

① 체포, 감금죄가 된다.
② 부녀 인신매매죄가 된다
③ 결혼 목적의 약취·유인죄가 된다.
④ 인습의 장벽을 넘어 남녀가 맺어지는 것이므로 아무 죄가 되지 않는다.

지금은 없어진 풍속이지만 옛날에는 보쌈이라는 풍습이 있었다. 결혼할 목적으로 여자를 납치하는 것인데, 일종의 약탈혼의 잔재였던 셈이다.

형법은 사람의 의사에 반하는 납치·유괴 행위를 처벌하고 있다. 이를 약취죄 또는 유인죄라고 하는데, 납치의 목적이 무엇이냐에 따라 처벌의 정도가 달라진다. 즉 추행, 간음, 영리, 매매 결혼, 국외 이송 등 목적 여하에 따라 형을 가중하기도 하고 경감하기도 한다.

특히 미성년자(어린이) 납치·유괴 행위에 대해서는 '특정범죄가중처벌 등에 관한 법률'이라는 특별 형법에서 그 목적이 '금품'일 경우에는 무기 또는 5년 이상의 징역에, '살해'일 경우에는 사형, 무기 또는 7년 이상의 징역에 처할 수 있도록 되어 있고, 그 목적을 실현하거나 요구한 경우에는 다시 형을 가중해 처벌하고 있다. 실제로도 어린이 유괴범(특히 유괴 살해범)에 대해서는 대부분 극형이 선고되고 있다. 또한 인신매매를 목적으로 한 약취·유인죄에 대해서도 위 특별 형법에서 형을 가중하여 처벌하고 있다.

약취·유인죄는 신체 활동의 자유라는 개인적 법익을 침해하는 범죄의 성격을 갖고 있으나, 최근 유괴·인신매매 범죄가 사회적 문제로 대두하고 있기 때문에 처벌이 가중되고 있다.

'결혼 목적의 약취·유인죄'는 사람을 납치하여 일시적으로 간음·추행하는 것에서 더 나아가 사실혼이든 법률혼이든 결혼할 목적이 있으면 성립한다.

Q 결론

예전의 보쌈 행위는 오늘날로 말한다면 결혼 목적의 약취죄에 해당한다.

18. 물레방앗간에서 벌어진 일

동성동본 간에는 혼인할 수 없게 했던 시절의 이야기. 갑돌이가 한 마을에 살고 있던 갑순이를 심히 연모하였는데, 갑순이도 싫지는 않았으되 다만 부모님의 반대가 무서워 그 좋아함을 내색하지 못하였다더라. 이에 갑돌이는 갑순이를 자기 사람으로 만들기 위해서 최후의 비상수단을 쓰기로 하였다.

"갑순아, 달이 뜨는 보름날 물레방앗간으로 나와."

그러고는 물레방앗간에서 그만 일을 저지르고 말았다. 그날 밤도 물레방아는 쉼 없이 돌아갔다. 이 사실을 뒤늦게 알게 된 갑순이 부모가 갑돌이를 경찰에 고소했다(갑순이는 미성년자였기 때문이다).

오늘날 갑돌이는 무슨 죄로 처벌되는가?

① 혼인할 수 없는 사람 간의 간통죄.
② 형법상의 강간죄.
③ 성폭력 처벌법상의 성범죄.
④ 아무 죄로도 처벌되지 않는다. 서로 좋아서 한 일이다.

우리 사회에 언제부터인가 끔찍한 성폭력 범죄가 빈발하고 있다. 이러한 성범죄에 대한 특단의 대책으로서 1994년 1월 5일 '성폭력범죄의 처벌 및 피해자보호 등에 관한 특례법'을 제정하게 되었다(이 법률은 2010년 4월 15일 '성폭력범죄의 처벌 등에 관한 특례법'과 '성폭력방지 및 피해자보호 등에 관한 법률'로 나누어졌다). 우리나라는 1953년 제정된 형법에서는 강간죄, 강제 추행죄 등 열세 개의 성범죄를 '정조를 침해하는 죄'로 규정했고 그 법정형도 비교적 높은 편이었다.

그러나 실제 선고되는 형량은 비교적 가벼웠고, 일부 성범죄에 대해서는 피해자가 수치심을 무릅쓰고 고소를 해야만 처벌이 가능한 친고죄로 규정되어 있었다. 또한 성범죄는 실제 피해자가 알고 있는 사람에 의해서 저질러지는데(75퍼센트), 심지어는 친부(親父)나 의붓아버지 등에 의해서 자행되고 있는데도 이들에 대해서는 고소할 수 없다는 형사소송법상의 제약이 있으며, 형법 제정 이후 반세기가 경과되자 형법으로는 처벌할 수 없는 다양한 성범죄(예컨대 몰래카메라. 만원 지하철에서의 성추행 등)에 대해 대응이 무력하고, 성범죄의 수법도 그 피해자의 연령이 하향화되는 추세인 데다가, 저항할 수 없는 장애자 등에 대해서도 이루어진다는 비판 등이 제기되어서 국가는 성폭력 범죄에 대한 특별법을 제정하지 않을 수 없게 된 것이다.

여기에서는 지면 관계상 그 특례만을 살펴보기로 한다.

① 특별법상의 성범죄는 친고죄가 아니다. 따라서 피해자의 고소가 없어도 처벌이 가능하다.

② 따라서 특별법상의 성범죄에 대한 피해자나 그 법정 대리인의 고소는 처벌 조건이 아니라, 수사 기관에 수사 단서를 제공하는 의미만 갖게 되는데, 그 고소 기간은 성범죄의 공소 시효 만료 전까지로 대폭 늘어났다.

③ 가해자가 자기 또는 배우자의 직계 존속에 대하여는 형사소송법상 고소

할 수 없다는 제한이 있으나, 성범죄에 대해서는 그와 같은 제한이 없다.

④ 성폭력 범죄자의 행위가 유죄로 인정되는 경우, 그에게는 형의 선고 외에도 보호 관찰, 수강 명령, 성폭력 치료 프로그램의 이수 명령, 사회봉사 명령 등을 명할 수 있게 되었다.

⑤ 성폭력 범죄자에 대해서는 음주, 약물로 인한 심신 장애가 있어도 이를 이유로 형을 감경할 수 없다.

⑥ 미성년자에 대한 성폭력 범죄의 공소 시효는 그 피해자가 성년에 달한 때로부터 기산하므로 그만큼 공소 시효 기간이 늘어났다. 또 성폭력 범죄 피해자가 13세 미만이거나 장애자인 경우에는 아예 공소 시효가 적용되지 않으며, DNA 증거가 있는 일부 성폭력 범죄에 대해서는 공소 시효가 10년간 연장된다.

⑦ 성폭력 범죄자는 피의자 단계에서도 그 얼굴, 성명, 나이 등을 공개할 수 있다.

⑧ 성폭력 범죄자에 대한 수사는 전담 경찰관, 전담 검사가 하게 되며, 재판도 전담 재판부가 하게 되어 있다.

⑨ 성폭력 범죄자에 대해 유죄를 선고할 경우에는 일정 기간 소위 전자 발찌를 부착하라는 명령을 할 수 있다.

⑩ 16세 미만의 여자에 대한 성폭력 범죄와 성폭력 범죄를 재범할 우려가 있는 19세 이상의 사람에게는 성호르몬 조절 약물을 투여하는 치료 명령, 소위 화학적 거세를 할 수 있다.

한편 '성폭력방지 및 피해자보호 등에 관한 법률'에 따르면 성폭력 피해자에 대해서는 다음과 같은 '보호'가 인정되고 있다.

① 국가와 지방 자치 단체는 성폭력 범죄의 방지와 피해자 보호를 위해서 성폭력 신고 체계의 구축과 운영, 성폭력 예방을 위한 조사·연구·교육

및 홍보, 피해자에 대한 주거 지원, 직업 훈련, 법률 구조, 성폭력 예방을 위한 유해 환경 개선, 관계 법령의 정비와 정책의 수립·시행·평가, 예산상의 조치 등을 취할 의무가 있다.

② 국가는 3년마다 성폭력 실태를 조사하고 발표해야 한다.

③ 영유아 보육원, 유치원, 초·중·고교 등 각급 학교의 장과 공공 기관의 장은 성폭력 예방 교육을 반드시 실시해야 한다.

④ 피해자가 초·중·고교의 학생인 경우에 그 주소지 이외의 지역으로 취학(입학, 전출, 재입학, 편입학)을 지원해야 한다.

⑤ 피해자에 대한 법률 상담과 소송 대리를 국가의 부담으로 지원해야 한다.

⑥ 피해자를 위해서 국가나 지방 자치 단체는 성폭력 상담소와 성폭력 피해자 보호 시설을 설치·운영할 수 있다. 보호 시설의 입소 기간은 최단 6개월에서 최장 2년인데 1회씩 연장이 가능하다(특별 보호 지원 시설은 피해자가 19세가 될 때까지다).

⑦ 피해자의 신원과 사생활의 비밀은 공개되거나 누설해서는 안 된다. 성폭력 범죄의 재판 심리도 비공개로 할 수 있다.

⑧ 피해자도 가해자의 형사 사건 절차에 따라 변호사를 선임할 수 있다.

⑨ 13세 미만의 피해자나 장애인의 경우에 '진술 조력인'을 둘 수 있다.

⑩ 피해자의 수사 및 재판(증인 신문)에는 '신뢰 관계가 있는 사람'을 동석시킬 수 있다.

Q 결론

이 사례에서 갑돌이는 갑순이를 강간한 것으로 볼 수 있다. 그러나 처벌은 형법상의 강간죄가 아니라, 성폭력 범죄의 처벌 등에 관한 특례법을 적용하게 된다.

19. 제 버릇 개 못 준다

변강쇠는 그 뻗치는 성적 욕구를 주체하지 못해 숱한 여자들을 울렸다. 그러나 이 짓도 주머니가 두둑할 때의 이야기겠고, 지갑이 텅 비게 되자 가정으로 돌아왔다.

하지만 어디 제 버릇을 남에게 주랴? 정력이 발동하자 자기 아내를 상대하려고 했는데, 아내는 그동안의 구박이 미워 잠자리를 거절했다. 그런데도 변강쇠가 흉기로 위협한 다음 아내를 강제로 범했다면?

자기의 아내에 대한 강간도 유죄인가?

① 아니다. 부부는 동거 의무가 있다. 그렇지 않다면 왜 결혼을 하리오?
② 그렇다. 아내가 거절한 경우에는 아내 강간이 된다.
③ 경우에 따라 다르나, 흉기를 사용한 경우에는 아내 강간이 될 수 있다.

예전에는 강간죄 등 오늘날의 성폭력 범죄에 대해 이를 '정조를 침해하는 범죄'로 보았다. 그리고 이 죄의 상대방(피해자)은 '자기 아내 이외의 여자'였다. 자기 아내는 강간죄의 대상이 아니라고 보았기 때문이다.

그러나 1994년 성폭력 범죄에 관한 특별법이 제정된 후 기존의 관념은 혁명적이라고 할 정도로 바뀌었다. 즉 성범죄의 보호 법익은 여자의 정조가 아니라, 여자의 '성적 자기 결정권'이라고 보게 된 것이다. 그리하여 성폭력 범죄가 되느냐 안 되느냐의 일차적인 결정 기준은 상대방의 동의, 즉 'Yes'냐 'No'냐에 달려 있게 되었다.

그렇다면 아내(법률혼이든 사실혼이든 불문)에 대해서는 어떻게 될까? 이는 남편의 요구가 있으면 아내는 언제나 응해야 하느냐의 질문과도 같다. 이미 영국, 독일, 이탈리아, 캐나다, 미국의 여러 주(州)에서는 아내가 동의하지 않은 경우에 이를 아내 강간으로 처벌하고 있다. 2011년 7월 유엔의 여성 차별 철폐 협약에서는 회원국들에게 아내 강간을 처벌하는 법제화를 권고하고 나섰다. 우리나라에서는 오랫동안 법원이 아내 강간을 부정하고 있다가, 마침내 2013년 5월 16일 논란 끝에 대법관 전원 합의로, 흉기로 아내를 위협하고 강간한 경우 유죄로 인정했다. 이 판결에도 불구하고 아내 강간이 유죄로 인정되기 위해서는 몇 가지 상황이 고려되어야 한다.

즉 위 대법원이 판시한 바와 같이 '남편이 강제력을 행사하게 된 경위, 혼인 생활의 형태, 부부의 평소 성행, 성관계 당시와 그 후의 상황 등 모든 상황'을 종합해 신중하게 판단해야 한다.

🔍 결론

2013년 5월 16일 대법원 판결에 따라 우리나라에서도 아내에 대한 강간이 인정되어 처벌할 수 있는 길이 열렸다(엄밀한 의미에서는 ②도 정답이 될 수 있다).

20. 개인 신상 피해 우려

　한양 지방 법원의 명석한 판사에게 강간죄가 배당되었다. 재판을 시작해 보니 피고인은 범행을 뉘우치기는커녕 강간이 아니라고 주장하는 것이 아닌가?

　피고인은 피해자가 법정에 나와 많은 사람 앞에서 피고인에 의한 개인 신상 피해를 당하면서까지 증언하지는 못 하리라고 계산하는 것이 분명했다. 피해자를 증인으로 소환했으나 예상대로 피해자는 출석하지 않았고, 그 대신 고소 취하서와 합의서가 제출되었다.

　그렇다면 명석한 판사로서는 고소 취소가 있는 경우에 가해자를 어떻게 처리해야 하는가?(판사의 심증과 증거들에 의하면 피고인은 유죄다.)

① 불가능하다. 고소가 취소된 이상 피해자의 의사를 존중해야 한다.

② 가능하다. 피해자의 처벌을 원치 않는다는 의사 표시는 양형에 참작할 사유일 뿐 친고죄가 아닌 강간죄는 처벌할 수 있다.

③ 피해자의 진정한 의사를 확인한 뒤에야 처리할 수 있는 문제다.

1953년에 제정된 우리 형법은 강간죄를 피해자의 고소가 있어야 처벌할 수 있는 소위 친고죄(親告罪)로 운영해오다가 2012년 12월 18일 형법을 개정하여 친고죄 규정을 삭제했다. 그러나 2012년 이전에도 1994년에 제정된 '성폭력범죄의 처벌 및 피해자보호 등에 관한 법률'에서는 형법상의 강간죄의 친고죄 규정을 폐지했고, 다만 이 법률에서도 고용 관계가 있는 업무상 위력 등에 의한 추행죄, 공중 밀집 장소에서의 추행죄, 통신 매체를 이용한 음란 행위, 카메라 등을 이용한 신체 촬영죄 등은 친고죄로 하였으나, 이 규정도 2013년 4월 5일자 개정으로 역시 폐지되었다. 따라서 현재는 '성폭력범죄의 처벌 등에 관한 특례법'의 적용을 받는 모든 성폭력 범죄들은 비친고죄다.

그런데 성폭력 범죄자를 수사 또는 기소 후에 수사 기관이나 법원에 가해자의 처벌을 원치 않는다는 피해자의 고소 취하서나 진정서, 탄원서 등이 제출되는 경우가 적지 않다.

성폭력 범죄는 과거처럼 친고죄가 아니므로 (따라서 과거에는 피해자의 고소 취소가 있으면 가해자를 처벌할 수 없었으나) 이것은 가해자의 유죄가 인정되는 경우에 그 형을 정함에 있어서 정상 참작 사유에 불과하고, 가해자를 처벌할 수 없게 하는 효력은 없다.

Q 결론

현재는 강간죄 또는 '성폭력범죄의 처벌 등에 관한 특례법'에서 규정하고 있는 성범죄는 친고죄가 아니다. 따라서 피해자가 고소를 취하하거나 관대한 처벌을 원하는 의사 표시를 하더라도 이는 양형에 참작할 사유에 불과하므로 과거처럼 가해자에 대한 처벌을 좌지우지하지는 못한다.

21. 여사원에게 신체적 접촉을 할 경우?

쉰 살이 다 되도록 만년 과장을 면치 못하고 있는 한라무역의 심주책 과장은 이름 그대로 주책바가지다. 뿐만 아니라 여사원들에게는 아예 기피 인물 제1호다.

그는 승진하지 못한 것을 여사원들에게 분풀이하려는 듯 의도적으로 신체적 접촉을 하거나 가슴 사이즈가 얼마냐고 묻고, 차마 들어주기 민망한 음담패설을 한다.

자, 그렇다면 꼴불견 심 과장의 이와 같은 행위는 형법상 죄가 될 수 있을까?

① 당연히 강제 추행죄가 된다.

② 그 정도로는 강제 추행죄가 된다고 할 수 없다.

③ 제3자, 즉 일반인이 심 과장의 행위를 보고 성적 수치심을 느끼느냐의 여부에 따라 강제 추행죄 성립 여부를 따져야 한다.

  폭행 또는 협박으로 사람을 추행(醜行)하는 죄가 강제 추행죄다.

  강간죄의 대상(객체)은 부녀, 즉 여자인 데 비해 강제 추행죄는 여자뿐만 아니라 남자도 그 대상이 되며, 주체는 여자도 될 수 있다. 이 죄의 본질은 강간죄와 마찬가지로 사람의 성적 자유 또는 성적 자기 결정의 자유를 침해하는 범죄다. 행위의 수단은 폭행 또는 협박인데 그 정도는 강간죄와 마찬가지로 상대방이 그 폭행이나 협박으로 인해 항거 불능 상태에 빠지게 하거나 또는 항거에 곤란을 느끼게 할 정도가 되면 성립한다.

  문제는 '추행'의 개념이다. 추행은 '성욕의 흥분, 자극 또는 만족을 목적으로 하는 행위로서 건전한 상식이 있는 일반인이 성적 수치심이나 성적 혐오감을 느끼게 하는 일체의 행위'라고 풀이된다. 일반인을 기준으로 하므로, 행위자나 대상자의 그것은 기준이 되지 않는다.

  판례에 의하면 피해자의 상의를 걷어 올려 젖가슴을 만지고 하의를 끌어내린 경우, 피해자를 팔로 힘껏 껴안고 두 차례 강제로 입을 맞춘 경우, 노래를 부르는 피해자를 뒤에서 껴안고 춤을 추면서 젖가슴을 만진 경우에는 각각 강제 추행에 해당한다고 보고 있다.

🔍 결론

상사가 부하 여직원의 엉덩이를 때리는 행위도 일반인을 기준으로 할 때 강제 추행이 된다고 보아야 할 것이다. '남녀고용평등과 일·가정 양립 지원에 관한 법률'에 의하면 '사업주·상급자 또는 (동료) 근로자가 직장 내의 지위를 이용하거나 업무와 관련해 다른 근로자에게 성적 언동으로 성적 굴욕감 또는 혐오감을 느끼게 하는 행위'를 직장 내 성희롱이라고 정의하여 이를 금지·처벌하고 있다.

22. 술 취한 척하면 넘어간다?

행복아파트 501호에는 방탕한 씨가 살고 있다. 이 아파트 아래층 401호에는 김매력 양이 살고 있었는데, 그는 김 양에게 호기심을 갖고 있었다.

어느 날 방탕한 씨가 술에 취해 밤늦게 귀가하면서 실수로 김매력 양이 살고 있는 401호로 들어갔다. 그녀 또한 곤하게 자고 있던 탓에 방탕한 씨가 자기 침대 속으로 들어온 것을 모르고 있었다.

방탕한 씨는 어둠 속에서 김매력 양을 자기 아내로 알고 더듬다가 체구가 작은 것을 느끼고 곧 김매력 양인 줄 깨달았으나 김매력 양이 깊은 잠에서 깨지 못하는 틈을 이용하여 간음했다. 방탕한 씨의 행위는 무슨 죄가 되는가?

① 폭행·협박으로 간음한 강간죄에 해당된다.

② 심신 상실 또는 항거 불능의 상태를 이용해 간음한 준강간죄에 해당된다.

③ 술에 취했고, 고의가 없었으므로 아무 죄가 되지 않는다.

　강간죄는 행위자 스스로 폭행 또는 협박해 여자를 항거 불능 또는 항거 곤란의 상태를 만들고 간음하는 것이지만, 행위자의 행위가 아닌 제3의 원인으로 여자가 이미 항거 불능 상태에 빠져 있거나 심신 상실의 상태에 빠져 있는 것을 '이용해' 간음하거나 추행하는 경우도 강간죄 또는 강제 추행죄에 준하여 처벌된다.

　이를 준강간죄, 준강제 추행죄라고 한다. 심신 상실 상태를 이용하는 경우는 백치 상태의 여자, 만취한 여자, 깊은 잠에 빠진 여자, 기절해 의식을 잃은 여자에 대해 간음하거나 추행하는 것 등이다.

　의사가 치료 중인 여자를 간음·추행하는 경우는 심리적인 항거 불능 상태를 이용하는 경우이고, 피해자가 제3자의 선행(先行) 행위로 포박되어 있는 상태를 이용하는 것은 물리적인 항거 불능 상태를 이용한 것이다.

　마취제, 수면제를 사용하거나 최면술을 걸어 심신 상실 또는 항거 불능 상태를 만들어 간음하는 것은 강간죄에 해당하고, 준강간죄에 해당되지 않는다.

　그렇다면 피해자가 어둠 속에서 깊은 잠에 빠져 졸음이 쏟아지는 바람에 자기 남편인 줄로 착각하는 상태를 이용하는 간음은 어떻게 보아야 할까? 준강간죄가 된다고 보아야 한다.

　이에 관해 "부녀가 어둠과 잠기운 때문에 남편에게 정교를 허용하는 것으로 오인하고 이에 편승하여 간음하는 것은 준강간죄에 해당한다"는 일본 판례가 있다.

🔍 결론

엉큼한 사나이 방탕한 씨는 준강간죄를 범했다. 그리고 준강간죄, 준강제 추행죄의 법정형은 강간죄, 강제 추행죄의 경우와 같다.

23. 심청이, 자기가 무슨 효녀라고?

우리가 다 아는 대로 효녀 심청이는 아버지 눈을 뜨게 하려고 자기 몸을 공양미 300석에 팔았다. 심청이는 아버지가 이 사실을 알면 충격을 받을까 봐 팔려가는 날까지 비밀로 했다.

그런데 주둥이가 싸기로 유명한 뺑덕어멈이 이 사실을 알고는 동네방네 이렇게 소문을 퍼뜨렸다.

"글쎄, 심청이가 몸을 버리고는 면목이 없게 되자 아버지 눈을 뜨게 해드린다는 구실로 뱃사람들에게 몸을 팔았다지 뭐유…. 자기가 효녀는 무슨 효녀야!"

자, 심청이가 몸을 300석에 판 것은 사실이다. 그렇다면 뺑덕어멈이 이 '사실'을 동네 사람들에게 알린 행위는 어떻게 보아야 하는가?

① 사실을 전파했어도 명예 훼손죄가 된다.

② 심청이를 악의적으로 매도했으므로 모욕죄가 된다.

③ 다소 과장했으나, 내용이 사실에 부합되므로 아무 죄가 되지 않는다.

형법에서는 모든 사람에게는 보호되어야 할 명예가 있다고 간주한다. 우선 명예 훼손죄의 보호 법익으로서 '명예(名譽)'란 무엇인가를 살펴보자. 명예의 개념에 대해서는 인격적 존재로서의 인간이 자신에 대해서 스스로 느끼고 평가하는 내부적·주관적인 것이라는 설(명예 감정설)과 인간·인격에 대한 사회 일반인의 평가라는 설(외부적 명예설)이 대립되어 있으나, 외부적 명예설이 다수설이다.

명예가 사회 일반의 '평가'라면 그 내용을 이루는 인격적 가치는 제한이 없다. 사람의 성격, 신분, 가계, 건강, 외모, 재능, 지식, 직업, 경력, 과거, 신용 등 모든 사회적 평가나 가치가 사람의 명예를 구성한다고 할 수 있다.

'훼손'이란 제3자가 이러한 사람의 명예를 왜곡하고 오도하고 깎아내리는 것을 말하며, 그 방법은 '공연히 사실을 적시하는 것'이다. 여기서 '공연히'라 함은 불특정 또는 다수인이 알게 하는 것 또는 알 수 있게 하는 상태를 말한다. 그 방법 중 신문, 잡지, 인쇄물, 방송 등에 의하는 경우는 별도로 '출판물 등에 의한 명예 훼손죄'가 되어 형이 가중된다.

명예 훼손은 사실의 적시만으로도 성립한다는 데 주의해야 한다(허위 사실일 경우에는 형이 가중된다). 사실의 적시가 없는 단순 욕설, 모욕적 언사나 표현(도둑놈, 죽일 놈, 첩년 등)은 구체성이 없어 모욕죄가 된다고 본다. 또 명예 훼손은 그로 인해 피해자의 명예가 현실적으로 훼손되어야 처벌되는 것이 아니고, 명예를 해칠 우려가 있는 행위를 함으로써 성립된다.

⚲ 결론

명예 훼손은 반드시 '허위' 사실의 전파에 의해서만 성립되는 것이 아니다. 그러므로 심청이가 아버지 눈을 뜨게 하기 위해 공양미 300석에 몸을 판 사실, 그 자체를 효행으로 평가하지 않고 왜곡 전파한 뺑덕어멈의 행위는 명예 훼손죄가 된다.

24. 선거와 지역감정의 상관관계를 논하라

고구려 공화국에서 최근 제20대 대통령 선거가 실시되었다. 압록강을 기준으로 하여 북쪽 지방 출신으로 연개소문 장군이 출마했고, 남쪽 지방 출신으로 온달 장군이 출마했다. 유권자들은 투표할 때 이른바 지역감정 때문에 저마다 자기 고장 출신을 지지했는데, 남쪽의 인구가 압도적으로 많은 탓에 온달 장군이 대통령에 당선되었다.

연개소문 후보는 비록 낙선했으나 북쪽 사람들로부터 거의 100퍼센트에 가까운 지지를 받았다. 그러자 남쪽 사람들은 이를 두고 "북쪽 놈들은 무서운 놈들이다. 투표도 인해 전술식으로 하는 것이 꼭 되놈을 닮았다"며 헐뜯었다. 그렇다면 남쪽 사람들은 북쪽 사람들을 명예 훼손한 것일까?

① 그렇다. 집단이나 단체도 명예의 주체가 되므로 이에 대해서도 명예 훼손은 성립된다.

② 그렇다. 남쪽 사람들은 북쪽 사람들 하나하나에 대해 명예를 훼손한 것이다.

③ 그렇지 않다. 피해자가 특정되지 않았으며, 투표 결과에 대해 일반적·평균적 평가를 한 것에 지나지 않는다.

명예의 '주체'는 누구인가? 당연히 모든 사람이다. 여기에는 자연인은 물론이고 법인과 그 밖의 단체도 포함된다. 법인도 명예의 소유자가 된다. 회사도 법인이며 사단 법인, 재단 법인, 학교 법인, 사회 복지 법인 등 법인이라는 정식 명칭, 즉 법인격을 갖는 모든 법인은 명예 훼손죄에 있어서 명예의 주체가 된다.

그런가 하면 정식 법인으로 등록되지 않았으나 사회에서 실제로 존재하고 활동하는 '법인격 없는 단체'도 여기에 포함된다. 동창회, 향우회는 물론 정당, 병원, 교회, 사찰도 명예의 주체다. 이들 법인과 단체의 명예를 훼손하면 법인이나 단체에 대한 명예 훼손이고, 경우에 따라서는 구성원에 대한 명예 훼손이 되는 경우도 있다.

그렇다면 특정한 법인이나 단체가 아닌 경우, 예컨대 '서울 사람', '이북 사람', '전라도 사람', '충청도 사람', '경상도 사람' 하는 식으로 막연하게 어떤 지역이나 그 출신 사람들을 포괄해서 명예를 훼손하는 경우는 어떨까? 즉 피해자를 특정하지 아니한 경우는 어떻겠느냐는 것이다. 판례나 학설은 '피해자는 특정되어야 한다'는 전제하에 막연한 지적이나 표시로는 명예 훼손이 되지 않는다고 보고 있다. 그러므로 "서울 놈들은 인색하기 짝이 없다"라거나, "이북 사람들은 모두 무서운 놈들이다"라는 식의 왜곡, 매도, 평가 절하는 피해자가 누구인지 특정되지 않았으므로 명예 훼손죄가 성립하지 않는다.

결론

명예 훼손죄가 성립하려면 최소한 피해자가 누구라고 인식될 정도로 특정되어야 한다. 따라서 피해자가 특정되지 않는 집단에 대한 행위는 명예 훼손죄가 성립되지 않는다.

25. 친일파는 물러가라

춘원 이광수, 그의 문학적 업적은 얼마나 화려한가? 그러나 잘 아는 대로 그는 말년에 친일(親日)의 길을 걸음으로써 많은 사람들을 실망시켰다. 이렇게 가정해보자.

최근 춘원의 문학이 재조명되고 그의 작품이 날개 돋친 듯 팔려나가자 독립운동가의 후손인 김항일 씨는 그만 화가 날 대로 났다.

어느 날 세종 문화 회관에서 '춘원을 다시 생각한다'라는 주제로 심포지엄이 열린다는 소식을 듣고 그는 그 자리에 나가 "춘원은 민족 반역자다. 친일파의 문학을 평가해서 어쩌자는 것이냐?"라고 고함치면서 항의했다. 김항일 씨의 행위를 법적으로 평가한다면?

① 춘원 유족의 명예를 훼손한 것으로 보아야 한다.
② 춘원 이광수라는 죽은 사람의 명예를 훼손한 것으로 보아야 한다.
③ 그가 허위 사실을 유포한 것은 아니므로 명예 훼손죄는 되지 않는다.

이미 죽은 사람의 명예를 훼손하는 경우에도 명예 훼손죄가 성립할 수 있을까? 가령 이완용과 같은 을사오적에 대해 혹독한 평가를 하는 경우에는 어떻게 될까? 이 문제는 죽은 사람도 명예의 주체가 될 수 있느냐는 질문과도 통한다.

통설은 이를 긍정한다. 왜냐하면 죽은 사람도 역사적 존재로서의 인격적 가치는 보호받아야 하기 때문이다. 그런데 죽은 사람에 대한 명예의 보호라는 입장을 끝까지 관철하면 역사적·학문적 평가도 모두 범죄가 된다는 결론이 될 것이다.

그래서 형법은 죽은 사람도 명예의 주체가 될 수 있음을 긍정하면서 다만 죽은 사람에 대한 명예 훼손은 '허위의 사실을 적시한 경우'에만 성립한다고 규정하고 있다. 그러므로 가령 이완용을 '나라를 일본에 판 매국노'라는 관점과 사실에서 혹독히 평가·기술하는 것은 명예 훼손이 되지 않으나, "비천한 첩의 소생이었다"라는 식으로 사실무근인 허위 사실을 말하면 명예 훼손이 되는 것이다.

사자(死者)에 대한 명예 훼손죄는 이른바 친고죄다. 그러나 그 고소권자는 원칙적으로 죽은 사람의 친족이나 자손이 된다. 죽은 사람이 가해자를 고소할 수는 없기 때문이다.

Q 결론

죽은 사람도 명예의 주체가 된다. 죽은 사람에 대해 공연히 허위의 사실을 적시하면 명예 훼손죄가 성립한다. 그러나 본건에서는 허위의 사실을 적시했다고 볼 수 없고 친일파라고 한 지적만으로는 사자에 대한 명예 훼손죄가 성립하지 않는다고 보아야 한다.

26. 참새+방앗간=?

인기 영화배우 겸 탤런트인 미남 장동근 씨가 전격적으로 결혼 발표를 하자, 그를 사모하던 많은 여성들의 한숨과 비탄의 소리가 방방곡곡에 자자했다.

어느 날 그가 약혼녀와 함께 호텔 커피숍에서 걸어 나오는 것을 이나발 양이 목격하게 되었다. 참새가 어찌 방앗간을 그냥 지나치리오.

이나발 양은 우연히 알게 된 이 비밀(?)을 혼자만 지니고 있기엔 너무 아까워 자기와 비슷한 입방아꾼이자 단짝인 동무 세 명을 커피숍으로 불러 모았다. "이건 어디까지나 비밀인데, 글쎄 장동근이 결혼식도 올리지 않고 대낮에 호텔에 드나드는 거 있지! 어쩜 이럴 수가 있니?" 어쩌고저쩌고하면서 말이다.

이런 경우도 '공연히 사실을 적시'한 것일까? 즉 불특정 또는 다수인이 인식할 수 있게 된 것일까?

① 그렇지 않다. 친구 3인에게 한 말은 세상에 전파될 가능성이 없다고 할 수 있다.

② 그렇다. 제3자에게 알릴 가능성이 있기 때문이다.

③ 친구 3인이 다시 자기들이 들은 사실을 다수인에게 실제로 전파한 경우에만 명예 훼손죄가 된다.

명예 훼손죄는 그 행위를 '공연(公然)히' 해야 성립하고, 사적으로 특정 소수인에게 유포시킨 경우에는 성립하지 않는다. 이것을 형법적 용어로는 공연성(公然性)이라고 한다.

사회에서는 '공연히'라는 부사를 까닭 없이, 쓸데없이, 부질없이 등의 의미로 쓰지만, 형법에서 말하는 개념은 전혀 다르다. 즉 명예 훼손죄에서 '공연히'라는 뜻은 '불특정 또는 다수인이 인식할 수 있는 상태에서'라고 할 수 있다.

그러므로 특정 소수인이 알 수 있는 상태에서 사실 또는 허위 사실을 적시하는 것은 사회적으로 공개되거나 전파, 확산될 수 있는 상태를 초래하지 않았으므로, 즉 공연성이라는 요건을 갖추지 못했으므로 명예 훼손죄는 성립하지 않는다.

그러면 어느 정도의 사람 앞에서 사실을 공개, 전파, 폭로, 유포해야 명예 훼손이 되는 걸까? 즉 어느 정도를 '다수인'이라고 볼 수 있는가? 단순히 숫자상으로 몇 명이라고 한정할 수는 없겠으나 사회적으로 상당한 다수이어야 할 것이다. 문제는 불특정 또는 다수인이 '인식할 수 있는 상태'의 의미에 관해서인데, 비록 개별적으로 한 사람에게 사실을 유포했더라도 연속하여 불특정 다수인에게 '전파될 가능성'이 있으면 공연성이 있다는 것이 다수설과 판례의 입장이다(전파 가능성설). 그래서 피해자(여자)의 가족 앞에서 불륜 관계를 폭로한 경우, 피해자의 직장 상사 앞으로 편지를 써서 비위 사실을 알린 경우에도 전파 가능성이 있으므로 명예 훼손이 된다고 보고 있다.

🔍 결론

판례의 입장에 따르면 입이 가벼운 친구들에게 피해자의 비밀(?)을 확대·왜곡해 말한 행위는 전파 가능성이 있으므로 명예 훼손의 공연성을 갖춘 것으로 볼 수 있다.

27. 알고 보니 처녀 킬러래요

신라물산 석탈해 회장은 그동안 저명한 자선 사업가로 알려져왔다. 10여 년 동안, 신문에 어려운 일을 당한 사람의 기사가 실리면 그 이튿날은 어김없이 "치료비 전액을 내놓겠다" "장학금을 지급하겠다"는 등의 석 회장의 미담 기사가 실렸다.

주간 《세상 돌아가는 이야기》의 최고발 기자는 이러한 석 회장에게 흥미를 느끼고 한 달 동안 배후에서 심층 취재를 해보았다. 그런데 알고 보니 그는 호색한이 아닌가?

최 기자는 이 사실을 잡지에 '유명 자선 사업가의 24시'라는 제목으로, 알고 보니 석 회장은 처녀 킬러였다는 내용의 기사를 실었다. 석 회장이 최 기자를 출판물에 의한 명예 훼손죄로 고발한 것은 당연지사. 최 기자의 행위는?(최 기자의 보도 내용이 사실이라고 전제한다.)

① 기사가 아무리 사실이라고 하더라도 석 회장의 명예를 훼손한 것은 틀림없다.

② 게재한 기사의 내용이 사실이고 사회에 경종을 울리기 위한 것이었으므로 처벌할 수 없다.

③ 언론·출판의 자유는 개인의 명예에 우선하므로 무조건 죄가 되지 않는다.

공연히 사실을 적시하는 행위가 모두 명예 훼손죄는 아니다. 왜냐하면 사람에게는 '언론의 자유'가 있으며, 동시에 '알 권리'도 있기 때문이다. 특히 언론 매체 본연의 기능은 사실의 보도이고 오늘날 국민의 알 권리는 전적으로 언론 매체의 활동에 의존하고 있다.

여기서 개인 명예의 보호라는 가치와 언론의 자유 보장이라는 가치는 모순과 충돌이 불가피해진다.

형법은 이를 조정하기 위해 "공연히 사실을 적시하는 행위가 진실한 사실로서 오로지 공공의 이익에 관한 때에는 처벌하지 않는다"라고 정하고 있다 (형법 제310조).

즉 외관상으로는 명예 훼손 행위가 되거나, 되는 것처럼 보여도 그것이 진실에 입각하고 공익을 위한 것이면 위법성을 부인하는 것이다.

그러므로 이 사건에서처럼 세상에 자선 사업가로 알려진 유명 인사의 엽색 행각 보도로 말미암아 자선 사업가의 명예가 훼손·실추된 것은 분명하지만, 그 보도가 사실(진실)이고 이를 세상에 알려 장차 있을지도 모르는 피해를 예방하며 경종을 울리는 일은 공익을 위한 것이므로 처벌되지 않는다.

그렇다면 이 진실성과 공익성은 과연 누가 증명해야 하는가? 통설은 행위자가 입증해야 한다고 보고 있다.

🔍 결론

유명 자선 사업가의 엽색 행각을 보도한 기자의 행위는 진실에 부합되고 공익을 위한 것이었으므로 처벌되지 않는다.

28. 상관을 잘못 만난 죄

　호랑이란 별명을 갖고 있는 총무부장의 자리에서 갑자기 고함 소리가 들려 모든 사원이 깜짝 놀라 일제히 고개를 그쪽으로 돌렸다. 신입 사원 나우수 군이 결재를 올리다가 야단을 맞는 것이었다. "당신같이 무능한 사람은 처음 봤어. 이것도 기안문이라고 올린 거야? 당신 대학은 진짜 나온 거야?" 하면서 결재판이 날아갔다. 호랑이 부장은 결재할 때마다 이런 식이다. 사실 나우수 군으로 말하자면 이른바 명문대 출신이고, 공채에서 수석 합격한 엘리트 사원이 아닌가?

　얼굴이 벌게진 나우수 군이 사표와 함께 호랑이 부장을 고소했다면 어떻게 될까?

① "무능한 사람…, 진짜 대학 나왔느냐?"라고 운운한 말이나 결재판을 던진 행위는 나우수 군을 모욕한 것이다.

② 상사는 부하 직원을 야단칠 수 있다. 따라서 아무런 죄가 되지 않는다.

③ 공연히 허위 사실을 적시하여 나 군의 명예를 훼손한 것이다.

사람은 자존심을 갖고 사는 특이한 존재다. 그래서 자존심에 상처를 받으면 강하게 반발한다. 형법의 모욕죄는 말하자면 사람의 자존심을 건드리는 범죄라고 할 수 있다.

형법은 공연히 사실을 적시하는 행위를 명예 훼손죄로 처벌하면서, 동시에 사실의 적시가 없이 단순히 사람을 모욕하는 행위도 모욕죄라고 하여 처벌한다.

양자의 차이는 사실의 적시 여부에 달려 있다. 즉 '모욕'이란 구체적인 사실을 들지 않고 사람의 명예를 훼손, 비방, 평가 절하, 왜곡시킬 만한 추상적인 가치 판단을 공연히 하는 것이다. 경멸적 의사 표시라고 이해하면 된다.

예를 들면 타인에 대해 공연히 도둑놈, 죽일 놈, 바람둥이, 배신자, 첩의 자식이라고 말하는 것이다. 심한 욕설은 따지고 보면 공연성을 갖는 경우 대부분 모욕이 된다고 할 수 있다. 심지어는 전과자에게 공개적으로 '전과자'라고 욕하는 것도 모욕죄가 된다.

모욕은 반드시 욕설, 격렬한 비난, 저주 등과 같이 언어에 의해서만 성립되는 것은 아니다. 거동, 제스처로도 할 수 있다. 공개 석상에서 장애자를 지목해 장애자의 흉내를 내는 것도 모욕이 될 수 있다. 상관을 보고도 공연히 외면하거나 경의를 표시하지 않는 것, 노려보는 것, 반발하는 행동을 보이는 것도 경우에 따라서는 모욕이 된다. 다른 사람의 뼈아픈 실수를 언어나 행동으로 흉내 내어 보이는 것도 공연히 하게 될 경우 모욕이다.

○ 결론

결재하는 상관이 부하를 심하게 야단치는 것은 모욕의 고의에서 비롯된 일은 아닐 것이다. 따라서 야단이 심한 경우라고 하더라도 모욕이 된다고 할 수는 없다. 이 사건에서도 그 범주를 넘지 않는다고 보아야 하지 않을까?

29. 홍도야 울지 마라

홍도 양과 그의 오빠 홍식 군은 고아다. 홍도는 여고를 졸업한 후 대학교에 다니는 오빠의 학자금을 대기 위해 한양룸살롱의 웨이트리스가 되었다. 미모의 홍도를 뭇 사내들이 유혹하건만 홍도는 오빠가 성공하기 전까지 한눈 한 번 팔지 않았다.

문제가 생긴 것은 홍도에게도 사랑하는 연인이 생긴 뒤부터였다. 오빠가 홍도에게 온 편지를 뜯어보고는 사사건건 간섭하는 것이었다. 물론 홍도도 오빠가 자기를 걱정해서 하는 행동이라고 이해하려 했지만 그래도 오빠가 너무한다는 생각이 들었다.

홍도도 조금 있으면 성년이 되고, 또 홍도에게도 자기 인생이 있지 않은가? 자, 누이동생에게 오는 편지를 뜯어보는 오빠의 행위는?

① 통신의 비밀은 헌법이 보장하는 것이므로 비밀 침해죄가 된다.

② 오빠는 누이동생의 장래를 위하고 잘되기를 바라는 마음에서 한 것이므로 아무런 죄가 되지 않는다.

③ 동생에게는 ②와 같은 이유로 죄가 되지 않지만, 발신인에 대해서는 비밀 침해죄가 된다.

사람은 누구나 많든 적든 일신상, 가정 또는 사회생활에 있어서 비밀을 갖게 마련이다. 이 비밀이 폭로·공개당하지 않고 유지될 권리가 바로 사생활의 비밀권(즉 프라이버시)이다.

그래서 헌법은 사생활의 자유와 통신의 비밀을 보장하고 있는 것이며, 형법도 이에 맞추어 개인의 사생활을 침해하는 행위를 범죄로 보고 처벌하고 있다. 이것을 비밀 침해죄라고 한다.

이 죄의 내용은 '봉함 기타 비밀 장치를 한 다른 사람의 신서(편지), 문서, 도화를 개봉하는 것'이다. '신서(信書)'는 대개 편지와 같은 우편물을 말하고 '문서'는 유언장, 원고, 일기 등과 같은 것을 말한다. '도화(圖畫)'란 사람의 의사가 표시된 사진, 도표 등을 의미한다.

봉함은 봉투의 겉을 풀이나 테이프 등으로 붙인 경우를 말하고, 비밀 장치는 봉함 이외의 방법으로 그 내부를 인식할 수 없게 한 경우를 말한다.

비밀 침해죄의 행위는 이러한 신서, 문서, 도화를 '권한 없이 뜯어보는 것'을 뜻한다. 즉 뜯어서 그 내용을 인식할 수 있는 상태로 만드는 것이다. 형법에서는 미성년인 자녀에게 온 편지를 부모가 뜯어보는 것은 자녀의 훈육이라는 친권 행사를 위해 불가피하다면 위법성이 없다고 보고 있다.

비밀 침해죄는 친고죄다. 즉 피해자의 고소가 있어야 한다. 그리고 편지는 발신인과 수신인 모두가 피해자가 된다는 설이 다수설이다.

☌ 결론

곧 성년이 되는 미성년인 여동생에게 온 편지를 뜯어보는 오빠의 행위는 정당하다고 볼 수는 없을 것이다. 따라서 비밀 침해죄가 된다고 보아야 한다.

30. 냉면집에서 생긴 일

식도락가 봉이 김선달이 원조 평양냉면집으로 냉면을 먹으러 갔다. 그런데 냉면 육수 속에 머리카락이 있는 게 아닌가? 성질 급한 김선달은 즉각 주인을 불러 호통을 쳤다.

"사람이 먹는 음식에 머리카락을 넣으면 되느냐? 당장 관가에 고발하겠다!"

주인이 백배사죄하건만 호통은 계속되었다. 이 바람에 다른 손님들도 입맛을 잃었다고 불평하면서 하나둘 식당을 빠져나갔다. 이쯤 되자 냉면집 주인도 약이 올라 "당신한테는 냉면을 팔지 않겠으니 당장 나가라"고 요구했다. 그렇다고 천하의 김선달이 꿈쩍이나 할까? 김선달이 냉면집 주인의 퇴거 요구에 계속 불응하는 경우 어떻게 되는가?

① 주인의 정당한 퇴거 요구에 불응했으므로 퇴거 불응죄가 된다.

② 다른 손님들까지 내쫓았으므로 업무 방해죄가 된다.

③ 손님은 식사를 마칠 때까지는 퇴거 요구가 있어도 응할 필요가 없다.

주거 침입죄가 정당한 사유 없이 또는 적법한 권한 없이 함부로 타인의 주거에 '들어가는 것'을 지칭하는 범죄라면, 퇴거 불응죄는 들어갈 때는 적법·정당하게 들어갔으나 퇴거 요구를 받고도 '나가지 않는 것'을 가리키는 범죄라고 할 수 있다.

여기서 퇴거 요구를 할 수 있는 자(퇴거 요구권자)는 주거자, 간수자, 점유자나 이러한 사람으로부터 위임을 받은 자를 말한다. 퇴거 요구는 반드시 수회 반복해야만 하는 것은 아니고 1회의 요구로도 충분하다. '퇴거 불응'이란 퇴거 요구권자로부터 퇴거 요구를 받고도 나가지 않는 것, 즉 응하지 않는 것을 말한다.

퇴거 불응죄는 이러한 퇴거 요구를 받고 퇴거에 필요한 시간이 경과해야 성립되는 것이 아니라, 불응하는 그 순간 성립한다고 보는 것이 다수설의 입장이다.

그렇다면 식당에 들어간 손님이 주인의 퇴거 요구를 받고도 퇴거하지 않는 경우에는 퇴거 불응죄가 되는 것일까?

그렇지는 않다. 우선, 손님은 식사를 하기 위해 식당에 들어갈 권리가 있다. 다음, 손님은 목적한 식사를 마칠 때까지 그곳에 머무를 권리가 있다. 따라서 손님은 식사를 마칠 때까지는 주인의 퇴거 요구가 있다고 하더라도 이같은 요구에 응할 의무가 없다고 보아야 한다.

🔍 결론

봉이 김선달이 퇴거 요구에 불응하더라도 퇴거 불응죄가 성립하지 않는다. 더구나 불결한 음식에 대해 항의하는 중이 아닌가?

31. 쌍둥이 좋다는 게 뭔가?

칠성이와 칠복이는 쌍둥이인데 어찌나 모습이 같은지 부모조차 헷갈릴 정도다.

형 칠성이는 일류 대학교를 나와 일류 회사에 취직을 했으나, 공부를 못해 삼류 대학을 간신히 나온 동생 칠복이는 입사 시험에 번번이 낙방했다. 보다 못한 형은 동생이 입사 시험 원서를 제출한 '사성그룹' 시험장에 대신 나갔다. 칠복이의 수험표를 달고 시험장에 앉아 있는 칠성이를 감독하는 사람이 대리 응시자인 줄 어찌 알겠는가?

쌍둥이가 좋다는 것은 이런 경우인가 보다. 자, 동생 대신 대리 시험을 치른 형 칠성이의 형사 책임은 무엇인가?

① 주거 침입죄다.

② 주거 침입죄 및 위계에 의한 업무 방해죄다.

③ 사기죄다.

　사회적 동물인 사람이 사회에서 계속적·반복적으로 수행하고 있는 일(사무 또는 사업, 영업)을 형법에서는 '업무(業務)'라고 한다. 이 업무를 허위 사실의 유포나, 위계·위력으로 방해하게 되면 '업무 방해죄'로 처벌된다.

　이 업무에 공무원이 수행하는 공무(公務)도 포함되는가에 대해서는 학자들 간에 찬반양론이 있으나, 어쨌든 우리 형법은 별도로 공무 집행을 방해하는 범죄(공무 집행 방해죄)도 처벌하고 있다.

　업무 방해죄의 방해 행위는 첫째, '허위 사실의 유포'다. 사실무근인 이야기를 불특정 다수인에게 널리 알리는 것, 소문·풍문을 퍼뜨리는 것이 그 실례다.

　둘째는 '위계(爲計)'다. 위계란 사람을 착오나 혼동에 빠지게 하거나, 모르고 있는 상태를 이용하는 것, 속이거나 유혹하는 것을 말한다. 예컨대 "그 점포는 다른 데보다 값이 비싸다"라고 선전하는 것 등이다.

　셋째는 '위력(威力)'을 과시하는 것이다. 위력이란 의사의 자유를 제압하는 것을 말한다. 폭행·협박이 대표적 실례다. 남의 영업소에서 고함을 질러대고 기물을 부수는 것, 영업을 방해하려고 전기나 수도를 끊거나 출입을 봉쇄하는 것, 뱀을 풀어놓아 소동에 빠뜨리는 것 등이다.

　그렇다면, 쌍둥이 중 한 사람이 대리로 시험에 응시하는 것은 무슨 죄가 될까? 우선 주거 침입죄에 해당함은 말할 것도 없다. 다음으로, '위계에 의해서' 회사의 시험 관리 업무, 신입 사원 채용 업무를 방해했다고 보아야 한다.

결론
회사의 신입 사원 시험에 응시자 본인이 아닌 타인이 대리로 응시한 경우 주거 침입죄 및 업무 방해죄가 된다.

32. 제비 때문에 망했으니 제비로 성공하려고

욕심 때문에 쫄딱 망한 놀부는 제비 때문에 망했다고 믿고 수년간 와신상담한 끝에 '말하고, 움직이고 100미터 이내를 날 수 있는' 제비 인형을 개발하는 데 성공했다. 시판 가격이 개당 100만 원씩이나 하는 고가의 첨단 제품인데, 문제는 공장의 여종업원들이 가끔씩 몰래 집어 간다는 것이었다. 이에 놀부는 불같이 화가 났다.

놀부는 퇴근길 공장 문 앞에서 수색을 한답시고 퇴근하는 여종업원들의 몸을 더듬거나 뒤지는 행동을 했다.

여종업원들이 놀부를 관가에 고발할 경우 놀부는 무슨 죄가 되는가?

① 절도 현행범을 체포하기 위한 행위이므로 죄가 되지 않는다.
② 이유를 불문하고 강제 추행죄가 된다.
③ 신체 수색죄가 된다.

신체나 주거에 대한 수색에는 당연히 검사의 청구에 의해 법관이 발부한 수색 영장을 제시해야 한다(형사소송법 제109조, 제137조). 이 수색 영장을 제시한 수색만이 합법적인 수색이다. 물론 현행범의 경우 체포 후 피해 물품을 찾기 위해 현행범의 신체를 수색하는 것은 경우에 따라 위법성이 없다고 볼 수 있다.

그러나 그렇지 않은 신체 수색, 주거 수색은 모두 불법이다. 신체·주거 수색죄는 적법한 절차에 의하지 않은 수색을 처벌하는 범죄다.

행위의 대상은 사람의 신체, 주거, 간수하는 저택·건조물이나 선박 또는 점유하고 있는 공간이다. '수색'이란 쉬운 말로 뒤지거나 찾는 것을 말한다. 불법으로 주거에 침입하고 더 나아가 수색까지 하는 경우에는 주거 침입죄와 주거 수색죄가 동시에 성립한다.

Q 결론

신체나 주거를 함부로 수색하는 것은 범죄다. 특히 신체를 수색하는 것은 신체의 자유와 안전에 대한 침해를 수반하므로 엄격한 법 절차에 따라야만 한다.

그러므로 기업주가 공장에서 물건이 분실되었다는 이유로 근로자의 신체를 수색하는 것은 신체 수색죄에 해당한다. 증거를 찾거나 확보하는 일은 다른 적법한 방법에 의해야만 할 것이다. 또 신체 수색을 빙자해 여자의 신체를 더듬는 행위는 추행의 고의가 있었다면 강제 추행죄가 된다고 보아야 할 것이다.

33. 기왕이면 맞는 열쇠를 주게

병사 제임스가 리처드 왕을 따라 십자군 원정을 떠나게 되었다. 그는 당시의 유행에 따라 아내에게는 정조대를 채우고, 그 열쇠를 죽마고우인 존에게 주면서 원정에서 돌아올 때까지 자기 아내를 잘 돌보아달라고 신신당부했다. 제임스가 탄 말이 동구 밖을 벗어날 무렵, 존이 헐레벌떡 뒤쫓아 왔다.

"무슨 일인가?"

"별것은 아니고, 자네가 준 열쇠가 잘 안 맞는 것 같아서…."

존은 그사이에 제임스의 아내와 엉뚱한 짓을 하려고 했던 것이다. 그렇다면 제임스의 집 안으로 들어가 그의 처와 간통하려던 존에게 주거 침입죄가 성립하는가?

① 된다. 간통의 목적으로 타인의 주거에 들어갔으므로.

② 안 된다. 제임스가 돌보아달라는 부탁을 했으므로.

③ 안 된다. 제임스의 처의 승낙이 있었으므로.

주거 침입죄에서의 '주거'란 첫째 '사람의 주거'인데 구체적으로 사람이 먹고 자고 기동하는 장소를 말한다. 천막집, 판잣집, 토굴, 비닐하우스 등 사람이 거주하며 먹고 자는 장소면 모두 주거라고 본다.

둘째는 '점유 중의 방실(房室)'이다. 빌딩 내의 사무실, 오피스텔, 연구실, 숙직실, 호텔과 여관의 객실 등이 그 실례다.

셋째는 '간수하는 저택, 건조물, 선박'이다. 여기서 '간수하는'이란 다른 사람이 함부로 침입하지 못하게 인적(수위, 경비원, 관리인), 물적(자물쇠, 못질) 설비를 갖춘 것을 말한다. 또 '저택'이란 으리으리한 건물을 뜻하는 것이 아니라, 주거용 건조물(별장)을 말하고 이에 부속된 토지(정원)를 포함한다.

'침입'이란 신체의 전부가 주거에 들어가는 것을 말한다.

자, 그렇다면 간통하기 위해 그 상대방의 승낙을 받고 타인의 집에 들어가는 행위는 어떻게 보아야 할까? 이것은 주거 침입죄의 보호 법익이 무엇인가라는 질문과도 같다.

과거에 주거 침입죄는 가장, 즉 남편의 '주거권'을 보호하는 것으로 파악했기 때문에 간통하기 위해 타인의 집에 들어가는 행위는 가장의 주거권을 침해하는 주거 침입죄가 된다고 보았다. 그리고 법원의 판례도, 이유는 다르지만 결론은 같다. 즉 간통할 목적으로 타인의 주거에 들어가면 비록 처의 승낙이 있었어도 주거 침입죄가 된다고 보고 있다.

Q 결론

타인의 주거에 간통할 목적으로 들어가면 처의 승낙이 있었어도 주거의 평온을 해치는 것이므로 주거 침입죄가 된다(판례의 입장).

34. 꼬리가 길면 잡히는 법

자린고비 영감으로 말하자면 가히 한국을 대표할 수 있는 구두쇠. 반찬 값이 아까워 절인 생선을 매달아놓고 두 번 쳐다보면 너무 짜서 밥을 더 먹게 된다고 자식들을 호통치던 그가, 이렇게 해서 많은 재산을 모으자 남 보란 듯이 새집을 지었다.

그런데 현대의 집 안 살림이란 온통 전기를 소모하는 가전제품으로 꾸려나갈 수밖에 없다. 매달 내는 전기 사용료 때문에 살점이 떨어져 나가는 듯한 정신적 고통을 맛보게 된 이 영감이 궁리 끝에 계량기를 조작했다. 즉 계량기를 조작해 한 달의 전기 사용료를 3분의 1로 절약(?)하는 데 성공했다. 그러나 꼬리가 길면 밟히는 법.

그의 범죄 행위는?

① 전기 공급업자를 기만, 재산상 이익을 편취한 사기죄가 된다.

② 전기를 도둑질한 것이 되므로 절도죄가 된다.

③ 형법상의 죄는 되지 않고, 전기 공급업자에게 실제 사용량에 해당하는 사용료와 손해 배상을 지급해야 한다.

절도죄는 아마 역사상 가장 오래되고 흔한 범죄일 것이다. 형법은 절도죄를 비롯해 강도죄, 사기죄, 공갈죄, 횡령죄, 배임죄, 장물죄, 손괴죄를 '재산에 대한 범죄(재산범죄)'로 분류해 처벌하고 있다.

절도죄는 개인의 '재산권'을 침해하는 대표적인 범죄인 셈이다. 그런데 구체적으로 재산권의 내용에 관해서는 보호 법익과 관련해 '소유권'이라는 설과, 소유권은 물론이고 점유(또는 소지)도 그 내용이 된다는 설이 대립한다. 그렇다면 구체적으로, 절도죄의 대상은 무엇인가? 형법은 타인의 '재물'이라고 표현해놓고 있다. 재물은 대부분 형태를 지니고 눈으로 볼 수 있는 유체물(有體物)이겠지만, 형법은 더 나아가 '관리할 수 있는 동력은 재물로 간주한다'라는 규정을 두고 있다(형법 제346조).

따라서 관리 가능한 전기, 수도, 인공 냉기, 인공 열, 수력, 공기의 압력도 절도죄의 대상이 되는 것이다. 전파, 자기는 관리 가능성이 없으므로 재물로 보지 않는다.

다음 '재물은 경제적 가치, 특히 금전적 교환 가치가 있어야 하는가'가 문제될 수 있다. 학설과 판례는 반드시 경제적 가치가 있어야만 하는 것은 아니라고 본다. 그래서 주민 등록증, 찢어진 무효 약속 어음, 폐지로 소각될 운명에 있는 설계 도면, 무효 인증서 따위도 절도죄의 재물이 된다.

그러나 객관적으로나 주관적으로도 전혀 무가치한 물건은 절도죄의 대상이 될 수 없다고 해야 할 것이다.

⚲ 결론

전기는 관리할 수 있는 동력이므로 당연히 절도죄의 대상이 된다. 따라서 전기의 절취, 속칭 도전(盜電) 행위는 절도죄가 된다(1958. 10. 31. 대법원 판결).

35. 훔칠 생각은 전혀 없었다

암행어사 이몽룡이 지방 출장을 간 틈을 타 방자란 놈이 운전을 배워 면허를 땄다. 그러나 운전을 하고 싶어도 차가 있어야 해볼 것 아닌가?

하릴없이 종로를 배회하는데, 어느 점포 앞에 시동이 걸린 채 정차해 있는 승용차가 있었고 그것을 본 방자는 무작정 그 차를 몰았다. 게다가 향단이를 태우고 시내를 다니며 운전 솜씨를 마음껏 뽐냈다.

그사이에 차 주인은 포도청에 도난 신고를 한 것은 물론이다. 한 시간 후 방자는 그 차를 원래 있던 곳에 도로 세워놓고 줄행랑을 쳤다. 방자가 한 시간 동안 운전한 거리는 50킬로미터쯤 되었고, 휘발유는 5리터 정도 소모되었다. 방자의 행위는 절도죄인가?

① 물론이다. 자동차 절도범이다.

② 반환했으므로 자동차 절도는 아니고 휘발유 절도가 된다.

③ 차 주인이 수사 기관에 신고하기 전까지 반환하면 절도죄가 되지 않으나, 이미 신고했으므로 절도죄가 된다.

④ 일시 사용의 목적밖에 없었고, 다시 반환했으므로 절도죄가 되지 않는다. 다만 자동차 부정 사용죄가 된다.

절도죄가 성립하려면 당연히 타인의 재물을 절취하겠다는 의사, 즉 절도의 고의가 있어야 하지만, 학자들과 판례는 더 나아가서 고의 이외에 "타인의 재물에 관하여 권리자를 배제하고 자기의 소유물처럼 이용하거나 처분하려는 의사"가 필요하다고 보고 있다. 이를 '불법 영득 의사(不法領得意思)'라고 하며, 절도죄는 물론 손괴죄를 제외한 강도, 사기, 공갈, 횡령, 배임, 장물죄의 경우까지 확대하고 있다.

그런데 영구적으로 타인의 재물을 소유, 이용, 처분하려는 의사가 없이 일시적으로 사용할 의사로 절취한 경우를 '사용 절도(使用竊盜)'라고 하는데, 사용 절도를 절도죄로 볼 것인가 하는 문제도 실은 '불법 영득 의사'와 관계되어 있다.

이에 관해 과거에는, 사용 절도는 불법 영득 의사가 없으므로 절도죄가 되지 않는다는 설과 절도죄가 성립하는 데에는 불법 영득 의사가 필요하지 않다는 입장에서 사용 절도도 절도죄가 된다는 설이 대립했다.

그런데 1995년 12월 29일 형법이 개정되어 "권리자의 동의 없이 자동차, 선박, 오토바이, 항공기를 일시 사용한 경우"에 적용되는 '자동차 등 부정사용죄'가 신설됨으로써 논란이 입법적으로 해결되었다.

결론

소유자의 승낙 없이 한 시간 동안 50여 킬로미터쯤 무단 운전한 것은 '자동차'를 훔친 절도죄에는 해당하지 않으나 '자동차 부정 사용죄'가 된다.

36. 아버지, 한 번 밀어주세요

"아버지, 저는 공부에는 소질이 없으니 음악으로 승부를 걸어보겠어요. 한 번만 밀어주세요."

하라는 공부보다는 기타 연주와 브레이크 댄스에 더 열심인 고교생 서대지 군이 느닷없이 부모에게 선언한 말이다.

"이놈아! 가수는 아무나 되냐? 네 재주 갖고는 어림없다."

부모는 일언지하에 거절했다. 서 군은 끝내 가출했다. 가출만 했으면 다행이지만, 부모의 시계와 패물은 물론이고 삼촌이 애지중지하는 노트북마저 훔쳐서 나간 것이다. 돈이 떨어진 서 군이 한 달 만에 귀가하고 가수도 포기한 것은 당연지사!

그러면 서 군이 가출할 당시의 절도 행위는 어떻게 평가해야 하는가?

① 엄연한 절도 행위이므로 절도죄가 성립되나, 친족 관계임이 참작되어 형이 경감된다.

② 절도죄가 성립되나 다만 친족 간의 범행이므로 처벌되지는 않는다.

③ 부모님의 재물에 대해서는 처벌되지 않으나 삼촌의 재물에 대해서는 처벌된다.

절도죄에 있어서 '타인의 재물'이라고 할 때의 '타인'은 엄밀한 의미에서 자기 이외의 모든 사람이다.

그런데 형법은 절도죄가 '직계 혈족, 배우자, 동거 친족, 동거 가족 또는 그 배우자 간'에 이루어진 경우에는 '그 형을 면제한다'고 규정하고 있고(형법 제328조 제1항), 그 이외의 친족 간에 이루어진 때에는 피해자의 고소가 있어야 처벌한다고 규정하고 있다(제2항).

이와 같은 특별한 예외를 학자들은 '친족상도례(親族相盗例)'라고 하는데, 법이 이러한 특례(?)를 부여한 이유는 "법은 가정에 들어가지 않는다"는 격언처럼 행위자와 피해자 간의 일정한 신분과 친족이라는 관계를 형사 정책적으로 배려한 것이라고 할 수 있다.

그리고 이러한 친족상도례는 절도죄 이외에도 사기죄, 공갈죄, 횡령죄, 배임죄, 장물죄, 권리 행사 방해죄의 경우에도 적용된다.

여기서 친족, 가족의 범위는 민법이 정한 바에 따르는데, '직계 혈족'은 존속(부모, 조부모)과 비속(자녀, 손자녀)을 말하고, '배우자'는 혼인 신고가 된 법률 혼인만을 의미한다.

또 '동거 친족'이란 직계 혈족과 배우자를 제외한 사실상 함께 사는 친족을 말한다. 일시 방문해 숙박하는 경우는 동거 친족이 아니다.

그리고 이러한 친족 관계는 행위자와 소유자, 점유자 간에 있어야 한다. 따라서 친족이 보관 중인 제3자 소유의 재물을 훔친 경우에는 친족상도례가 적용되지 않는다.

♀ 결론

부모와 자식은 직계 혈족 간이고, 동거 중인 삼촌과 조카는 방계 혈족 간이다. 따라서 친족상도례가 적용되어 범죄는 성립되나, 형이 면제된다.

37. 현금이 더 좋아

　절도범이 재물을 훔친 후, 그 재물을 '사용'하거나 '버리는' 행위는 따로 처벌되지 않는다. 이를 '불가벌적 사후 행위(不可罰的事後行爲)'라고 한다. 그렇다면 이런 경우는 어떤가?

　유능한 소매치기 강심장 군이 지하철 안에서 졸고 있던 어느 주부의 핸드백 속에서 지갑을 훔쳤다. 다음 정거장에서 내려 지갑을 열어보니 현금은 없고, 100만 원이 예금된 통장과 도장이 있었다. 그는 이것을 이용해 은행에서 예금을 인출했다. 이로써 강심장은 절취의 목적을 달성한 셈이다. 이 '예금 인출 행위'가 따로 처벌되는가?

　① 절도범이 예금을 인출하는 행위는 절도 행위의 연장이므로 절도죄만 처벌된다.

　② 예금 인출 행위는 은행원을 속이는 새로운 범죄 행위이므로 사기죄가 된다.

　③ 예금 인출 행위는 또 하나의 절취 행위이므로 이 역시 절도죄가 된다.

절도죄를 비롯한 재산 범죄의 목적은 불법으로 취득(영득)한 재물을 소유·이용·처분하려는 것이다. 그런데 절도범이 훔친 재물이 생각보다 신통치 않다고 생각하여 버리거나 파괴해버린 경우, 또는 이를 제3자에게 팔아버린 경우 이런 사후 행위는 따로 처벌하지 않는다. 즉 손괴죄, 장물 양도죄로 처벌되지 않는다. 이런 사후 행위는 따로 처벌되지 않는다고 하여 '불가벌적 사후 행위'라고 한다.

사후 행위가 처벌되지 않는 이유로는 사후 행위는 그 이전의 선행 범죄 행위의 목적 속에 포함되어 있고, 예상되어 있으며, 선행 행위의 처벌로 충분하다는 이유 등이 제시되고 있다.

그렇다면 예금 통장을 훔친 절도범이 은행에 가서 예금을 인출하는 행위(또는 수표를 훔친 절도범이 수표를 현금으로 바꾸는 행위)도 불가벌적 사후 행위라고 보아야 할까?

학설과 판례는 '사후 행위가 새로운 법익을 침해하는 경우'에는 별도의 범죄가 성립한다고 보고 있다. 따라서 훔친 예금 통장으로 예금을 인출하기 위하여 인장을 위조하는 경우에는 인장 위조죄가, 예금 통장과 인장으로 예금을 인출한 경우에는 사기죄가 성립된다고 보고 있다(1974. 11. 26. 대법원 판결). 일본의 판례도 같은 입장이다.

ﾛ 결론
절도범이 훔친 예금 통장과 도장을 이용해 예금을 인출하는 행위는 불가벌적 사후 행위가 아니라, 은행을 속이는 새로운 법익 침해 행위이므로 다시 사기죄가 성립한다.

38. 어떤 초보 강도

장발장이 교도소에서 깨달은 유일한 사실은 이것이었다. 튼튼한 손발만 가지고 영업하는 절도는 남는 것이 없고 잡히기 일쑤이니, 도둑질도 크게 해야 하고 그러자면 자본을 투자해야 한다는 것이었다.

열여덟 번째로 교도소 문을 나온 그는 큰맘 먹고 칼 한 자루와 보자기를 사서(자본 투자), 성당의 사제관에 침입했다.

"꼼짝 말고 손드세요! 아니 손들고 꼼짝 마세요."

떨리는 목소리를 듣고 초보 강도임을 간파한 신부님은 겁을 먹기는커녕 불쌍히 여긴 나머지 미사용 은그릇, 은촛대를 몽땅 내주었다. 게다가 보자기에 싸주기까지 했다. 장발장의 행위는 어떻게 평가해야 하는가?

① 칼을 들고 협박했으므로 강도죄가 된다.

② 피해자가 겁을 먹지 않고 오히려 동정심에서 임의로 재물을 내주었으므로 아무 죄가 되지 않는다.

③ 어쨌든 재물을 손에 취득했으므로 최소한 절도죄는 된다.

④ 강도 미수죄가 된다.

이름만 들어도 끔찍한 강도죄는 이른바 강력 범죄의 대표 주자다. 절도죄와 마찬가지로 재산 범죄이지만 재물의 취득 방법이 폭행이나 협박을 수단으로 한다는 점이 다르다.

형법이 강도죄의 처벌로서 보호하려는 법익은 재산권 외에도 생명, 신체, 자유도 포함된다. 강도죄의 대상은 재물 이외에 재산상의 이익도 포함된다. 택시 운전사에게 폭행, 협박으로 요금 청구를 포기하게 하거나 지불을 면한 경우에도 강도죄가 성립한다.

강도죄에 있어서 수단이 되는 폭행, 협박의 정도는 가장 높은 것이다. 즉 상대방의 반항을 불가능하게 하거나 현저히 곤란하게 할 정도의 것이다. 강도죄는 이러한 고강도의 폭행이나 협박을 수단으로 재물을 취득하거나 재산상의 이익을 취득하는 것을 내용으로 한다.

그런데 강도죄는 행위자의 폭행, 협박→피해자의 재물 교부→행위자의 재물 강취 간에 원인과 결과의 관계, 즉 소위 인과 관계가 있어야 성립한다.

그렇다면 상대방에게 반항이 불가능할 정도의 폭행, 협박을 가했으나 상대방이 공포심이나 속수무책 상태에서가 아니라 오히려 동정심이나 연민의 정을 느껴 재물을 내준 경우에도 인과 관계가 있다고 해야 할까?

애당초 목적한 재물의 강취를 달성했으므로 강도죄가 된다는 학설도 있으나, 인과 관계가 없으므로 강도 미수죄(장애 미수)가 된다고 하는 것이 다수설의 입장이다.

Q 결론

피해자가 동정심에서 재물을 순순히 내준 경우에는 강도죄가 아니라 강도 미수죄가 된다.

39. 절도 개업 첫날에

"사흘 굶고 남의 담 넘지 않을 사람 없다"는 말이 있다. 일하기는 죽기보다 싫었던 심건달! 마침내 먹는 일조차 막연하게 되자 결국 밤이슬을 맞지 않으면 안 되었다.

어느 날 밤 건넛마을 박 초시의 집 안방에 들어가 금거북을 훔치는 데는 성공했으나 방문을 나서면서 자고 있던 박 초시의 발을 밟는 바람에 그만 도둑질을 들키고 말았다.

"도둑이야!" 하는 외침이 울려 퍼질 때, 심건달은 벌써 집 모퉁이를 돌아섰다. 그러나 그의 행운이 끝나려는지 지나가던 행인과 맞닥뜨려 격투 끝에 붙잡혔다. 이 격투로 인해 행인이 전치 4주의 타박상을 입었다.

심건달이 재판을 받게 될 죄명은 무엇인가?

① 야간 주거 침입 절도죄다.

② 야간 주거 침입 절도죄와 상해죄다.

③ 강도죄에 준한다.

절도는 상황에 따라 얼마든지 강도로 돌변할 수 있다. 이것을 형법에서는 '준강도(準强盜)'라고 한다. 준강도는 좀 더 정확하게는 '절도의 실행에 착수한 자가 재물의 탈환을 거부하거나, 체포를 면하려고, 또는 범죄의 증거와 흔적을 인멸할 목적으로 폭행 또는 협박을 가함'으로써 성립하는 범죄다.

준강도의 자격이 있는 절도는 예비 단계를 지나 실행에 착수한 후부터다. 그러므로 절도의 대상을 물색하다가 발각되어 폭행을 가한 경우에는 절도의 실행에 착수한 것이 아니므로 폭행죄에 불과하다.

어쨌든 실행에 착수한 뒤 탈환 거부, 체포 면탈, 죄적 인멸 중 어느 하나의 목적으로 폭행, 협박을 가한 경우에는 모두 준강도죄가 되는데, 이때 그 목적의 달성 여부는 묻지 않는다.

그리고 반드시 피해자에게 가한 폭행, 협박만 해당되는 것은 아니다. 목격자, 추격자에 대해서도 위와 같은 목적으로 폭행, 협박하면 준강도죄가 된다. 다만 폭행, 협박을 가하는 시기와 장소는 절도와 어느 정도 밀접성, 관련성이 있어야 한다.

절도 행위가 완료된 이후에 폭행, 협박은 폭행죄, 협박죄가 추가될 뿐이고 준강도죄가 되는 것은 아니다. 나아가 강도가 행한 폭행으로 타인을 상해한 경우에 강도 상해죄가 되는 것처럼, 준강도의 폭행이 상해를 야기한 경우에도 강도 상해죄가 된다. 준강도는 강도죄에 준하므로 법정형은 같다. 즉 3년 이상의 유기 징역이다.

🔍 결론

절도의 실행에 착수한 뒤 재물의 탈환을 거부하거나 체포를 면하거나 죄적을 인멸할 목적으로 폭행, 협박을 가한 경우에는 준강도죄가 된다(그리고 그로 인해 상해를 입혔으면 강도 상해죄가 된다).

40. 빌린 돈의 용도는 알려 무엇하리

검사는 피고인이 변 부자로부터 돈 10만 냥을 빌릴 때, 백수건달에 무일푼 선비임을 알리지 않았으므로 사기 행위가 된다고 주장했다.

"아니오. 10만 냥으로 이 나라의 제수 용품을 매점매석하면 능히 100만 냥을 벌 수 있었소. 돈의 용도는 굳이 알려 무엇하리오?"

피고인 허생은 갚을 의사와 능력이 있다고 항변했다. 돈을 빌려준 변 부자의 증언은 이러했다.

"만일 허생이 빌려가는 돈으로 매점매석이라는 부도덕한 짓을 하는 줄 알았다면 소인은 결단코 빌려주지 않았을 것입니다."

자, 사용처를 숨기고 돈을 빌리는 행위도 사기 행위가 되는가?

① 그렇다. 빌려가는 돈의 용도를 알았다면 빌려주지 않았으리라고 인정되는 경우에는 사기가 된다.

② 그렇지 않다. 빌린 돈을 어디에다 쓰는가는 채무자의 권한이다. 채무자가 빌리는 돈의 용도를 미리 말해야 할 의무는 없다.

③ 그렇지 않다. 빌린 돈을 갚지 못한 것을 사기죄로 처벌한다면, 이 세상에 금전 거래는 있을 수 없다. 이는 민사상 채무 불이행이 될 뿐이다.

사람을 속여 재물을 얻거나 재산상의 이익을 얻기 위해서는 속는 사람보다 머리가 좋거나 언변이 좋아야 할 것이다. 따라서 교묘한 수단·방법으로 사기를 하는 자를 '지능범'이라고 한다.

사기죄는 사람을 속여 재물을 얻거나 재산상의 이익을 취득하거나 또는 제3자로 하여금 취득하게 함으로써 성립하는 범죄다.

사기의 핵심은 속이는 것, 즉 기망(欺罔)하는 것이다. '기망'은 상대방을 속여서 착오에 빠뜨리는 것을 말하고 그 방법은 밤하늘의 별처럼 무궁무진할 것이다. 사기죄는 기망의 상대방, 즉 피기망자와 피해자가 같아야 하는 것은 아니다. A를 속여 B로부터 재물이나 재산상의 이익을 얻는 경우에도 사기죄는 성립한다. 또 기망자와 편취자가 같아야 하는 것도 아니다. A가 속이고 B가 편취하는 경우도 사기다. 기망과 재물의 교부, 재물의 편취는 인과 관계가 있어야 함은 물론이다.

금전 거래와 관련해 사기죄가 논란되는 경우는 갚을 의사나 능력이 없으면서 돈을 빌리는 경우이고, 또 하나는 돈의 사용처를 숨긴 경우다.

첫 번째의 경우, 즉 처음부터 갚을 의사나 능력이 없었던 경우에는 사기죄가 된다고 본다. 빌릴 때는 갚을 능력이 있었으나 갚기로 한 때에 능력이 약화된 경우에는 사기죄로 볼 수 없을 것이다.

두 번째의 경우, 즉 돈을 빌릴 때 용도를 말하지 않거나 숨겼다고 해서 모두 사기죄가 되는 것은 아니고, '피해자가 빌려주는 돈의 진정한 용도를 알았다면 빌려주지 않았으리라는 것이 인정되는 경우'에만 사기죄가 된다고 보고 있다.

🔍 결론

이 사건에서는 채권자가 "빌려가는 돈의 용도를 알았다면 돈을 빌려주지 않았을 것이다"라고 단정하고 있으므로 사기죄가 된다고 보아야 한다.

41. 이게 웬 횡재냐?

　백수인 이백수가 어느 날 지하철에 탔는데 옆에 앉은 신사가 가방을 옆에 두고 졸다가 다음 역에서 급하게 내렸다. 이백수는 그다음 역에서 태연히 그 가방을 어깨에 메고 내렸다.

　가방을 열어보니 지갑에는 신용 카드가 다섯 장이나 있었다. 이백수는 즉시 백화점으로 가서 이 신용 카드를 이용해 수백만 원어치의 물품을 구입했다.

　그러나 꼬리가 길면 밟힌다고, 그가 한 서명과 카드에 기재된 서명이 다른 것을 발견한 어떤 점포 주인의 신고로 검거되었다.

　남이 분실한 신용 카드를 사용하면 죄가 되는 것은 누구나 아는 상식이지만, 구체적으로는 무슨 죄가 될까?

① 분실물 횡령죄+신용 카드 부정 사용죄.

② 분실물 횡령죄+신용 카드 부정 사용죄+사기죄.

③ 분실물 횡령죄+신용 카드 부정 사용죄+사기죄+문서(매출 전표) 위조죄.

신용 사회의 상징이 바로 신용 카드다. 신용 카드란 이를 제시함으로써 신용 카드 가맹점에서 반복하여 물품의 구입이나 용역을 제공받을 수 있는 증표로서 신용 카드 업자가 발행한 플라스틱으로 된 카드다.

이 카드의 핵심적 기능은 신용 기능에 있다. 즉 카드를 발급받은 사람이 그 카드를 사용하여 가맹점으로부터 물품을 구입하면 카드 회사가 가맹점에 결제하고 이로써 카드 회사는 사용자에 대하여 그 물품 구입 대금을 대출해준 금전 채권을 갖게 되고 사용자는 이 채무를 갚을 의무가 생기게 함으로써 굳이 현금에 의해 물품 거래를 하지 않아도 되는 것이다.

대한민국 성인이라면 대개 신용 카드 몇 장쯤 갖고 있고, 그 외에도 현금·직불·선불 카드 등 다양한 신용적 기능의 카드 사용이 보편화되었다.

그렇다면 자기 명의가 아닌 타인 명의의 신용 카드를 몰래 사용하면 구체적으로 무슨 죄가 되는가? 우선 타인의 신용 카드를 취득하게 된 경위가 절도, 강도, 사기, 공갈에 의한 경우에는 각각 그 범죄가 성립되고, 분실한 카드를 우연히 습득한 경우에 이를 주인에게 돌려주지 않으면 점유 이탈물 횡령죄가 된다. 또 분실 또는 도난된 타인의 신용 카드를 사용 시에는 여신전문금융업법 제70조 제1항이 규정한 신용 카드 부정 사용죄가 되고, 이를 카드 가맹점에서 사용하여 물품을 구매한 경우에는 형법상의 사기죄가 된다. 구매 과정에서 매출 전표에 서명하는 행위는 사문서 위조와 형사죄가 되나 이것은 신용 카드 부정 사용죄에 흡수되어 별도로 범죄가 성립하지 않는다고 학자들은 풀이하고 있다.

결론

타인이 분실한 가방에 들어 있던 신용 카드를 이용하여 물품을 구매한 행위는 점유 이탈물 횡령죄, 신용 카드 부정 사용죄, 사기죄에 해당한다.

42. 김선달의 생수 판매 사업

봉이 김선달의 장점은 상황 판단이 빠르고 상황을 지혜롭게 이용할 줄 안다는 점이었다.

공해로 강과 하천이 날로 오염되고, 따라서 수돗물마저 불신을 받게 되자 그는 전국에서 최초로 생수 사업을 시작했다. 그가 판매하는 깨끗한 '금강산 생수'는 소비자들의 폭발적인 수요를 불러일으켰다. 그런데 그가 약간 찜찜해하는 것은 그의 사업이 막대한 폭리를 취하고 있다는 점이다.

사실 금강산 생수 한 통의 원가는 인건비·세금·수송비 등 아무리 많이 잡아도 1,000원 정도인데, 그는 5,000원씩 받고 있다. 김선달의 폭리 행위는 형법상의 죄가 된다고 보아야 할까?

① 그렇다. 생수를 사 먹어야 하는 상태를 악용해 부당 이익을 취하고 있으므로 부당 이득죄가 된다.

② 그렇지 않다. 비싸면 소비자들이 안 사 먹으면 될 것 아닌가? 값이 비싸다고 모두 폭리 행위는 아니다.

③ 그렇지 않다. 부당 이득죄가 되려면 판매 가격이 원가의 열 배가 되어야 하기 때문이다.

재산의 사적 소유와 이윤의 추구를 인정하는 자본주의 사회에서 거래상의 폭리는 영원한 과제일 수밖에 없다.

국가는 이를 규제하기 위해 '독점규제 및 공정거래에 관한 법률'을 제정·시행하고 있고, '이자제한법'으로 고리(高利)의 이자를 규제하고 있으며, 형법에서는 부당 이득죄로서 대처하고 있다.

부당 이득죄는 '사람의 궁박한 상태를 이용해 현저하게 부당한 이득을 취하는 행위'를 처벌하는 범죄인데, 그 성격은 폭리를 규제하는 죄라고 이해하면 된다.

부당 이득죄가 성립하기 위해서는 첫째, '궁박한 상태'를 이용하는 것이어야 한다. 궁박한 상태란 아주 곤란한 처지·위난·위급 상태를 말하며 경제적 궁박 상태는 물론이고 정신적 또는 육체적인 궁박 상태도 포함된다.

둘째, '현저하게 부당한 이득을 취하는 것'이어야 한다. 어느 정도가 현저하게 부당한 것인가는 객관적으로 평가할 수밖에 없겠지만, 가령 택시 기사의 경우 위급 환자가 병원에 가는 것을 악용해 주행 요금의 몇 배 또는 수십 배의 요금을 받는 것, 입원비 마련을 위해 부동산을 급히 팔아야 하는 처지에 놓인 사람으로부터 시가보다 훨씬 낮은 가격으로 매수하는 것 등이 부당 이득죄의 실례일 것이다.

폭리도 효과적으로 규제해야겠지만 폭리로 단정함에 있어서는 거래의 안전, 계약 자유의 원칙이라는 과제와 관련해 신중함이 요구된다고 할 것이다.

🔍 결론

원가의 다섯 배에 달하는 가격으로 생수를 파는 것이 반드시 폭리 행위라고 단정할 수는 없을 것이다. 왜냐하면 생수를 사 먹는 소비자가 모두 궁박한 상태라고는 할 수 없고, 또 폭리는 반드시 원가의 몇 배이어야 한다는 기준도 없기 때문이다.

43. 어느 실업자의 일장춘몽

얼굴은 미남이요, 귀공자처럼 생겼으나 실은 실업자에 불과한 장춘풍이 하루는 무슨 맘을 먹었는지 최고급 호텔인 '로뗴호텔'에 들어갔다. 위풍당당하게 귀공자가 들어오므로 그 호텔의 종업원들은 그를 재벌 2세로 착각했다.

장춘풍은 일주일간 호텔에 머물면서 듣기만 했던 동서양의 최고급 진미 요리를 마음껏 즐겼다. 그런데 일주일 동안 하는 일 없이 오로지 식도락에만 빠져 있는 그를 종업원들이 수상하게 여기자 그 낌새를 알아챈 장춘풍은 비상용 계단을 통해 도망치다가 결국 붙잡히고 말았다.

자, 돈도 없이 일주일 동안 최고급 호텔에서 먹고 잔 행위도 죄가 되는가?

① 지금이라도 식대와 숙박료만 내면 된다. 따라서 아무런 죄가 되지 않는다.

② 식대와 숙박료를 지급할 의사나 능력이 없으면서도 있는 것처럼 속였으므로 사기죄가 된다.

③ 결과적으로 식대와 숙박료에 해당하는 금액을 부당 이득한 셈이므로 부당 이득죄가 된다.

사기죄에서의 기망 행위는 적극적으로도 할 수 있지만 소극적인 방법, 즉 부작위(不作爲)로도 할 수 있다. 이때 부작위는 상대방에게 어떤 사실을 알려야 할 의무가 있는 자가 그 사실을 알리지 않는 것을 말한다. 알려야 할 의무(고지 의무)는 법령, 계약, 관습에 의해서도 인정되고, 그 밖에 거래의 실정과 신의 성실의 원칙에 의해서도 인정된다.

그래서 판례에 의하면 질병을 숨기고 보험 계약을 체결하는 경우, 부동산을 팔면서 저당권이 설정된 사실을 숨긴 경우, 경매가 신청된 부동산을 팔거나 전세를 놓으면서 그 사실을 숨긴 경우에 부작위에 의한 사기죄가 된다고 보고 있다.

그러나 이와 같은 경우가 아닌 거래에 있어서 당사자가 자기의 영업 상태나 지급 능력을 진실하게 상대방에게 알려야 하는가에 대해서는 부정하고 있다. 왜냐하면 상대방의 신용 상태를 유의 확인해야 하는 것은 자신의 책임이기 때문이다.

부작위에 의한 사기와 관련해 음식점이나 숙박업소에 돈도 없이 또는 대금 지급 의사 없이 들어가 음식을 제공받거나 투숙하는 것(이를 '무전취식', '무전 숙박'이라고 한다)이 사기죄가 되는가가 문제다.

학자들의 통설적 견해는 부작위에 의한 사기죄가 된다고 한다. 그러나 음식을 주문하거나 투숙하는 행위 자체를 기망 행위로 보아야 한다는 견해도 있다. 어느 설이든 사기죄가 된다는 결론은 같다.

🔍 결론

무전취식, 무전 숙박 행위는 사기죄에 해당한다(경범죄 처벌법에서도 영업용 차 또는 배를 타거나 다른 사람이 파는 음식을 먹고 정당한 이유 없이 제값을 치르지 않는 무임승차, 무전취식을 처벌하고 있다).

44. 《동의보감》에서 이르기를

세상은 바야흐로 비만증 공포 시대!

비만을 다스리려면 '덜 먹고, 운동을 많이 해야 하거늘' 어디 그것이 말처럼 쉬운 노릇인가? 여기에 착안해 이름 그대로 배짱이 큰 배장근 씨가 칡뿌리를 이용해 비만 치료제를 개발했다. 이름하여 '감초 차(甘草茶).'

신문에 "한 달에 5킬로그램씩 체중이 빠지는 획기적인 비만 치료제, 국내 최초 개발 성공! 당신은 그저 마시기만 하면 됩니다"라고 대대적으로 광고를 퍼부어댔다.

비만인 사람들은 너도나도 감초 차를 사서 마셨으나 오히려 체중이 한 달에 5킬로그램씩 늘어버렸다. 그도 그럴 것이 《동의보감》에서 이르기를 "감초는 비위(脾胃)를 다스리고 위를 튼튼하게 한다" 했으니, 대식가들의 식욕이 더 왕성해질 수밖에….

과장 광고! 사기인가, 아닌가?

① 체중 증가 성분을 체중 감소 성분으로 오인하게 했으므로 사기다.

② 상거래의 통념상 어느 정도의 과장된 광고는 허용되므로 사기가 아니다.

③ 신체나 건강에 아무런 위해를 주지 않았으므로 사기가 아니다.

산업화 사회를 살아가는 우리들은 날이면 날마다 광고의 홍수 속에서 살 아간다고 해도 과언이 아니다. 특히 신문, 잡지, 방송 등 대중 매체의 발달로 이들에 의한 광고는 양적으로도 엄청나지만, 질적으로도 교묘해지고 있다.

예를 들면 '세계 최초, 첨단, 완전 해결, 만능, 무슨무슨 상에 빛나는…' 등 등의 문안으로 소비자를 현혹하려고 온갖 미사여구를 동원하고 있다. 한마 디로 과장 광고, 과대 광고인 셈이다.

그렇다면 과장·과대 광고는 형법상 사기 행위일까?

상거래에 있어서 어느 정도의 과장 광고나 선전은 관행으로서 사회적으로 허용된다고 보아 한계를 크게 넘지 않는 한 사기죄를 구성하지 않는다고 보 는 것이 일반적 견해다.

문제는 "어느 정도가 허용되는 한계인가"인데, 그 판단 기준은 상거래에 있어서 신의 성실의 원칙에 반하는가 아닌가에 따라야 한다는 것이 다수설 이다(신의 성실 원칙설). 판례도 이에 입각해 성능이 지극히 불량한 약품을 마치 특효약인 것처럼 그리고 바람잡이 고객을 동원해 선량한 소비자를 속 인 경우, 모방한 작품을 진품이라고 하거나 오랜 시대의 것인 양 가장한 경 우, 골동품의 출처를 속인 경우에는 사기죄를 인정했다.

그러나 중등품을 상등품으로 호칭한 경우, 물품의 원가를 실제 구입 가격 의 5할을 가산하여 호칭한 경우에는 이것이 거래상 중요하거나 핵심적 사항 이 아니므로 사기죄가 되지 않는다고 판시하고 있다.

♀ 결론

체중 증가 성분을 원재료로 한 식품을 체중 감소의 특효약이라고 과장 광고한 것은 신의 성실의 원칙에 비추어 상거래상 허용되는 것이라고 할 수 없다. 따라서 사기죄 에 해당된다고 본다.

45. 한우 갈비가 최고

"나는 세상에서 갈비가 최고로 맛있는 것 같아."

"나도 그래. 그런데 갈비는 역시 한우가 최고야."

"근데, 한우만 쓰는 유명한 갈빗집을 내가 아는데…."

"어디?"

그래서 부잣집 마나님들이 먹는 이야기를 하다가 한우 갈비만 쓰는 식당이 있다고 해서 당장 우르르 몰려갔다. 가보니 '천하제일의 우리갈빗집'에는 아예 "우리 식당은 강원도 한우 갈비만 사용합니다"라는 현수막이 내걸려 있었고 사람들이 바글바글 줄 서 있었다. 아, 그런데 1개월 뒤 경찰의 단속으로 그 식당의 갈비가 호주산인 것이 들통 나고 말았다(단, 그래도 갈비 맛은 일품이었다).

그 식당 주인은 한우 갈비의 공급이 부족해서 그랬다고 변명했다. 한우 갈비만 사용한다고 광고하고 수입산 갈비를 사용한 것은 사기죄인가?

① 당연히 사기죄가 된다.

② 영업에 있어서 그 정도의 과장 광고는 허용되므로 사기죄가 안 된다.

③ 공급은 달리고, 그렇다고 문 닫을 수는 없으므로, 일시적으로 그리한 것은 사기죄가 안 된다.

④ 갈비 원산지가 어떻든 맛만 있으면 된다. 사기죄가 아니다.

현대는 광고 시대. 그래서 광고 없으면 산업도, 영업도 없다. 그리고 영업 이나 상행위에서 어느 정도의 과장은 불가피하다.

생선 가게에서 손님이 "싱싱한 거냐"고 묻는데 "그렇지 않다"고 할 장사꾼 은 아무도 없다. 참기름이면 족한데 '순 참기름', '진짜 참기름'이라고 하는 것도 같은 맥락이다. 그러면 허용되는 과장 광고나 상술의 한계는 어디까지 인가?

우선 원조, 국내 최초, 세계 최초, 특효 등 과장되고 검증할 수 없는 수식어 의 사용은 과장 광고라고 의심해도 좋을 것이다.

문제는 이 과장 광고가 소비자를 기망하여 재산상 이득을 취하는 경우에 사기죄가 될 것인가이다.

소비자들이 수입 쇠고기의 안전성과 품질을 다소 불신하는 경향이 있음에 착안해 한우만을 취급하는 것으로 광고하고 수입산 갈비를 판매한 경우는 영업상, 상업상 용인될 수 있는 과장 광고의 정도를 넘는 일정의 허위 광고라 고 보아야 할 것이다.

이 사례에 딱 들어맞는 판례가 있다. 바로 대법원 1997년 9월 9일 97도 1561 사건에 대한 판결이 그것이다.

대법원은 그 외에도, 백화점 식품 매장에서 팔고 남은 생식품에 대하여 가 공일을 고친 바코드 라벨을 부착하여 판매한 경우, 오리와 동충하초·녹용 등의 재료를 혼합하여 제조한 제품을 성인병 치료에 특효라고 허위 선전하 여 판매한 경우에 각각 과장·허위 광고에 의한 사기죄 성립을 인정했다.

Q 결론

한우 갈비만 취급한다고 광고(표시)하고, 실제로는 수입산 갈비를 판매한 경우에는 허위 광고에 의해서 소비자를 속인 사기죄에 해당한다고 볼 수 있다.

46. 서비스 끝내줍니다

"돈이 많아야 부자가 아니고 사람을 많이 알아야 부자"라는 말이 있다. 마당발 씨가 바로 그렇다. 세 차례나 과거에 낙방한 그는 화류계에 빠져 버렸고, 그 덕에 한양에서 힘깨나 쓰는 주먹들은 모두 그의 친구다.

강남에 '피양룸살롱'이 개업했는데, 시설 좋고 술값 적당하고, 서비스 끝내준다는 소식을 들은 마당발은 아직도 글을 읽는 선비 동무들을 모조리 불러내어 그곳으로 행차했다. 진탕 마셔대고 문을 나서려는데 카운터에서 계산을 하잔다.

"야! 너희 람보 형님 알아?"

"알고 말고요."

람보는 유흥가에서는 공포의 사나이. "람보가 바로 내 형님이야. 람보 동생이 술값을 낸다면 람보 형님이 어떻게 생각하겠어."

이렇게 해서 마당발과 그 일행은 피양룸살롱을 그냥 나오게 되었다. 마당발의 죄를 논할지어다.

① 공갈을 해서 술값의 지불을 면했으므로 공갈죄가 된다.

② 제3자에 의한 해악을 고지하여 술집 주인을 공포에 떨게 하고 술값을 면했으므로 강도죄가 된다.

③ 술집에서 술값을 면제해주었으므로 아무런 죄가 되지 않는다.

사기죄가 '사람을 속여' 재물을 편취하는 범죄인 데 비하여, 공갈죄는 '사람을 겁주어' 그 목적을 달성하는 범죄라고 할 수 있다. 즉, 공갈죄는 사람을 공갈해 재산상 이익을 취득하는 재산 범죄다.

여기서 '공갈'이란 폭행·협박을 수단으로 하면서 일정한 해악을 고지하여 상대방이 겁을 먹게 하는 행위를 말한다.

행위 수단이 폭행·협박이라는 점에서 강도죄의 그것과 같으나, 공갈죄에서의 폭행·협박의 정도는 상대방의 반항을 완전히 불가능하게 할 정도는 아니다(반항의 완전 억압은 강도죄에 해당한다).

피해자를 기준으로 한다면 강도죄는 폭행·협박에 직면한 피해자가 의사 결정의 자유를 상실한 경우이나, 공갈죄는 겁을 먹은 상태에서 재물을 교부하고자 하는 의사 표시에 기한다는 점에서 차이가 있다.

예를 들면 상대방의 약점, 비밀과 같은 불리한 사실을 세상에 알리겠다고 협박하여 겁을 먹은 피해자로부터 요구대로 재물을 교부받은 경우가 공갈죄인 것이다.

행위자의 폭행·협박, 피해자의 겁(외포심), 피해자의 재물 교부 또는 재산상 이익의 제공, 행위자의 수령은 서로 인과 관계가 있어야 한다.

공갈을 당한 사람과 재산상 피해를 입은 사람은 대개는 같겠지만, 다르더라도 공갈죄는 성립한다. 또 공갈을 한 사람과 재물이나 재산상의 이익을 취한 사람도 반드시 같아야만 하는 것은 아니다. 제3자의 지위·위세를 이용해 암암리에 타인으로 하여금 겁을 먹게 하는 것도 분명히 공갈이다.

○ 결론

불량배와 친분이 있다면서 그 불량배를 통한 해악을 암시·공언하여 술값을 면한 행위도 공갈죄에 해당한다.

47. 심심한데 별수 있나요?

제주도에 단신으로 부임한 배비장은 너무 심심했다. 그 탓인지 그가 기생 아랑에게 푹 빠지기 전, 사실은 포커라는 노름에 빠졌다고 한다(?).

날이면 날마다 제주 유지들과 포커를 한다는 소문을 전해들은 제주 감영 관노 방쇠는 포졸복을 구입해서 포졸로 위장하고는 배비장의 뒤를 밟아 도박판을 덮쳤다. "꼼짝 마! 모두 도박 현행범으로 포도청에 연행하겠다." 배비장을 비롯한 노름꾼들은 그가 진짜 포졸인 줄로 알고 완전히 겁을 먹고는 갖고 있던 돈을 모두 내놓고 "한 번만 봐달라"고 애원했다.

방쇠가 이 돈을 쓸어 담고 사라진 것은 당연한 일. 이 일로 배비장은 노름에서 손을 떼고 기생 아랑과 사랑에 빠지게 됐다나 뭐라나.

그렇다면 도박판에서 판돈을 걷어 간 방쇠의 행위는 어떻게 보아야 할까?

① 경찰관을 사칭했으므로 공무원 자격 사칭죄가 성립된다.

② 경찰관이라고 속이고 재물을 편취했으므로 사기죄가 성립된다.

③ 경찰서로 연행한다고 겁을 주고 재물을 갈취했으므로 공갈죄가 성립된다.

④ 도박을 중단시킬 목적이었으므로 아무런 죄가 되지 않는다.

공갈죄는 대개 상대방의 약점을 이용하거나, 상대방에게 위해를 가할 것을 언어·문서·거동을 통하여 알리고, 이에 겁을 먹은 피해자로부터 재물이나 재산상 이익을 취하는 비열한 범죄다.

예를 들어 요구한 돈을 내놓지 않으면 탈세한 사실을 경찰이나 세무서에 알리겠다고 공갈한 경우, 피해자가 이 공갈에 반항할 수 없는 것은 아닐 것이다. 그러나 피해자는 겁먹은 상태에서 십중팔구 공갈 행위자와 협상(?)을 시도하거나 또는 요구대로 금품을 제공하게 되는데, 이때 피해자의 금품 제공의 의사 결정이 자유롭고 진지한 상태에서 이루어진 것은 아니기 때문에 행위자에게 공갈죄가 성립되는 것이다.

이 사건에서처럼 도박은 범죄다. 따라서 수사 기관에 적발되거나 목격자가 이를 수사 기관에 신고한다면 도박자들은 당연히 도박죄로 처벌받게 될 것이다.

이러한 약점을 이용해 "수사 기관에 신고하겠다"고 위협하는 행위, 또는 경찰관 복장으로 위장해 도박 현장에서 경찰서로 연행하는 행위 등은 완전한 공갈 행위인 것이다. 여기에 겁먹은 피해자(도박자)들이 도박죄 처벌을 면하려고 도박 현장의 돈을 제공하고, 공갈 행위자가 이를 수령하는 것은 전형적인 공갈죄가 된다(진짜 경찰관이 직무 수행의 의사 없이 이를 빙자하여 그러한 행위를 했다면 이 역시 공갈죄가 된다).

🔍 결론

도박자들의 약점을 이용하여 경찰에 신고 또는 연행하겠다고 겁을 주어 도박에 제공된 돈을 갈취하는 행위는 공갈죄에 해당한다.

48. 급한 김에 공금을 좀 썼소

우리나라 사람들처럼 단체를 조직하는 데 천재적인 민족도 없다고 한다. 글쎄, 성인들 중에 유치원 동창회를 만든 친구들도 있다니까 말이다. 한강대학교는 졸업생을 배출한 지 10년밖에 되지 않았는데, 태우전자에 재직 중인 동문들 20여 명이 동문회를 조직했다.

회비를 거두고 관리하는 '재무'는 회계학과 출신인 정산수 대리가 맡았고, 회비는 1인당 연 10만 원이었다.

그런데 어느 날 정 대리는 승용차를 사면서 돈 500만 원이 모자라자, 통장에 들어 있는 동문회 기금 중에서 일부를 몰래 인출해 유용했다. 그러고는 다음 달 월급과 상여금으로 탄 500만 원을 통장에 다시 넣었다. 물론 이 일은 아무도 모르고 있다.

나중에 반환할 의사로 공금을 일시에 개인 용도로 쓰는 행위는?

① 반환 의사 유무, 반환했는지 여부에 관계없이 횡령죄가 된다.

② 반환할 의사가 있었고, 또 실제로 반환했으며, 동문회에 손해를 끼치지 않았으므로 아무런 죄가 되지 않는다.

③ 동문회의 재무 책임자가 공금을 개인 용도에 소비하는 행위는 절도죄가 된다.

　다른 사람의 부탁으로 그 사람의 재물을 잠시 보관하고 있는 사람이 이것을 다른 데에 처분하거나 돌려주지 않는다면 이는 무슨 죄일까? 형법은 이것을 '횡령죄'라고 한다.

　횡령죄는 '타인의 재산을 보관하는 자가 그 재물을 가로채거나(횡령), 반환을 거부하는 것'을 말한다. 재산 범죄이면서 임무 위배라는 배신적 성격이 가미된 범죄로서 우리 사회에서 아주 흔하게 발생하는 유형의 범죄다.

　행위자가 타인의 재산을 보관하는 관계는 타인의 '위탁'에 의해서 이루어지는데, 이 위탁은 계약일 수도 있고, 관습·법령에 의한 것일 수도 있다.

　횡령죄의 행위는 '횡령'과 '반환 거부'다. 횡령이란 보관과 반환의 임무에 반하여 불법 영득 의사로서 가로채는 것이다. 구체적으로는 보관자가 소비·착복·은닉·휴대하고 도주·처분·대여·교환·담보의 제공 등의 행위로 위탁자의 반환 청구를 불가능 또는 현저히 곤란하게 하여 재산상 손해를 가하는 것이다.

　보관하게 된 '재물'은 금전·물건 등 동산은 물론이고 부동산도 포함된다. 그러므로 다른 사람의 부탁으로 소유권 이전 등기를 받은 사람이 이것을 처분하면 부동산을 횡령한 것으로 보게 된다.

　그러면 횡령 행위자가 나중에 이것을 반환 또는 변상하거나 충당할 의사를 갖고 처분한 경우에는 어떻게 될까?

　판례는 그런 의사가 있어도 횡령죄가 된다고 보고 있다. 처분·소비 등 횡령 당시에 보관물을 소유자처럼 처분하려는 불법 영득 의사가 있기 때문이다.

ℚ 결론

타인의 부탁으로 보관 중인 물건을 처분한 경우에 설사 나중에 반환·변상·충당의 의사가 있었더라도 횡령죄가 되는 것은 마찬가지다.

49. 떡 본 놈이 임자다

　백성들이 대책 없이 꾸역꾸역 한양으로 몰려듦에 따라 인구가 폭발할 지경에 이르렀다. 그러자 조정에서는 인구 분산을 유도하기 위해 종로 한가운데 위치한 포도청을 변두리로 이전하는 문제를 검토하게 되었다.

　이 정보를 입수한 '제일기와집 건설회사'의 신폭리 사장은 포도청 부지를 불하받아 사옥도 짓고, 서양에서 유행한다는 아파트란 걸 지어, 분양할 목적으로 포도청 기밀 담당 윤몰래 포교에게 접근했다.

　그런데 이 일의 칼자루는 당시 조정의 실세인 포도청장이 쥐고 있었으므로 신 사장은 윤 포교에게 포도청장을 구워삶는 뇌물로 2만 냥을 전했다. 난생처음 거금을 보관하게 된 윤 포교는 그만 욕심이 발동해 이 뇌물을 갖고 탐라국으로 도망쳤다가 일주일 만에 한양으로 압송되었다.

　이 일로 온 나라 안이 시끌벅적했다더라. 좌우간 포도청 기밀 담당 윤 포교의 죄는 어떠한고?

① 아무리 뇌물이라도 포도청장에게 전해야 하고, 그럴 목적으로 보관 중인 뇌물을 가로챈 것은 역시 횡령죄가 된다.

② 뇌물은 불법적인 것이므로, 불법한 원인으로 보관하게 된 재물은 가로채도 횡령죄가 되지 않는다.

③ 뇌물을 최종적으로 받게 될 포도청장이 이를 문제 삼느냐 아니냐에 달려 있다.

횡령죄는 자기가 보관하는 타인의 재물을 가로채는 범죄다. '보관의 경위'
는 타인의 위탁에 의한 것이고, 그 위탁 관계는 법령·계약·관습·사무 관리
등 다양하다. 위탁 관계가 설정되면 위탁자는 언제고 보관자에 대해 보관 중
인 물건의 반환을 청구할 수 있는데, 횡령죄는 결국 보관자가 이를 횡령(소
비·처분·반환 거부 등)하여 위탁자가 재산상 손해를 보게 되는 것을 처벌하
는 범죄인 것이다.

그렇다면 애당초 위탁 관계가 불법하여, 위탁자가 '법률상으로는' 반환 청
구를 할 수 없을 때 보관자가 이를 가로챈 경우에도 횡령죄가 되는 것일까?

예를 들면 갑이 병이라는 공무원에게 뇌물을 전해달라고 하면서 을에게
부탁하여 을이 이를 일시 보관하게 되었는데 을이 이를 가로챈 경우, 또는 절
도범으로부터 훔친 물건(장물)을 팔아달라는 부탁을 받고 이를 팔아준 사람
이 그 판매 대금을 가로챈 경우에 횡령죄가 성립하는가 하는 것이다.

이것을 긍정하는 학설도 있으나, 부정설이 다수설이고 판례의 입장도 같
다. 그 이유는 불법한 원인으로 보관시킨 물건에 대해서 위탁자는 민법상 반
환 청구권이 없고 보관자도 민법상 반환 의무가 없다는 데 근거를 두고 있다.

횡령죄에서 말하는 '타인의 재물'은 보관자에게 반환 청구가 법률상 가능
한 적법한 보관물을 의미한다고 해석해야 하므로 부정설이 타당하다. 그렇
다고 해서 이 경우 횡령자의 횡령 행위가 도덕적으로도 정당하다는 의미는
아니다. 이러한 결론은 전적으로 법률의 논리에서 도출된 것으로 이해되어
야 한다.

○ 결론

불법한 원인으로 보관시킨 물건은 보관자가 횡령한다고 하더라도 횡령죄로 다스릴
수 없다.

50. 양심(良心)인가, 양심(兩心)인가

하느님의 피조물인 사람은 어쩌면 모순에 찬 존재인지도 모른다. 양심(良心)이란 것도 거기에 순종할 때에는 천사와 같이 빛나지만, 외면할 때에는 악마로 전락한다.

회사 택시 기사인 조막동 씨의 경우가 그랬다. 어느 날 점잖은 신사 손님이 내린 뒤 청소를 하려고 보니 뒷좌석에 가방 하나가 있었다. 열어보니, 현금 5,000만 원이 들어 있는 것 아닌가?

순간 조막동 씨의 양심 속에서는 천사와 악마가 격렬히 투쟁했다. 천사는 호소했다. "잃어버린 사람을 생각해서 돌려줘라"라고. 다음 순간 악마는 속삭였다. "횡재니까 가져도 좋다"고. 개인택시를 굴리는 것이 소원이었던 조막동 씨는 일주일간이나 고민하다가 악마와 손을 잡았다. 그 돈으로 소원을 푼 것이다. 조막동 씨의 행위는?

① 분실물은 신고한 뒤 주인이 나타나지 않으면 발견자가 갖도록 되어 있다. 어차피 갖게 될 것이었으므로 법적 책임을 물을 수 없다.

② 분실물을 돌려주지 않거나 신고하지 않으면 횡령죄가 된다.

③ 분실했다고 해서 주인이 점유를 잃은 것은 아니다. 따라서 절도죄가 된다.

사람에게는 다른 동물들과 달리 '건망증'이라는 것이 있어서 물건을 잃어버리는 경우가 많다. 이렇게 잃어버린 물건을 법률에서는 '점유 이탈물'이라고 하고, 이것을 주운 사람이 주인에게 돌려주지 않고 갖게 될 때에는 범죄로 규정해 다스린다. 이것이 바로 점유 이탈물 횡령죄다.

이 죄의 대상은 점유 이탈물 외에도 유실물, 표류물, 매장물도 포함된다. '점유 이탈물'이란 예컨대 잘못 배달된 우편물, 바람에 날려 자기 집에 떨어진 세탁물과 같이 우연히 점유자의 점유에서 이탈된 물건을 말한다.

'유실물'이란 점유자의 의사에 의하지 않고 점유를 잃은 물건이다. 예를 들면 식당에서 우연히 바꾸어 신은 신발, 타인이 놓고 간 물건, 교통수단 속에 놓고 내린 물건 등이다.

'표류물'이란 문자 그대로 바다나 강, 하천에 떠서 흐르는 물건이고, '매장물'이란 땅속에 묻혀 있어 누구의 소유인지 모르는 물건을 말한다.

이러한 점유 이탈물 등을 불법 영득 의사를 갖고 사실상 자기의 지배하에 두면 점유 이탈물 횡령죄가 성립하게 된다. 처음부터 영득 의사로 습득한 경우는 물론이고, 우연히 자기 손에 들어온 물건이라도 영득 의사가 생겨 지배를 시작한 경우에는 시작된 때부터 죄가 된다.

이 죄의 형벌은 비교적 가볍다고 할 수 있다. 즉 법정형은 1년 이하의 징역이나 300만 원 이하의 벌금이다.

⚲ 결론

택시 승객이 택시 안에 두고 내린 물건은 전형적인 점유 이탈물로서 유실물이다. 이를 주인에게 돌려주거나 경찰에게 신고하지 않고 소비한 행위는 점유 이탈물 횡령죄에 해당한다.

51. 하와이 여행은 촌스러워

해외여행이 자유화된 뒤 너도나도 비행기를 타는 바람에 우리나라 무역 외 수지가 적자라고 한다.

놀부의 사촌 여동생인 연놀순이 해외여행 붐에 편승해 동네 가정주부들을 모아 '하와이 여행 계'를 조직했다.

매월 10만 원씩 내고 추첨된 사람은 부부 동반으로 하와이 여행을 갈 수 있다고 선전하는 바람에 너도나도 가입을 신청했으나, 엄격한 심사(?) 끝에 그 인원을 열두 명으로 제한했다.

처음에는 잘나갔지만 6개월 만에 계가 깨졌다. 연놀순 부부가 계원들이 낸 불입금을 갖고 한 달간 유럽 여행을 다녀오는 바람에 곗돈이 바닥난 것이다. 자, 연놀순의 책임은 무엇인가?

① 불입금을 횡령한 것이 된다.

② 그 달 추첨되어 불입금을 받아야 할 계원에게 돈을 지급하지 않았으므로 배임죄가 된다.

③ 계가 깨졌으므로 곗돈을 반환해야 할 민사상의 책임이 있을 뿐이다.

"세상에 믿을 놈 없다"라는 자조적인 말이 유행한 적도 있지만, 사람 사는 사회의 기초는 역시 서로에 대한 신뢰일 것이다. 그런데 이런 신뢰를 깨는 배신행위가 도덕의 비난을 넘어 범죄가 되는 경우도 허다하다. 바로 배임죄가 그것이다.

배임죄는 '타인의 사무를 처리하는 자가 그 임무에 위배하여 재산상 이익을 취하거나 제3자로 하여금 취득하게 하여 타인에게 손해를 가하는 범죄'다. 그 본질은 '타인의 사무를 처리하는 자'의 배신이다.

타인의 사무를 처리하게 되는 원인은 법령(예컨대 친권자·후견인·법인의 대표자), 계약(예컨대 위임·고용), 관습, 사무 관리 등 다양하다. 여기서 '사무'는 재산상의 사무에 국한된다. 예컨대 의사가 환자를 치료하는 사무는 재산상의 사무가 아니므로 설사 치료를 잘못하더라도 배임죄가 되는 것은 아니다.

그러면 이러한 위치에 있는 자의 어떠한 행위가 '배임 행위'일까?

그것은 사무의 성질과 내용, 행위 시의 상황 등을 고려해 통상의 정상적인 업무 집행의 범위를 넘느냐에 따라 판단할 수밖에 없다. 권한 남용, 법률상의 의무 위반은 배임 행위가 된다.

이러한 배임 행위로 인해 피해자에게 재산상의 손해가 발생했거나 또는 손해 발생의 가능성이 있어야만 한다.

🔍 결론

계주의 책임은 계원들로부터 불입금을 받아 이를 탈 자격이 있는 계원에게 곗돈을 지급하는 것이다. 그러므로 계주는 이러한 사무를 처리하는 자이고 계원들이 불입한 곗돈을 자기가 소비하는 행위는 배신행위이므로 배임죄가 된다(다만 계원의 전부 또는 일부가 불입금을 내놓지 않아 결과적으로 계가 깨진 경우에는 배임죄로 볼 수 없다).

52. 설마가 사람 잡는다

옛날에도 오늘날의 은행과 같은 금융 기관이 있었는지 모르지만 편의상 있었다고 치자. 요사이 한양은행의 은행장은 심각한 고민에 빠져 있다. 한봉건설이 10만 냥의 융자를 신청했는데, 융자를 해주자니 부실기업이라 융자를 회수할 전망이 없고, 안 해주자니 자기의 자리가 불안하다. 한봉건설의 사장이 바로 영의정 대감의 처남이기 때문이다.

고민하던 은행장은 "설마 내 임기 중에 한봉건설이 도산하지는 않겠지" 하면서 융자를 허가했다. 그러나 그 후 한봉건설은 분탕지구 집단 기와집촌의 분양이 저조하여 도산하고 말았다. 한양은행이 융자금을 회수하지 못한 것은 당연하다.

은행장에게 어떤 책임이 있는가?

① 융자금을 회수할 전망이 없는 부실기업에 융자해준 것은 업무상 배임이 된다.

② 융자를 받은 건설 회사가 불경기로 도산한 데 대해 은행장이 형사 책임을 져야 할 이유는 없다.

③ 영의정이라는 권력자의 실질적인 압력에 의한 융자이므로 영의정이 책임져야 한다.

'타인의 사무를 처리하는 관계'는 일회적인 것도 있지만, 그것을 사회생활 속에서 계속적 또는 반복적으로 행하는 경우, 즉 업무로 하는 경우도 아주 많다. 은행원의 업무가 전형적인 사례다.

업무상 배임죄는 타인의 사무 처리를 업무로 하는 자의 임무 위배 행위를 처벌하는 범죄다. 단순 배임죄에 비해 업무상 배임죄는 형을 가중하고 있는데, 그것은 타인의 사무 처리를 업무로 하는 자에 대한 사회적 신뢰가 높기 때문에 이러한 자의 배임 행위를 가중 처벌하고 있는 것이다.

업무상 배임죄가 성립하는 사례를 판례에 비추어본다면, 각종 자재의 납품 시 이를 검사하는 업무를 담당하는 공무원이 다른 물품 또는 불량품의 납품을 알면서도 합격 판정을 하여 국가로 하여금 대금을 지급하도록 한 경우, 회사의 직원이 이사회의 결의 없이 또는 담보도 확보하지 않고 지급 보증을 한 경우, 회사의 대표 이사가 이사회의 승인 없이 다른 사람이 돈을 빌리는데 회사 명의로 보증을 서준 경우 등을 들 수 있다.

주의할 것은 배임죄나 업무상 배임죄 모두 그 임무 위배 행위로 인해 사무 처리의 위탁자에게 재산상 손해를 가함으로써 성립하지만, 이때 현실적으로 손해가 발생되었어야만 하는 것은 아니고, 손해 발생의 가능성이 있거나 우려가 있는 경우에도 성립한다는 사실이다.

Q 결론

은행원(은행장도 은행원이다)이 대출 업무를 수행하면서 채무자가 재력이 부실하여 대출금을 갚을 가능성이 없거나 도산하리라는 것을 알면서도 대출을 해준 경우, 또는 아무런 담보도 확보하지 않고 대출해준 경우에는 업무상 배임죄가 성립한다. 배임 행위가 성립한 후에 담보를 취득하거나 대출금의 회수 가능성이 있었다고 하더라도 결론은 같다(1983. 3. 8. 대법원 판결, 이른바 '장영자 사건' 판결).

53. 앨범 속의 수표, 난 몰라요

'만능방송국'의 연예 담당 최주봉 프로듀서는 〈노래만이 살길이다〉라는 프로그램을 연출하고 있다. 그에게는 가수를 꿈꾸는 신인들은 물론 가수 매니저들의 청탁이 그치질 않는다.

어느 날 안면이 있는 가수 매니저 오돈만이 찾아와 앨범 한 장을 내놓았다. 물론 그 앨범 속에는 100만 원짜리 수표 한 장이 들어 있었다.

가수 지망생 신심이 취입한 것인데, 제법 쓸 만했고 〈난 몰라요〉라는 노래가 맘에 들었다. 그래서 받은 돈도 있고 해서 신인 가수 신심을 시험 삼아 그의 프로그램에 출현시켰더니 청소년들로부터 폭발적인 인기를 불러 모았다.

말하자면 최주봉 씨는 스타를 발굴한 셈이다. 그렇다면 앨범 속 수표를 받은 행위는 어떻게 평가해야 하나?

① 방송국에 손해를 끼친 것도 아니고, 또 스타를 발굴했으므로 아무런 죄가 되지 않는다.

② 돈을 받고 가수를 프로그램에 출연시키는 것은 뇌물죄가 된다.

③ 가수를 출연시켜달라는 명시적인 청탁에 따른 것이 아니고, 직무와 권한에 의해 출연시킨 것이므로 배임죄가 되지 않는다.

④ 타인의 사무를 처리하는 자가 부정한 청탁을 받고 재물을 취득한 것에 해당되어 배임 수재죄가 된다.

공무원이 뇌물을 받으면 물론 뇌물 수수죄가 되지만, 공무원이 아니면서 '타인의 사무를 처리하는 자'가 그 임무 수행과 관련해 부정한 청탁을 받고 재물 또는 재산상 이익을 취득하는 경우에도 형법은 범죄로 처벌하고 있다. 이것이 배임 수재죄다. 이는 사무 처리의 공정성, 사무 처리자의 청렴성 그리고 타인의 재산권을 보호하기 위해서다.

여기서 '임무에 관하여'라고 할 때의 '임무'란 위탁된 사무, 소관 사무, 나아가 이러한 사무와 관련 있는 사무를 말한다.

예를 들어 학생들에게 제공될 참고서를 지정, 납품하는 업무는 교사의 임무는 아니지만 관련된 임무로 볼 수 있다. 따라서 사립 학교의 교사가 특정 참고서 제작 업자의 부정한 청탁을 받고 금품을 받으면 역시 배임 수재죄가 된다.

'부정한 청탁'이란 위탁된 사무, 소관 사무를 처리함에 있어서 사회 통념상 그리고 신의 성실의 원칙상 정당화시켜줄 수 없는 부당한 내용의 청탁을 말한다.

그리고 부정한 청탁을 받고 명시적 또는 묵시적으로 이를 승낙하고 금품을 받은 경우에 죄가 성립되고, 금품을 받기로 약속하거나 요구한 때에는 미수범이 될 것이다. 이러한 행위가 타인, 즉 본인에 대한 배신행위가 되어 본인에게 손해를 발생시킨 경우에는 (업무상) 배임죄가 되기도 한다. '주는 자'는 배임 증재죄(背任財贈罪)가 된다.

Q 결론

방송사의 피디가 가수의 매니저로부터 특정 가수의 출연 청탁을 받고 금품을 수수하면 배임 수재죄가 된다. 그러나 그런 청탁이나 금품 수수와 관계없이 프로듀서의 판단에 따라 특정 가수를 발굴하는 것은 범죄가 아닌 고유의 업무 수행인 것이다.

54. 요즘은 애들도 자가용 끌고 다니는 세상인지라

예전 우리 조상들은 삼복더위가 찾아와도 시원한 나무 그늘을 찾거나 부채질이 고작이었다. 그러나 요즘에는 요란한 여름 바캉스를 꼭 가야만 하는 것으로 인식하고 있으니, 열아홉 살 최태발 군도 그러했다.

삼촌 차를 빌려서 친구들과 전국 일주 자동차 여행을 떠난 것은 좋았으나 수중에 돈이 떨어지자 그는 차를 팔아버렸다.

차를 산 사람은 그들이 머물고 있던 여관의 주인인데, 청소년들이 차를 팔자 과연 이 차의 주인이 누구일까 하고 잠시 의심은 했으나 요새는 돈 많은 부모들이 자식들에게 자가용을 사주는 일도 없지 않았으므로 곧 의심을 풀어버렸다.

최태발 군은 결국 빌린 삼촌의 차를 처분함으로써 '횡령'을 한 셈인데, 산 사람에게는 장물 취득죄가 성립할까?

① 성립한다. 살 때 의심했었으므로.
② 성립한다. 결정적으로 장물을 샀으므로.
③ 성립하지 않는다. 장물인 줄 확실히 몰랐으므로.

절도나 강도가 근절되지 않는 이유 중에 하나는 바로 이들의 배후에서 훔치거나 뺏은 물건을 사주는 이른바 '장물아비'가 존재하기 때문이다. 따라서 도범(盜犯)과 장물아비는 악어와 악어새의 관계처럼 공존 공생하는 것이라고 할 수 있다.

서양의 법 격언 중에는 "장물범은 도범의 보호자이며 도범보다 더 사악하다"라는 말도 있다. 장물죄는 절도·강도·사기·공갈·횡령·배임 등 이른바 재산 범죄에 있어서 범죄인이 취득한 재물, 즉 '장물'을 취득하거나 양도하거나 또는 운반·보관·알선하는 행위다.

이러한 행위를 모두 처벌하는 법률적 이유(본질)에 대해서는 피해자의 반환 청구나 회복을 곤란하게 하기 때문이라는 설(추구권설), 재산 범죄를 범한 자가 저지른 위법한 재산 침해 상태를 장물범이 유지·존속시키고 있기 때문이라는 설(유지설), 재산 범죄인이 얻은 이익을 공유하고 있기 때문이라는 설(공범설) 등이 있는데, 추구권설이 다수설과 판례의 입장이라고 할 수 있다.

장물죄가 성립하기 위해서는 그 물건이 당연히 장물이라는 사실을 알고 있어야 한다. 이 인식은 미필적 인식으로도 족하다. 취득·양도·운반·보관·알선 행위 당시에 장물이라는 사실에 대한 인식만 있으면 성립되고, 어떤 재산 범죄(절도냐 강도냐)인지, 도범이 누구이며 또 피해자가 누구인지, 도범의 일시와 장소 등 구체적 사항까지 알 필요는 없다.

🔍 결론

빌린 삼촌의 차를 매각하는 행위는 말하자면 횡령인 셈이다. 이를 산 여관 주인은 결국 횡령범으로부터 장물을 취득한 셈인데, 문제의 핵심은 장물이라는 인식이 있었느냐 하는 것이다. "다소 의심했다"라는 것만으로는 이러한 인식이 있었다고 볼 수는 없다. 왜냐하면 요즘은 '애들'도 자가용을 모는 시대이므로.

55. 왕 서방은 억울하다

　임꺽정이 황해도 구월산에 진을 치고 기호(幾湖) 일대의 부호들 집만 골라 터는데, 훔친 재물은 가난한 자들에게 골고루 나누어주므로 신고하는 이가 없어 오래도록 잡히는 일이 없었다.

　어느 날은 청나라와 무역을 하여 돈을 왕창 벌면서도 인색하기 그지없는 왕 서방의 집을 털었다. 그 집에는 돈은 없는 대신 때마침 창고에 청나라제 비단이 가득했으므로, 이를 털어 동대문시장에 내다가 판 돈으로 빈민을 구제했다.

　여기서 생각해보자. 비단을 팔아 얻은 돈도 '장물'인가? (만약 장물이라면 피해자인 왕 서방이 소지인에게 반환을 청구할 수 있음은 물론이다.)

① 그렇지 않다. 장물을 처분하여 얻은 대가는 장물로 볼 수 없다.

② 그렇다. 처분의 대가를 도범이 그 수중에 보관하고 있을 때까지는 장물로 보아야 한다.

③ 그렇다. 장물의 처분 대가는 장물과 동일성이 있다.

장물죄에 있어서 핵심의 하나는 무엇을 '장물'이라고 볼 것인가에 있다. 우리나라 학자들의 다수설과 판례는 장물의 개념을 '재산 범죄에 의하여 불법하게 취득한 물건 그 자체, 또는 그것과 동일성이 인정되는 것'이라고 정의하고 있다.

형법상 재산 범죄는 절도, 강도, 사기, 공갈, 횡령, 배임이므로 이들 범행에 의해 행위자가 취득한 물건은 장물이다. 그러나 그 후 장물은 여러 단계에 걸쳐 유통되면서 장물성을 상실해간다. 예를 들면 장물인 줄 모르고 매수한 경우, 제3자는 선의 취득으로 소유권을 취득한다(다만 피해자는 이 경우에도 민법 제250조에 의해 소지인에 대해 2년간은 반환 청구가 가능하다).

다음, 장물의 원형이 변경되어 동일성을 잃으면 장물성이 상실된다. 절취한 비밀문서, 입시 문제, 영화 필름, 녹음테이프 등을 복사한 경우 '복사물'은 장물은 아니라고 본다.

장물의 '대체물'도 장물성이 상실된다. 예컨대 훔친 물건을 팔아서 취득한 현금은 장물이 아니다. 다만 이 경우에도 훔친 외화(外貨)를 우리 돈으로 바꾼 경우 원화는 장물성을 잃은 것은 아니라고 본다.

그런데 훔친 수표를 현금으로 바꾼 경우, 또는 훔친 예금 통장으로 현금을 인출한 경우 그 현금을 장물로 볼 것인가에 대해서는 학자들 간에 견해가 대립된다. 다수설과 판례는 동일성이 있다고 보아 장물성을 인정하고 있다.

결국 장물 그 자체나 동일성이 있는 대체물은 피해자가 반환을 청구할 수 있고 수사 기관은 이를 압수할 수 있다.

결론

장물을 팔아서 취득한 대금(현금)은 장물이 아니다. 따라서 이를 취득하더라도 장물 취득죄는 성립하지 않는다. 한편 피해자도 그 현금의 반환 청구는 불가능하다.

56. 왜 남의 땅에 농사를 하오?

토지는 유한하고 확대 재생이 불가능하다. 그래서 토지 투기를 막자고 토지 공개념 제도가 생겨났지만, 옹고집은 아직도 "뭐니 뭐니 해도 땅이 최상의 투자 대상이다"라고 믿고 토지 투기를 일삼았다.

이렇게 해서 그는 한양의 강남에도 토지 1,000평을 사두었는데, 그 근처 아파트에 사는 최 노인이 몇 년째 땅이 방치되어 있는 것을 보고 심심파적으로 호박과 고추를 심었다. 물론 주인의 승낙을 얻은 바는 없다.

이 사실을 옹고집이 어떻게 알고는 "왜 남의 땅에 허락도 없이 농사를 짓느냐?"며 포클레인으로 밭을 모두 갈아엎었다. 땅 주인 옹고집의 행위도 죄가 되는가?

① 아무 죄가 되지 않는다. 땅 주인은 원상회복 조치를 할 수 있다.

② 최 노인의 농작물을 망쳤으므로 업무 방해죄가 된다.

③ 최 노인의 농작물을 못 쓰게 했으므로 손괴죄가 된다.

재산죄의 행위 형태는 훔치고, 뺏고, 속이고, 가로채고, 배신하는 것 외에 부수거나 숨기거나 하는 것도 포함된다. 이처럼 타인의 재물이나 문서를 손괴 은닉, 기타의 방법으로 못 쓰게 하는 형태의 재산 범죄를 '손괴죄'라고 한다.

그런데 손괴죄가 절도죄, 강도죄 등과 같은 재산 범죄와 다른 점은 자기가 소유자를 배제하고 사용·처분하려는 의사, 즉 소위 불법 영득 의사가 없다는 점이다. 손괴죄의 대상은 '타인의 재물이나 문서'다. 부동산도 당연히 포함되고 동물도 당연히 대상이 된다. 손괴죄에서의 행위는 손괴, 은닉, 기타 방법으로 효용을 해하는 것이다.

'손괴'란 부수거나 깨거나 찢는 등의 방법으로 물건이나 문서의 본래 이용 가치, 효용성을 해하여 못 쓰게 하는 것이다. 설사 수리하거나 원상회복시킬 수 있어도 손괴에 해당한다. 예를 들어 자동차 타이어의 바람을 빼버리는 행위도 손괴다.

'은닉'이란 물건의 소재를 알 수 없게 감추거나 숨겨 결국 그 물건을 사용할 수 없게 하는 것이다.

'기타의 방법으로 효용을 해한다'는 것은 예를 들면 음식물이나 식기에 오물을 투척하거나 방뇨하는 것, 양어장에서 사육 중인 양어를 방류하는 것, 새장 안의 새를 풀어놓는 것, 남의 그림에 낙서하는 것이다.

재물 손괴죄도 재산 범죄지만, 이른바 친족상도례의 규정이 없다.

🔍 결론

손괴죄에 있어서 대상이 되는 재물이나 문서는 타인의 소유물이면 성립되고, 누가 이를 점유하고 있는가는 문제되지 않는다. 따라서 자기 소유의 토지에 다른 사람이 승낙 없이(권한 없이) 경작하고 있는 농작물도 타인의 소유이므로 그 농작물을 못 쓰게 하면 재물 손괴죄가 된다(1969. 2. 18, 1970. 3. 10. 대법원 판결).

57. 이웃사촌끼리 담 하나 가지고

정수동과 정만서는 서로 이웃해 살면서 피를 나눈 형제보다 더 가깝게 지냈다.

두 집 간의 경계는 반듯하지 않고 다소 구불구불했지만, 두 사람은 그 구불구불한 선을 따라 싸리나무를 심어 담 아닌 담을 치고 수십 년을 살아왔다. 그런데 정수동이 살던 집을 팔고 서울로 이사를 가면서 문제가 생겼다.

이 집을 산 최훈장이 초가집을 헐고 현대식 양옥을 지으면서 싸리나무도 모조리 뽑아버리고 그 위에 벽돌담까지 쌓은 것이다. 이로 인해 두 집의 종전 경계는 식별할 도리가 없어지고, 경계를 둘러싼 분쟁이 생겼다.

최훈장의 행위는 정당한가? 단, 지금으로썬 정확한 경계는 측량을 해 보아야만 한다.

① 토지의 경계는 측량을 해야 알 수 있으므로 아무 죄가 되지 않는다.

② 측량한 결과, 신축한 벽돌담이 정만서의 토지를 넘어갔으면 경계 침범죄가 된다.

③ 종전의 경계물(싸리나무)을 제거했으므로 경계 침범죄가 된다.

사람의 눈이란 부정확하기 짝이 없어서 사람들은 토지의 경계를 확실히 하기 위해 나무나 기둥을 세우거나 줄을 설치하는 등 갖가지 방법을 모색해 왔다.

물론 오늘날에는 정확한 토지의 경계가 지적법에 의해 전국의 토지별로 측량되어 있으며 지적도라는 공부가 행정 관청에 비치되어 있고, 실제로 경계를 둘러싼 분쟁이 있을 경우에는 측량을 해보게 된다.

그러나 사회적으로 종전부터 존재해왔던 경계의 표시물도 그런대로 경계의 구분이라는 기능을 수행한다고 할 수 있다. 때문에 이러한 경계의 표시물을 훼손하여 표시나 구분에 혼란과 장애를 주는 행위는 경계 침범죄라고 하여 처벌되는 것이다. 즉 경계의 표시물[界標]을 손괴, 이동, 제거해 토지의 경계를 인식할 수 없게 하는 행위가 바로 경계 침범죄다.

이 죄는 토지 권리자의 지적도 상의 경계를 침범하는 것을 처벌하는 것이 아니고, 권리자의 법적인 경계야 어찌 되었든 사실상 존재해왔던 경계의 표시를 훼손하는 것을 처벌하는 것이다.

판례도 '기존의 경계가 현실의 권리 상태와 맞지 않는다는 이유로 어느 한쪽 당사자가 기존 경계를 무시하고 일방적으로 경계 측량을 하기 위해 기존의 경계 표시를 훼손한 경우'에 경계 침범죄에 해당한다고 하고 있다(1986. 12. 9. 대법원 판결).

경계의 표시물은 인위적으로 설치된 것이든, 자연적으로 존재하던 것이든 묻지 않는다고 해석하고 있다.

🔍 결론

싸리나무 담장도 경계의 표시물이다. 그러므로 종전부터 존재해온 싸리나무를 뽑아버려 기존의 경계 표시를 인식할 수 없게 한 행위는 경계 침범죄가 된다.

58. 아내가 무서웠던 새신랑

김동걸 대리가 미녀를 아내로 맞았다.

신혼여행을 다녀와 직장에 첫 출근을 하던 날, "한턱내라"는 동료들의 성화에 못 이겨 퇴근길에 한잔 사게 되었다. 단골 술집 '삼수갑산'에 가서 동료들과 함께 코가 비뚤어지게 마셨는데, 계산하려고 보니 술값이 모자라 결혼 예물 시계를 맡겼다.

아내가 시계의 행방을 날카롭게 추궁하자, "사무실 서랍에 넣어두었는데 깜박했다"고 둘러대어 그날 밤 위기는 모면했다.

이튿날, 월급날은 아직도 멀었고 아내의 바가지가 무서워 그 술집에 사정을 해보러 갔던 그는 카운터에 잠시 사람이 없는 틈을 타 자기 시계를 찾아왔다. 이러한 행위도 죄가 되는가?

① 절도죄가 된다.

② 권리 행사 방해죄가 된다.

③ 위계에 의한 업무 방해죄가 된다.

④ 나중에 양해를 얻고 외상값을 갚으면 된다.

권리 행사 방해죄(權利行使妨害罪)

절도, 강도 등의 재산 범죄는 '타인'의 재물이나 재산을 침해하는 범죄다.

그런데 '자기의 물건'에 대해서도 범죄가 성립한다. 즉 '타인의 점유에 속하거나 권리의 목적이 된 자기의 물건에 대해 은닉·손괴하는 방법으로 권리자의 권리 행사를 방해'하면 권리 행사 방해죄가 성립된다.

왜냐하면 현대 사회에서는 자기의 물건을 타인에게 담보물로 제공하거나 빌려주어 이 물건을 다른 사람이 점유하거나 그 물건에 대한 권리를 갖게 되는 경우가 비일비재하기 때문이다. 아무리 소유주라고 할지라고 타인이 점유하거나 권리를 갖는 물건에 대한 방해 행위를 한 경우에는 이를 처벌할 필요가 있다.

권리 행사 방해죄의 행위는 타인이 점유하거나 질권·저당권·유치권·지상권·지역권·전세권·임차권의 목적이 되어 있는 자기의 물건을 취거·은닉·손괴하는 것이다.

'취거(取去)'란 권리자의 적법한 점유를 그 의사에 반하여 자기나 제3자의 점유로 옮기는 것을 말한다. '은닉'이란 물건의 소재 발견을 불가능하게 하거나 현저히 곤란하게 하는 것, 즉 숨기거나 감추는 것을 말한다. '손괴'란 물건 그 자체를 파손하는 것은 물론이고 용도대로 못 쓰게 하는 것을 포함한다.

이러한 행위로 타인의 권리 행사를 방해해야 하는데, 현실적으로 방해되어야 하는 것은 물론이고 방해될 우려가 있는 상태가 발생해도 권리 행사 방해죄는 성립한다.

🔍 결론

술값 대신 시계를 맡겼다면 이 시계는 술집 주인이 질권을 갖게 된다. 그리고 이 시계를, 술값을 갚지 않고 몰래 훔치는 행위는 취거에 해당하는 것이다. 따라서 권리 행사 방해죄가 성립한다.

59. 기업은 망해도 기업가는 산다

중소기업을 운영하는 김건달 사장은 요즘 죽을 맛이다. 물건이 없어서 못 팔던 호시절은 가고, 불경기가 닥치자 물건은 안 팔리고 수금도 되지 않는다. 그래도 근로자들 월급과 은행 이자는 어김없이 지불해야 한다. 만사가 귀찮아진 김 사장은 살 궁리를 했다.

우선 집은 부인 앞으로, 콘도는 처남 앞으로, 골프 회원권은 장인 앞으로 해두었다. 부도가 났다는 소문이 나면 채권자들이 벌 떼같이 덤벼들 것이므로 이에 대비해 외삼촌에게 10억 원쯤 빚을 진 것으로 해두었다.

이렇게 사후를 든든히 한 다음 그는 연말쯤 부도를 내버렸다. 채권자들 입장에서 볼 때 김 사장의 행위는?

① 사기죄가 된다.
② 강제 집행 면탈죄가 된다.
③ 채무 불이행밖에 되지 않는다.

빚쟁이가 빚을 갚아야 하는 것은 너무나 당연함에도 빚을 갚지 않으려고 재산을 빼돌리면 이는 '강제 집행 면탈죄'가 된다. 재산을 빼돌려 채권자의 권리가 침해될 뿐 아니라, 국가의 강제 집행 기능도 침해받기 때문이다.

채무자의 행위가 강제 집행 면탈죄가 되려면 그 전에 채권자로부터 '강제 집행을 받을 상태'에 있어야 한다. 여기서 '강제 집행'이란 판결이 확정되었을 때 채권자의 집행 신청으로 국가가 개시하는 강제 집행은 물론이고, 이러한 소송 제기 전에 채권자가 강제 집행의 보전을 위해 미리 밟는 가압류·가처분도 포함된다.

'강제 집행을 받을 상태'는 채권자의 소송 제기·가압류 또는 가처분의 신청이 실제적으로 있는 경우는 물론이고, 이러한 소송 제기나 신청을 할 기세를 보인 경우에도 해당된다.

행위는, 채권자를 해하고 강제 집행을 벗어날 '목적'으로 자신의 재산을 은닉·손괴·허위 양도·허위 채무를 부담하는 것이다. 허위로 양도받거나 허위의 채권을 갖는 제3자가 그 사실을 알고 한 경우에는 공범이 된다.

강제 집행 면탈죄는 채무자가 자기 재산의 은닉·손괴·허위 양도·허위 채무 부담으로 말미암아 채권자가 현실적으로 권리가 침해된 경우는 물론이고, 권리가 침해될 위험성 또는 가능성만 있어도 성립된다.

Ｑ 결론

부도가 날 것을 예상해 자기 재산의 명의를 친족이나 친지 앞으로 옮기는 것은 강제 집행을 면할 목적으로 한 '허위 양도', '허위 채무 부담'이라고 할 수 있다. 그러나 문제는 행위 당시에 채무자가 채권자들로부터 강제 집행을 당할 객관적 상태에 있지 않았다고 보여지므로 도덕적으로는 비난할 수 있어도, 법률상 강제 집행 면탈죄가 성립된다고 보기는 어렵다. 강제 집행 면탈죄는 채무자의 고의적이고 계획적인 부도를 막는 데는 무력하므로 특별법이 있어야만 할 것 같다.

60. 법적으로는 아직까지 내가 아내!

"당신같이 무능한 남자와는 더 이상 살 수 없어요!"

아사녀가 아사달에게 절규하듯 말했다.

"흥! 나도 당신같이 푼수인 여자와는 살고 싶은 생각이 없어!"

아사달도 고함을 쳤다.

그다음 순서는 서로 이혼 합의서에 도장을 찍는 일. 아사녀는 보따리를 싸서 친정으로 갔다.

그러나 남자는 혼자 못 사는 법(?). 아사달은 며칠 후 어떤 처녀와 동거를 시작했다. 이 소식을 들은 아사녀의 눈은 질투로 불꽃이 튈 수밖에….

"아직 이혼 신고도 하지 않았으니 법적으로는 엄연히 부부다."

아사녀는 아사달을 간통죄로 고소했다. 어떻게 될까?

① 이혼 합의를 했다 해도 아직 이혼 신고를 하지 않았으므로 법률혼 상태이다. 따라서 간통죄가 된다.

② 아사달은 간통죄가 되나, 동거한 처녀는 간통죄가 되지 않는다.

③ 간통죄가 되지 않는다. 이혼 합의 후부터는 정조의 의무, 성적 성실의 의무가 없기 때문이다.

형법 제정 당시부터 논란이 많았던 간통죄는 제정 이후 지금까지 폐지해야 한다는 주장과 그대로 존속해야 한다는 주장이 팽팽히 맞서고 있다.

간통죄도 일종의 성범죄라고 볼 수 있는데, 형법의 성(性)에 대한 입장은 강간죄·강제 추행죄를 정조에 관한 '개인적 법익'을 침해하는 범죄로 보고, 간통죄·음란물죄·공연 음란죄 등은 사회의 건전한 성도덕이라는 '사회적 법익'에 대한 범죄로 보고 있다고 할 수 있다.

그런데 간통을 법률이 어떻게 처리할 것인가에 대해서 세계 각국이 취하고 있는 입법례는 네 가지로 나눌 수 있다. 처의 간통만을 처벌하는 불평등처벌주의, 처의 간통을 처벌하되 남편은 축첩의 경우에 벌하는 방식, 부부 쌍방을 처벌하는 평등처벌주의, 그리고 불벌주의다. 세계의 추세는 불벌주의다. 우리나라는 불평등처벌주의에서 평등처벌주의로 진화해왔고, 최근에는 불벌주의로 나갈 것인가에 대해 논쟁 중이다.

어쨌거나 현행 형법(그리고 개정될 경우에도)의 입장은 간통을 범죄로 보면서 부부 중 누가 간통을 하더라도 처벌하며, 그 상대방도 처벌하는 방식이다(그래서 간통죄는 간통한 남녀를 모두 처벌한다고 해서 '쌍벌죄'라고 한다). 간통죄의 폐지를 주장하는 견해를 보면 합의에 의한 성행위는 국가가 형벌로 간섭할 수 있는 것이 아니고 개인의 양심이나 도덕에 맡겨야 하며, 간통이 사회적으로 성행하고 있어서 형벌로서 억제 기능이 없고, 위자료를 받아내는 수단이나 개인적 감정에 의한 복수 수단으로 악용되고 있다고 주장한다.

이에 비해 간통죄의 존속을 옹호하는 입장에서는 간통죄를 폐지하면 일부일처제를 기반으로 한 가정 제도가 붕괴되고, 사회적으로는 성도덕이 더욱 문란해지며, 여성(아내)이 법의 보호 밖으로 방치되므로 허용할 수 없다고 한다.

간통죄의 폐지 여부는 최근의 형법 개정에서 존치로 결정이 났지만, 그 대신 징역형 외에 벌금형도 추가되었는데, 이것은 폐지와 존속의 기로에서 일종의 절충·타협이 시도된 것으로 볼 수 있다.

간통죄는 배우자가 있는 사람이 간통하는 것을 말한다. 여기서 배우자는 법률상의 배우자를 말하고 사실혼 배우자는 포함되지 않는다. '간통'의 개념은 혼인하여 배우자가 있는 자, 즉 유부남 또는 유부녀가 자기 배우자 이외의 사람과 성행위(성교)를 하는 것을 말한다.

그리고 기혼자와 간통을 하는 상대방은 제한이 없다. 그러므로 기혼자와 매춘부와의 성행위도 대가의 지급 유무와 관계없이 무조건 간통이 된다. 이때 간통의 상대방이 기혼자라는 사실, 즉 배우자가 있는 자라는 사실에 대한 인식이 있어야 한다. 재미있는 것은 간통죄의 죄수와 관련해 법원의 판례는 1회의 성행위마다 한 번의 간통죄가 성립한다고 보고 있다는 점이다.

그리고 간통죄는 이른바 친고죄다. 즉 피해자의 고소가 있어야 처벌할 수 있다. 간통한 남녀가 각자 기혼자였다면 피해자, 즉 고소권자는 두 사람이 되는 셈이다. 또한 피해자의 고소는 혼인의 해소, 즉 이혼 소송을 전제로 한다. 즉 피해자는 간통한 자기 배우자에 대한 형사 고소를 하기 전에 미리 이혼 소송을 제기해야 한다. 그래서 실무상 간통죄의 고소장에는 이혼 소송의 제기를 증명하는 '소 제기 증명원'을 첨부하고 있다.

이렇게 하여 이혼 소송을 제기하고 형사 고소를 한 뒤에도 고소를 취소하거나, 취소는 하지 않았더라도 고소한 자기 배우자와 재결합(혼인)하거나 또는 이혼 소송을 취하한 때에는 형사 고소는 취소한 것으로 간주하여 모두 처벌할 수 없게 된다.

간통의 고소와 취소는 1인에 대해서만은 할 수 없다. 설사 1인에 대해서만 처벌해달라고 고소하더라도 그 고소의 효력은 간통한 남녀 모두에게 미치고, 취소의 효력도 마찬가지다. 또 배우자가 간통을 사전에 종용하거나 사후에 용서한 경우에는 간통죄에 대한 고소권이 없다.

실무적인 입장을 보면 간통 고소가 있고 증거가 있으면 간통한 남녀 모두를 구속하는 것이 대부분이고, 법원의 형의 선고도 대부분 1년 내외의 실형을 선고하는 것이 관례 아닌 관례가 되고 있다.

Q 결론

간통죄는 법률혼 관계가 있는 '배우자'가 자기 배우자 이외의 사람과 성행위를 함으로써 혼인의 순결 의무를 위배하는 것이고 동시에 건전한 성도덕과 성 풍속을 침해하는 범죄다. 여기서 배우자는 '혼인 신고 후 이혼 신고 전까지의 배우자'를 의미한다. 그러나 법률혼의 부부가 '이혼에 합의'했다면, 아직 이혼 신고는 하지 않았더라도 이혼 합의 이후의 서로 다른 이성과 이루어진 성행위는 묵인한다(또는 간섭하지 않는다는 의사 표시가 포함되어 있으므로 이혼 합의 이후의 제3자와 성행위에 대한 간통 고소는 효력이 없다는 것이 판례의 일관된 입장이다. 따라서 결론은 이혼 합의서에 도장을 찍은 이후의 간통 행위는 고소할 수 없다.

⚖ 판례

부부가 자유의사로 이혼 신고서에 서명·날인한 경우나 배우자 일방의 이혼 요구에 진정으로 응낙하는 언행을 보인 경우, 또는 이혼 심판 청구 소송의 재판 기일에 이혼 청구에 응하겠다고 진술한 경우에는 이혼 의사의 합치가 있었으므로 간통을 종용한 경우에 해당한다는 판례가 있다. 또한 배우자의 간통 사실을 알고 그 간통의 상대방으로부터 배우자를 더 이상 만나지 않겠다고 하는 합의 각서를 받은 경우에는 간통의 용서에 해당한다는 판례가 있다.

그러나 이혼 합의서를 작성하려고 했을 뿐인 경우, 간통 사실을 안 후에도 특별한 의사 표시 행동을 하지 않은 경우, 용서해줄 테니 자백하라고 말한 경우, 일시 동침한 사실이 있는 경우 등은 간통을 종용하거나 용서한 경우라고 볼 수 없다는 판례가 있다.

61. 적과의 동침

요즘 한양 도성 내에는 이상한 바람이 분다 하더라.

다름이 아니라 서양에서 수입된 '차차차'라는 춤이 남녀노소의 혼을 쏙 빼어놓고 있는 것이렷다.

노는 데에는 일가견이 있는 오제비가 어찌 이 춤을 외면하랴? '얼씨구 절씨구 카바레'에서 발바닥을 비비던 그가 그곳에 춤추러 온 기생 매향이 와 눈이 맞아 끝내 동침까지 했으니….

이 사실을 알게 된 오제비의 처는 화가 나서 이혼을 선언하고 보따리를 싸려 하매, 당황한 오제비가 엎드려 비는 말. "여보, 다시는 안 그럴게!"

오제비의 처는 다시 못 이기는 체 주저앉았고, 그날 밤 오제비 부부는 실로 오랜만에 부부의 정을 나누었다더라. 이로써 오제비의 처는 그의 간통 행위를 용서한 것일까?

① 그렇지 않다. 간통의 용서는 명시적이어야 한다.

② 그렇다. 용서는 행동으로도 할 수 있다.

③ 오제비의 외도가 그 후 재발하지 않는 경우에만 용서한 것으로 보아야 한다.

간통죄는 처벌에 이르기까지의 모든 과정에서 빠져나갈 구멍이 많은 범죄다. 간통죄가 처벌되려면 다음과 같은 조건이 충족되어야 한다.

첫째, 피해자의 고소가 있어야 한다. 따라서 고소가 없는 한(또는 고소를 막으면) 처벌되지 않는다.

둘째, 피해자는 고소 전에 이혼 소송을 제기해야 한다. 즉 결별을 불사해야 한다. 경제력이 없는 아내가 남편의 간통을 고소하려면 이혼도 불사해야 하는데, 결코 쉬운 결단이 아닐 것이다.

셋째, 범행을 알게 된 날로부터 6개월 내에 고소해야 한다. 즉 언제나 고소할 수 없고 6개월이라는 시기상의 제약이 있다.

넷째, 설사 고소가 있다 하더라도 고소를 취소하도록 하면 된다. 실무상으로 고소가 취소되면 수사 기관의 기소 이전 단계에서는 공소권이 없으므로 석방되고, 기소된 이후에는 공소 기각으로 석방된다. 간통죄는 고소 취소를 받을 수 있는 경제력 유무에 따라 처벌이 좌우된다고 할 수 있다.

마지막으로, 배우자가 간통을 사전에 종용하거나 사후에 용서한 때에는 고소할 수 없게 된다.

다른 여자를 얻어서라도 아들을 낳으라고 한 것은 간통의 사전 종용이고, 사후 용서란 문자 그대로 배우자의 간통 사실을 알고도 명시적 또는 묵시적으로 용서한 경우를 말한다. 간통죄란 이처럼 빠져나갈 구멍이 많은 허술한(?) 범죄다.

🔍 결론

그렇다면 자기 배우자가 이성(異性)과 간통한 사실을 알고도 모른 체 잠자리를 같이 했다면 이는 행동으로써 사후 용서한 것으로 보아야 할까? 대법원의 판례는 그렇지 않다고 한다(1966. 1. 2, 1973. 3. 13, 2007. 7. 7. 대법원 판결).

62. 누드 사진, 외설인가 예술인가?

"사진은 정직하다."

이런 신념의 소유자인 사진작가 백남중 씨는 누드 사진계의 거장으로서 이른바 전위 사진 작가. 그의 불만은 누드 사진에 피사체 여인의 가슴은 허용되면서 왜 은밀한 곳은 금기로 하느냐다. 그래서 그는 대담하게 여성의 은밀한 곳과 체모(體毛)까지 노출시킨 누드 사진전을 열었다.

〈여체 – 그 영원한 신비, 전위 예술가 백남중의 사진 세계〉라는 그의 전시전은 연일 청소년들로 인산인해를 이루었다. 그러나 부모들과 기성세대는 대경실색, "백남중을 처벌하라"고 아우성이다.

자, 그의 누드 사진은 과연 예술인가? 범죄인가?

① 예술 작품 중 성(性)에 대한 표현은 함부로 범죄라고 단정할 수 없다.

② 예술 작품일지라도 일반인의 입장에서 성욕을 자극하거나 성적 수치심을 불러일으키면 음란물 전시죄가 된다.

③ 목적이 예술의 추구라면 무죄이고, 예술을 빙자한 상업성의 추구라면 유죄다.

　현대 산업 사회에서는 영화, 사진, 소설과 같이 대중을 상대로 한 예술 작품이 홍수처럼 쏟아져 나오고 있고, 컴퓨터 그래픽이나 영상물과 같이 새로운 표현 매체도 발생하고 있다.

　이러한 매체들의 주제나 내용이 성(性)과 관련되었을 때 건전한 성도덕, 성 풍속을 보호하려는 사회의 도덕과 법률로부터 반격받는 것은 불가피한 현상일 것이다.

　성을 주제로 한 작품과 매체물이 표현의 자유와 예술의 자유를 빙자해 음란, 외설을 조장하여 그 사회의 건전한 성적 가치관이나 도덕을 붕괴시키는 것을 도덕과 법률이 모른 척할 수도 없지만, 그렇다고 시대착오적인 보수의 잣대와 형벌이라는 칼로 표현의 자유, 예술의 자유를 질식시키는 일도 있어서는 안 된다. 여기에서 양자의 조화와 절충의 필요성이 요청된다.

　음란은 우선 그 사회의 도덕, 윤리라는 사회적 비난이 일차적인 저지선이라고 할 수 있다. 그러나 이것만으로는 이윤 추구에 사로잡힌 파렴치한의 성도덕 파괴를 효과적으로 저지하지 못한다. 그래서 형법은 음란물죄로서 대처하고 있다. 음란물죄는 문자 그대로 '음란한 문서, 도화(圖書), 기타의 물건'을 '배포, 판매, 임대 또는 공연히 전시'하는 것을 처벌하는 범죄다.

　그렇다면 과연 음란이란 무엇이고, 음란성은 어떤 기준으로 판단해야 하는가? 판례는 음란이라는 개념을 "그 내용이 성욕을 자극 또는 흥분시키고 일반 사람의 정상적인 성적 수치심을 해치고 성적 도덕관념에 반하는 것"이라고 정의하고 있다.

　그리고 문서, 도화, 기타의 물건에 음란성이 있느냐 여부에 대한 판단은 행위자의 주관적인 의도나 목적과 관계없이 객관적으로 판단하되, 건전한 사회 통념이나 사회 상규에 의해야 한다.

　그러면 이러한 기준에 따라 음란성의 유무를 판단할 때 그 대상은 음란물 전체인가 혹은 일부인가? 즉 일부라도 음란성이 있으면 음란물이라고 할 수 있는 것일까?

세계 각국의 판례는 전체로서(as a whole) 판단해야 한다고 말한다. 즉 대상의 어느 부분이나 일부(장면, 문장 등의 일부분)만을 판단 대상으로 할 것이 아니라, 전체적으로 판단해야 한다는 것이다.

우리나라 대법원 판례도 소설 《반노(叛奴)》 사건에서 표현의 일부를 문제 삼을 것이 아니라, 소설에 나타난 전체적 사상의 흐름이 음란한가 여부를 판단해야 한다고 이 점을 명백히 밝혔다(1975. 12. 9.).

나아가 판단의 기준은 제작자, 저자의 의도가 아니라 일반인이다. 구체적으로는 성적으로 타락해 수치 관념이 둔감한 사람이나 지나치게 결벽하거나 예민한 자를 기준으로 한 판단은 배제된다.

순수 예술 작품이나 학술적 논문 등에도 성에 대한 표현이 있을 경우 음란성을 인정할 수가 있을까? 학설은 이에 관해서 성에 대한 정확한 이해를 부여하려는 과학·교육 서적은 물론이고 고도의 예술성이 인정되는 작품은 음란성을 인정해서는 안 된다는 부정설, 예술성·과학성과 음란성은 차원과 그 목적이 서로 다르므로 음란성을 전면적으로 부정해서는 안 된다는 긍정설, 그리고 원칙적으로 음란성을 갖진 않지만 그것이 대중에게 공개될 때에는 음란성을 인정할 수 있다는 상대적 음란 개념설 등으로 나뉜다.

우리나라 대법원은 프란시스코 고야의 나체화에 대해서 "이것을 예술, 문학, 교육 등 공공의 이익을 위해 이용하는 것이 아니고 이 그림을 성냥갑 표지에 넣어 판매한 경우에는 명화를 모독하여 음란화시킨 것이다"라는 이유로 유죄로 인정하여 상대적 음란 개념설을 지지하고 있다(1975. 10. 30.).

그러면 음란물죄에 대해 알아보자.

음란물이란 위에서 설명한 대로 내용이 성욕을 자극·흥분시키고 일반인의 성적 수치심을 해치고 성적 도덕관념에 반하는 음란성을 갖는 문서, 도화 기타의 물건을 말한다. 성행위 장면을 찍은 사진, 이를 묘사한 문서, 만화, 그림은 물론이고 이를 노골적으로 표현하는 조각품, 음반, 녹음테이프, 비디오, 컴퓨터 그래픽 등도 여기에 해당한다.

행위는 불특정 또는 다수인에게 이러한 음란물을 배포, 판매, 임대, 공연한 전시다. '공연한 전시'는 전파 가능성보다는 불특정 또는 다수인이 인식할 수 있는 상태 또는 가능성이 있어야 한다. 음란물죄는 더 나아가 반포, 판매, 임대, 공연한 전시의 목적으로 제조, 소지, 수·출입하는 행위도 처벌된다.

이러한 방법에 의하지 아니하고 '공연히 음란한 행위'를 하는 것은 다시 별도로 공연 음란죄라고 하여 처벌된다.

🔍 결론

여성의 신체를 피사체로 하는 사진, 즉 누드 사진은 사진의 분야에서 예술로 확립된 지 오래다. 카메라라는 기계로 무엇이든지 찍어서 보여줄 수 있는 사진의 영역에서 누드 사진은 지금까지 여성 신체의 은밀한 곳과 체모는 금기시한다는 한계가 있었다. 그러나 최근 용감한 전위 작가들의 도전은 이러한 한계를 무너뜨리고 있다. 일본에서는 청소년 여배우들의 누드 사진집이 선풍적으로 팔리고 있으며, 국내에서도 출판되었다.

이런 현상을 어떻게 보아야 할까? 예술인가? 음란인가? 즉 지금까지의 금기를 무너뜨리고 여성의 은밀한 곳까지 노출시킨 누드 사진이 이른바 포르노 사진과 다른 것은 무엇이고 같은 것은 무엇인가?

음란성 여부는 일반인의 입장에서 판단해야 한다. 즉 일반인으로 하여금 성욕을 자극하거나 성적 수치심을 불러일으키는 것이라면 음란물이라고 보아야 한다(이런 의미에서 해답을 ②로 하였다). 사회의 도덕, 여론이 음란을 저지하지 못할 때 2차적으로 법이 개입하는 것은 불가피한 것이다.

63. 자연으로 돌아가자

"자연으로 돌아가자! 그곳은 인간의 자연스러운 욕망을 제약하는 그 무엇도 없는 순수한 자유의 세계다"라는 신념의 소유자인 전위 무용가 예술만, 표현자 씨 부부가 있었다.

그들은 자신들의 예술 세계를 대중에게 설파하기 위해 피서 철마다 해변 백사장에서 '원초적 본능'이라는 공연을 했다. 공연 중에 아내 표현자 씨는 젖가슴을 드러내 보였고, 키스를 하는 장면은 물론 성행위 동작도 연출했다.

구경꾼들은 두 패로 나뉘었다. 한 패는 "집어치워라. 애들 볼까 무섭다"라는 말로 대변되는 범죄론적 시각이고, 또 한 패는 "신선한 충격을 받았다. 무용을 통해 원초적 본능을 예리하게 표현했다"라는 예술론적 시각이다.

우리 형법은 대중 앞에서의 음란 행위를 처벌하고 있는바, 이들 부부의 공연을 법적으로 평가해본다면?

① 예술을 빙자한 공연 음란죄.
② 예술가의 정신세계와 신념의 표현이므로 무죄.
③ 예술 속의 음란성은 전문가인 판사, 검사가 결정할 일.

　음란물 전시죄가 음란물이라는 물건을 매개로 하는 것이라면, 공연 음란죄는 이러한 매개물 없이 신체적 동작이나 자세로서 음란한 행위를 공연히 해 보이는 것을 말한다.

　소위 '스트립쇼'는 실은 전형적인 공연 음란죄에 해당한다. 그러나 실제로 공연 음란죄에 있어서도 무엇이 '음란 행위'인가에 대해서 많은 논란이 뒤따르고 있다.

　개념적으로는 '일반인의 성욕을 자극, 흥분케 하고 그로 인해 성적 수치심을 해하며 나아가 사회의 성적 도덕관념에 반하는 행위'를 말하는데, 구체적으로는 성기의 노출과 성행위다. 그리고 이러한 행위가 있다고 하더라도 그 의도와 외적 상황은 십분 고려되어야 한다.

　즉 누드의 모델이 되기 위해 밀실에서 장시간 나체가 되는 것은 외적 상황이 고려된 결과 공연 음란 행위라고 볼 수 없는 것이다. 그리고 키스나 여성의 젖가슴 노출도 무조건 음란 행위라고 할 수는 없다. 어머니가 대중 앞에서 갓난아이에게 젖을 먹이기 위해 젖가슴을 여는 것이 범죄 행위는 아닌 것이다. 음란 '행위' 속에는 음담패설, 즉 음란한 언어는 역시 포함되지 않는다.

　마지막 요건은 이러한 음란 행위는 공연히, 즉 불특정 또는 다수인이 인식할 수 있는 상태 또는 그 가능성이 있는 상태에서 행해져야 한다. 실내라고 하더라도 이웃이나 행인이 모두 볼 수 있는 상태에서의 성행위는 공연성이 있다.

🔍 결론

피서철 백사장에서 많은 피서객을 상대로 키스하는 장면, 성행위의 동작을 한 전위 예술은 공연 음란죄에 해당하지 않는다. 왜냐하면 그것은 예술인가의 여부를 떠나 '음란 행위'라고 볼 수 없고, 또 행위자에게 그러한 고의가 없기 때문이다. 대중의 분노는 법률의 차원이라기보다 사회 도덕의 영역에서 처리될 문제다.

64. 초상집에서 고스톱은 죄?

한국남 대리가 부친상을 당하자 직장 동료와 동창생 들이 조문을 하러 왔다. 그다음 순서는 우리들이 잘 아는 대로 동양화 그리기. 끼리끼리 짝을 지어 판돈을 건 고스톱 판이 벌어졌다.

물론 화투는 상주 측에서 준비, 제공했고 그 밖에도 밤새 술과 음식을 날라다 주었다. 이들이 밤새 고스톱을 하는 장면은 상갓집을 드나드는 모든 사람들이 목격했고, 심지어는 동네 파출소장도 조문을 와서 보았으면서도 못 본 체했다. 뿐만 아니라 고스톱을 친 당사자들도 "초상집에서 하는 고스톱은 죄가 안 된다"라고 철썩같이 믿고 있다.

초상집 고스톱! 도박인가, 아닌가?

① 이제는 사회의 보편적 관행이 되었으므로 도박죄가 된다고 할 수 없다.

② 이유, 동기, 상황을 불문하고 도박죄가 된다.

③ 수사 기관의 묵인, 상주 측의 양해가 있었으므로 상주 측 의사에 반하여 고스톱을 도박죄로 입건할 수 없다.

언제부터인지 우리나라 사람들은 셋만 모이면 이른바 '고스톱'을 치는, 고스톱병에 걸려 있다. 이제 고스톱은 국민 오락(?)으로 정착된 느낌마저 든다. 사람들은 일반적으로 "초상집에서 고스톱은 죄가 안 된다" 또는 "직업적으로 하는 것이 아닌 도박은 도박이 아니다"라는 인식을 갖고 있다. 그러나 형법의 입장으로는 천만의 말씀이다.

재물을 걸고 하는 도박은 모두 도박죄에 해당된다. 사람에게는 정도의 차이는 있으나 승부를 거는 사행심과 도박의 욕망이 있는데 왜 도박을 처벌하는가? 그것은 도박이 건전한 근로 관념과 근로 의욕을 해치고 공공의 질서, 선량한 미풍양속을 침해할 뿐만 아니라 다른 범죄의 온상이 되기 때문이다.

그러면 도박이란 과연 무엇일까? 그것은 당사자가 서로 재물을 걸고 우연한 승부에 의해 그 재물의 귀속을 결정하는 것이다. 이러한 도박성을 갖는 한 그 수단은 묻지 않는다.

장기, 바둑, 마작, 화투, 트럼프(카드)는 물론이고, 투견 투계도 도박이며 나아가 운동 경기도 재물을 걸고 우연성에 의해 귀속을 정하는 것이면 도박이 된다. 도박을 상습적으로 하면 상습 도박죄로서 형이 가중되고, 도박의 장소와 기회를 제공하는 도박장 개장도 상습 도박죄와 같이 형이 가중된다.

다만, 도박이라고 하더라도 재물의 규모가 극히 적고 시간과 장소, 경위, 당사자의 신분 관계, 그리고 도박으로 인한 이득의 용도 등에 비추어 '일시 오락의 정도'에 불과한 때에만 처벌되지 않는다.

🔍 결론

초상집에서의 고스톱은 재물이 걸려 있는 이상 도박죄에 해당한다. 초상집에서의 고스톱은 처음에는 상주를 위로하기 위한 밤샘의 무료함을 달래기 위해서 시도되었을 것이다. 그러나 이는 일시 오락으로 볼 수 없는 엄연한 도박이다.

65. 다가올 종말을 준비하라

'예수천당교회'의 박엘리야 목사의 설교 내용이 갑자기 바뀌었다. 내용인즉, "지금부터 1년 뒤에 지구의 종말이 오고, 그때 성령 받은 성도만이 휴거된다"는 것이었다.

계속되는 종말론 설교로 말미암아 교인들은 두 패로 갈라졌다. 한 무리는 "목사님 말씀대로 다가올 종말의 때를 준비하자"는 지지파이고, 또 한 무리는 《성경》에 종말의 때는 하느님밖에는 아는 분이 없다고 되어 있지 않은가? 박 목사는 이단이다"라는 반대파다. 물론 판단을 보류한 소수의 중립파도 있다.

반대파는 박 목사를 몰아내기 위해서 〈박 목사는 왜 이단인가?〉라는 문서를 만들어 배포하면서 물러날 것을 요구하기 시작했다. 그리고 박 목사가 인도하는 예배에 일제히 불참하는 바람에 중립파 신도들도 교회를 떠나기 시작했다. 박 목사가 자기 반대파 신도들을 예배 방해죄로 고소한다면 어떻게 될까?

① 설교자의 예배 그 자체를 방해하지는 않았으므로 죄가 되지 않는다.

② 문서의 배포, 사임의 요구, 예배의 불참, 중립파 신도의 이탈 등 일련의 행위는 예배 방해죄가 된다.

③ 예배 방해죄는 어렵고, 다중의 위력에 의한 업무 방해죄가 된다.

우리나라는 국교(國敎)의 존재를 부정하고 정치와 종교의 분리를 전제하여 종교의 자유, 신앙의 자유를 헌법으로 보장하고 있다.

종교와 신앙의 자유는 자기가 믿는 종교의 가르침에 따라 고유의 종교 의식을 거행하는 자유를 포함한다. 내면적 자유인 종교의 자유는 종교 의식을 통해 비로소 외면화된다. 헌법의 보장에 따라 형법은 종교적 행사의 자유에 대한 방해 행위를 범죄로 처벌하고 있다.

바로 장례식, 제전, 예배, 설교를 방해하는 죄가 그것이다. 보호 법익은 종교적 평온이다. 여기서 '장례식'은 비종교적인 것도 포함되며, '제전'은 제사를 지내는 의식을 말한다. '예배'는 실·내외를 불문한다.

행위는 이러한 의식을 '방해'하는 것이다. 언어, 거동, 폭행, 협박 등 수단과 방법은 묻지 않는다. 방해는 이러한 의식이 진행되고 있을 때는 물론이고, 진행 직전의 방해 행위도 포함된다.

그리고 방해 행위가 있으면 범죄는 성립되는 것이고, 실제로 종교적 의식이 방해받았다는 결과의 발생을 필요로 하지 않는다.

🔍 결론

기독교의 한 교회에서 목사를 배척, 반대하는 일부 신도들의 행위 자체는 구체적으로 예배나 설교의 방해, 그 밖에 목사의 업무를 방해하는 행위로 나아가지 않는 이상 예배 방해죄, 설교 방해죄가 되는 것은 아니다. 이것은 반대하는 문서를 배포했더라도 결론은 마찬가지다. 또 그 반대로 인해 예배자나 신도의 이탈을 가져왔다 하더라도 결론은 역시 같다.

66. 이장하지 않으면 무연고 분묘로 간주하겠음

'미래의 유망 산업은 레저 산업'이라는 사시(社是) 아래 행복산업 주식회사는 전국 도처에 골프장, 스키장을 건설하게 되었다.

강원도 산골짝 수십만 평의 임야에 스키장을 건설하던 이 회사는 그 임야 한가운데 아무도 돌보는 이 없는 분묘가 발견되자 난처한 지경에 빠지게 되었다. 그래서 신문에 '1개월 안에 이장하지 않으면 무연고 분묘로 간주하고 당사 임의로 이장하겠음'이라고 공고했다.

공고 후 1개월이 지나도 연고자가 나타나지 않으므로 회사에서는 분묘를 발굴해 유골은 화장을 해서 보관한 뒤 공사를 계속했다. 몇 달 후 추석에 후손들이 산소에 성묘를 왔더니….

후손들이 회사를 고발한다면?

① 사체 모욕 및 손괴죄로 처벌된다.

② 분묘 발굴죄로 처벌된다.

③ 신문에 공고, 화장, 유골 보관 등 절차를 밟았으므로 형사 책임은 지지 않는다.

이 땅에 유교가 전래된 이래 한국인들은 독특한 조상 숭배 사상을 갖게 되었다. 매장하는 풍속이 강화되고, 이 풍속이 풍수지리설과 결합해 돌아가신 조상을 명당에 모시고자 하는 한국인들의 노력은 눈물겨울 정도였다. 그래서 조선 시대에는 묘지와 관련된 소송, 이른바 산송(山訟)이 끊이질 않았다.

최근 들어 화장과 납골묘가 많아지고는 있지만, 아직도 설과 추석에는 성묘를 하기 위해 고향을 찾는 민족 대이동이 일어나곤 한다.

이 모두가 조상 숭배, 풍수지리설, 매장의 풍습과 서로 연결되어 일어나는 비극이라면 비극인 것이다.

어쨌거나 형법은 분묘를 함부로 파헤치는 행위를 범죄로 다스리고 있다. 즉 분묘를 발굴해 사체, 유골 또는 관 내에 보존된 물건을 손괴, 유기, 은닉, 영득하는 행위를 처벌한다. 이것이 '분묘 발굴죄', '사체 등 손괴죄'다.

그런데 '장사 등에 관한 법률'에서는 시·도지사 또는 시장, 군수, 구청장의 묘지 일제 조사 결과 무연분묘인 경우에는 토지의 소유자나 그 관리인이 일정 기간 공고 후 연고자가 나타나지 않을 경우 화장을 하여 일정 기간 봉안할 수 있도록 허용하고 있는데, 이러한 적법 절차에 따른 분묘의 발굴은 위법성이 없다.

ℚ 결론

'장사 등에 관한 법률'에서 말하는 '무연분묘'란 묘지로서 허가받지 않은 토지에 또는 토지 소유자의 승낙 없이 타인의 토지에 매장한 분묘로서 매장자나 연고자가 없는 경우를 말하고, 이 경우에 개장하기 위해서는 일정한 절차를 밟아야 한다. 그런데 이 사건에서는 그러한 요건, 절차를 결여했으므로 분묘 발굴죄가 된다.

67. 이 사람, 믿어주세요

인도양물산의 정외상 과장은 주위 사람들로부터 '믿을 수 없는 사람'으로 불리고 있는데, 이유는 남의 돈을 빌린 뒤 좀처럼 갚지 않기 때문이다.

그래서 돈을 빌릴 때마다 그 용도를 꾸며대기 바쁘다. 얼마 전 동료 김 과장에게 "부모님 하와이 효도 관광을 시켜드리는 데 돈이 조금 모자라서…" 어쩌고 하며 100만 원을 빌렸다.

이 사실을 알게 된 사내(社內)에서는 그가 과연 이 돈을 갚을 것인가를 놓고 내기를 걸 정도였다. 이를 의식한 정 과장은 억울(?)하지만 빌린 돈을 갚았다. 그러나 아무도 믿지 않는다. 다급한 그는 김 과장 명의의 영수증을 만들어 주위에 보이고 자기 신용을 입증하고 다녔다. "제발 믿어달라"고 하면서….

그렇다면 '사실에 부합하는 영수증을 일방적으로 만든 행위'도 문서 위조에 해당하는가?

① 사실에 부합하므로 문서 위조라고 볼 수 없다.

② 채권자가 이를 확인하고 동의해야 문서 위조가 되지 않는다.

③ 사실 부합 여부를 불문하고 문서 위조가 된다.

　사람의 일상생활에서 문서의 중요성은 새삼 강조할 필요도 없다. 사회에서도 중요한 법률 행위나 거래는 대부분이 문서로 이루어지고 있다.

　이러한 문서가 갖는 기능에 비추어 문서의 사회적 중요성과 신뢰성을 보호하기 위해서 형법은 문서에 관한 죄를 마련하여 비교적 엄하게 다스리고 있다. 형법의 문서에 관한 죄는 문서의 종류와 행위 유형에 따라 다양하다 (286쪽 별표 참조).

　문서에 관한 죄의 보호 법익은 문서의 진정(眞正)과 그것에 대한 공공의 신용이지만, 문서의 진정은 구체적으로 그 문서를 누가 작성했는가의 관점에서 '작성 명의자의 진정'을 보호하려는 것이라는 입장(형식주의)과, 문서 '내용의 진정'을 보호하려는 것이라는 입장(실질주의)이 대립하고 있다.

　그런데 우리의 형법은 형식주의를 채택하고 있다. 따라서 문서의 '위조'라는 개념은 문서의 명의자를 위조하는 것, 즉 타인의 작성 명의를 도용하는 것이라고 파악되고(유형 위조, 형식 위조), 자기 명의의 문서에 진실과 부합되지 않는 허위의 기재(무형 위조, 내용 위조)는 위조라고 보지 않는다.

　문서는 작성 명의자가 누구인가에 따라서 '공문서'와 '사문서'로 구별되는데, '공문서'는 공무원 또는 공무소 명의로 그들의 권한 내에서 소정의 형식에 따라 직무상 작성하는 문서를 말하며, '사문서'는 개인이 작성하는 문서를 의미한다.

　문서가 되기 위해서는 종이, 용지와 같은 유체물 위에 사람의 사상, 관념, 판단이 문자나 이에 대신할 발음적 부호(예컨대 점자)로 표시 또는 기재되어 있어야 하고, 나아가 작성 명의인이 표시되어야 한다. 그러므로 사람의 사상이 표시되어 있지 않은 번호표, 명찰, 물품 예치표, 문패 따위는 문서가 아니다.

　시, 소설 등의 예술 작품이나 저작물도 형법상의 문서가 아니다. 또 문서는 어느 정도 확정적인 것이어야 하므로 초안, 초고는 아직 문서로 성립된 것은 아니며, 계속성이 없는 상태인 모래 위나 눈 위의 글씨도 문서로 볼 수 없다. 물론 사람의 의사를 표시하는 물체가 반드시 종이일 필요는 없다. 나무, 도자기, 섬유, 석재, 금속, 가죽 등에도 문자나 기호로 사람의 의사가 기록되거나 표시되면 문서인 것이다.

이러한 요건을 갖춘 문서를 정당하게 작성할 권한이 없는 자가 다른 사람의 명의를 도용하여 작성하면 '위조'가 된다. 또한 정당하게 작성된 문서에, 권한 없는 자가 그 내용의 동일성을 해치지 않는 범위 내에서 변경을 가하는 것이 '변조'이다.

다만 사문서만큼은 모든 문서가 위·변조의 대상이 되는 것은 아니고 위임장, 계약서, 예금 청구서, 영수증, 각서, 합의서 등과 같이 '사람의 권리와 의무에 관한 문서' 및 졸업 증명서, 수료증, 신분증, 이력서, 추천서 등과 같이 '사실 증명에 관한 문서'만이 위·변조되었을 때 처벌의 대상이 된다.

또 문서의 위·변조죄는 그것을 용도대로, 즉 진정한 문서처럼 사용해 상대방으로 하여금 문서의 진정에 대해 착오나 오인을 일으키게 할 '목적'으로 위·변조해야 한다. 행위 당시에 이러한 목적이 있으면 성립되고, 실제로 행사했는가 여부 또는 목적의 달성 여부는 묻지 않는다.

🔍 결론

사실이나 진실에 부합되는 문서의 작성도 문서 위조가 되는가? 이 점은 문서 위조의 본질이 무엇인가를 묻는 질문이다. 문서 위조죄는 문서의 진정에 대한 공공의 신용을 보호하려는 것에 있지만, 구체적으로 '어떠한 진정'인가에 대해서는 형식주의와 실질주의의 두 입장이 대립하고 있다.

전자는 문서 위조죄가 '작성 명의의 진정'을 보호하려는 것으로 본다. 이 입장에 의하면 문서에 기재된 내용이 사실에 부합하더라도 작성 권한이 없는 자가 이를 도용해 명의를 위조하는 경우에는 문서 위조라고 본다.

후자는 '문서 내용의 진정'을 보호하려는 것으로 본다. 따라서 작성자 명의는 비록 위조되어도 그 내용이 사실과 부합되면 문서 위조는 아니라고 본다.

그런데 형법은 전자의 입장을 채택하고 있으므로 채무를 변제한 채무자가 채권자 명의의 영수증을 위조하는 것은 문서 위조죄가 된다. 그러나 이 사건에서처럼 채권자가 채무자의 영수증 위조를 알았더라면 이를 승낙했으리라고 하는 경우에는 '피해자의 추정적 승낙 이론'에 의해 위법성이 없게 된다.

〈형법의 문서에 관한 죄 분류〉

문서의 종류	범죄 행위의 유형
공문서	위조죄, 변조죄 자격 모용에 의한 공문서 작성죄 허위 공문서 작성죄 공정 증서 원본 부실 기재죄 위·변조 공문서 행사죄 공문서 부정 행사죄
사문서	위조죄, 변조죄 자격 모용에 의한 사문서 작성죄 위조·변조·작성 사문서 행사죄 허위 진단서 작성죄

68. 면허증은 회사에 두고 왔다

음주 운전으로 차발마 씨의 운전면허가 취소되었다. 그러나 현대사회는 부인 없이는 살아도 자가용 없이는 못 사는 세상. 출퇴근은 물론 업무 수행에 막대한 지장을 받게 되자, 그는 궁리 끝에 동료의 운전면허증을 빌려 동료의 사진 위에 자기 사진을 살짝 붙이고 이를 복사했다.

그가 어느 날 신호 위반으로 교통경찰관으로부터 면허증 제시를 요구받게 되자 "면허증은 회사에 두고 왔다"고 둘러댔다. 물론 그 대신 복사한 면허증 사본을 제시하고 위기를 모면했다.

'면허증 복사 행위'는 어떻게 보아야 하는가? 위조인가 여부를 묻고자 한다.

① 문서를 복사한 것은 위조라고 볼 수 없다.

② 복사한 사본도 문서의 사회적 기능, 통용성, 신뢰성은 원본과 다름없으므로 공문서 위조가 된다.

③ 사진만 바꿔치기했고, 새로 면허증을 조작해낸 것은 아니므로 공문서 변조가 된다.

문서의 '위조'는 말하자면 작성자 명의를 도용해 이 세상에 없는 문서를 새로 만들어내는 것이고, '변조'는 이미 옳게 작성되어 있는 문서를 이용해 그 내용을 변경하는 것이라고 할 수 있다. 위조든 변조든 어느 것이나 문서의 진정에 대한 사회적 신뢰를 해치는 것이므로 처벌의 필요성은 같으며, 따라서 법정형도 같다.

문제가 되는 것은 위조 또는 변조된 문서를 '복사하는 행위'도 위조, 변조에 해당하는가 하는 점이다.

특히 사람의 신원이나 동일성을 증명하기 위한 주민 등록증, 면허증, 신분증과 같은 공문서 상의 사진을 바꾸어 붙인 다음(여기까지는 공문서 변조죄에 해당) 복사하는 경우 이 복사 행위 자체는 어떻게 평가할 것인가?

학설과 판례는 문서란 원칙적으로 원본을 말하고 사본이나 등본은 해당되지 않는다는 이유로 복사 행위는 공문서 변조에 해당하지 않는다고 보고 있었다.

그러나 1980년대 말 대법원은, '사진기나 복사기를 사용해 원본을 복사한 경우, 즉 복사 문서도 그것이 원본을 대신하는 증명 수단으로서 기능이 증대되어가고 있고 이에 대한 사회적 신용을 보호할 필요가 있으므로 문서 위조죄의 대상이 된다'라고 판시함으로써 종전 입장을 변경했고(1989. 9. 12. 대법원 판결), 1995년 12월 29일 개정 형법에서는 복사기 등을 이용해 복사한 문서도 문서 위조죄의 대상이 됨을 명확히 했다(형법 제237조의 2).

♀ 결론

복사기로 위조된 문서를 복사하는 경우 문서 위조죄에 해당한다. 또 복사된 문서를 행사하면 행사죄가 된다.

69. 통일부 직속 북한 관광 추진 사업 본부

통일이 되면 제일 가보고 싶은 곳이 한두 군데가 아닐 것이다. 이북에서 월남한 리실향 씨는 통일 후 북한에 대한 관광 수요가 폭발할 것이라고 예측하고 사업에 착수했다.

그래서 그는 사무실을 얻어 '통일부 직속 북한 관광 추진 사업 본부'라는 간판을 걸고, 자신은 그 본부장에 취임했다. 그리고 자신의 본부로부터 추천받은 자만이 통일부의 허가를 얻어 북한 관광을 할 수 있는 것처럼 선전하고 다녔다. 그가 사람들에게 제시한 문서는 물론 '통일부 직속 북한 관광 추진 사업 본부' 명의로 된 추천서.

물론 그의 사기 행각은 애당초부터 들통이 나서 일확천금의 꿈은 일장춘몽이 되었지만, 실제로 존재하지도 않는 가공의 단체를 명의로 추천서를 만든 것도 문서 위조죄인가?

① 문서 위조죄는 그 문서의 명의자가 반드시 존재해야 하는 것은 아니므로 당연히 문서 위조가 된다.

② 문서 위조죄는 명의자를 보호하기 위한 것이므로 가공 명의인 또는 죽은 사람 명의로 된 문서의 작성은 위조가 아니다.

③ 그 문서를 본 사람들이 그런 명의의 단체나 사람이 있는 것으로 믿었던 경우는 문서 위조가 된다.

문서 위조죄는 문서의 내용을 허위로 만드는 것을 처벌하는 것이 아니고 작성 명의인을 도용하거나 허위로 하는 것을 처벌하는 것이다.

가령 운전면허증이라는 공문서를 위조한다는 것은 결국 그 문서의 작성·발급권자가 아닌 자가 작성·발급권자의 명의(구체적으로는 지방 경찰청장)를 위조한다는 것을 뜻한다. 그러므로 위조된 운전면허증의 성명, 주소, 주민 등록 번호, 소지 면허의 종류를 범죄인이 자기 것을 기재한 경우 그 부분이 사실과 같더라도 작성 명의인을 위조한 이상 공문서 위조죄는 성립하는 것이다.

그렇다면 위조된 작성 명의인은 이 세상에 실존해야만 하는가? 다시 말해 죽은 사람이나 실존하지 않는 사람, 단체, 공무원의 명의로 문서를 만든 경우에도 위조가 되는가 하는 것이다.

학설은 문서 위조죄를 처벌하는 것은 문서의 진정함에 대한 사회의 믿음을 보호하기 위한 것이므로, 위조는 일반인에게 진정한 문서라고 오인하게 할 우려가 있으면 실존하지 않는 명의인(가공의 명의인)이라 하더라도 문서 위조죄는 성립한다고 보고 있다(통설). 이에 대하여 판례는, 공문서에는 작성 명의인의 실존 여부와 관계없이 공문서 위조죄가 되나, 사문서는 죽은 사람이나 가공인 명의의 위조는 사문서 위조죄가 되지 않는다고 판결했다(1960. 8. 10, 1977. 2. 22, 1993. 9. 28. 대법원 판결). 그러다가 2005년 2월 24일에는 전원 합의 판결로 실재하지 않는 자, 죽은 자 명의의 문서를 위조하는 경우에도 사문서 위조가 된다고 판결을 변경했다.

🔍 결론

공문서, 사문서를 불문하고 이 세상에 존재하지 않는 자(개인, 단체, 기관)의 명의로 문서를 위조해도 위조죄는 성립한다. 그러므로 '통일부 직속 북한 관광 추진 사업 본부'가 현실적으로 존재하는 기관이 아니라 하더라도 (공)문서 위조죄가 되는 것은 물론이다.

70. 성격이 맞지 않아서

사업 부진으로 많은 부채에 허덕이고 있던 김중배 사장은 지금 부도를 내기 일보 직전의 상태다. 그가 부도났다는 소문이 나면 채권자들이 몰려와 아우성을 칠 것이 분명하므로 김중배는 알거지라도 면해야겠다고 생각하고, 아내인 심순애와 짜고 가장 이혼을 한 다음 집을 아내에게 위자료로 준 것처럼 꾸몄다.

두 사람은 합의 이혼을 위해 법원에 출석해, 판사에게 "서로 성격이 맞지 않아 합의 이혼을 하려고 한다"라고 둘러댔다. 마침내 그들은 '이혼 의사 확인서'를 발급 받아 부랴부랴 이혼 신고를 했다. 가족관계등록부에도 이혼 신고가 기재된 것은 물론이다. 이 가장 이혼의 민사상 효력 여부는 둘째치고, 가장 이혼 신고와 이로 인하여 가족관계등록부에 이혼한 것으로 기재하게 된 행위는 처벌되는가?

① 가장 이혼은 결국 법관을 속인 것이므로 위계에 의한 공무 집행 방해죄가 된다.

② 목적이 채권자를 속이기 위한 것이었으므로 강제 집행 면탈죄에 착수한 것이다.

③ 도덕적으로 비난할 수는 있어도 아무 죄가 되지 않는다.

④ 결국 가족관계등록부라는 공정 증서에 허위 신고, 기재가 되게 한 것이므로 공정 증서 원본 불실 기재죄가 된다.

공무원이 작성하거나 또는 공무소에서 사용하는 문서, 즉 공문서 중에는 특별히 '공정 증서 원본'이라는 문서가 있다. 등기소의 부동산 등기부, 법원의 상업 등기부, 시·읍·면사무소의 가족관계등록부가 그것이다.

이들 공정 증서는 관계인의 신고를 받아 변동 사실을 원부에 기록하고, 일반의 신청에 의해 등본을 발급해줌으로써 국가가 그 기록 사실을 공적으로 증명해주고 거래를 원활하게 해주는 막중한 기능을 갖는 공문서다.

그런데 관계인이 담당 공무원에게 공정 증서 원본 또는 이와 동일한 전자 기록 등 특수 매체 기록에 기록될 사실을 허위로 신고하고 이 신고를 받은 관계 공무원이 이를 공정 증서 원본에 기재하게 하면 범죄가 된다. 바로 '공정 증서 원본 불실 기재죄'다.

이 죄의 대상은 등기부, 가족관계등록부와 같은 공정 증서 외에도 면허장, 감찰(鑑札), 여권도 포함된다. 관청이 비치하고 있는 인감 대장, 토지 대장, 건축물 대장은 공정 증서 원본으로 보지 않는다. '면허장'은 특정인에게 특정한 기능이나 자격을 부여·확인하기 위해 공무원이 작성하는 증서를 말하는데, 의사 면허증, 운전면허증, 수렵 면허증 등이 그 실례다.

행위는 '담당 공무원에게 허위 신고'를 하는 것이다. 공무원이 신고되는 사실이 허위인 점을 모르고 원부에 기재할 때 범죄는 완료된다. 이때 공무원이 허위인 점을 알면서도 원부에 기재하면 허위 공문서 작성죄가 된다.

○ 결론

진정으로 이혼할 의사 없이 어떤 필요에 의해서 가장으로 이혼하기 위해 이혼 신고를 하는 경우 공정 증서 원본(가족관계등록부) 불실 기재죄가 된다고 할 수 있을까? 부부 간에 일시적이나마 이혼 신고를 하기로 한 의사 표시가 존재하므로 죄가 되지 않는다고 보아야 한다(1976. 9. 14. 대법원 판결).

71. 2주 내지 4주간 안정 가료를 요함

　노비인 업산이와 칠뜨기가 술을 먹으며 서로 신세타령을 하다가 사소한 동기로 끝내 주먹다짐까지 벌였다. 업산이는 상처가 없었으나, 칠뜨기는 얼굴에 타박상을 조금 입었으므로 곧장 진고개 한의원으로 달려갔다.

　한데 당시 포도청에서는 4주 이상의 진단서가 첨부되어야 가해자를 구속할 수 있었다. 그러므로 칠뜨기는 한의원에서 끙끙 앓는 엄살을 부려 '약 2주 내지 4주간의 안정 가료를 요함'이라는 진단서를 받아내 업산이를 고소했다. 포도청의 담당 포졸은 '2주 내지 4주'의 치료 기간은 판단하기 조금 애매하므로 업산이를 불구속 처리했다. 그러자 이번에는 업산이가 도리어 한의원을 고소하겠다고 나섰다.

　한의원은 칠뜨기에게 '허위 진단서'를 발급한 것일까?

① 그렇다. 얼굴에 주먹 한 대 맞은 것을 구속 요건에 맞추어 최대 4주까지 가료해야 한다는 것은 허위 진단서다.

② 그렇지 않다. 치료 기간의 판정은 의사의 고유 권한이고 문외한들이 간섭할 수 없다.

③ 칠뜨기의 상처가 과연 4주까지 치료 대상인지 여부를 공신력 있는 국가 의료 기관이 판정한 뒤에 논할 수 있는 문제다.

문서는 작성 권한이 없는 자가 타인의 명의를 도용해 위조해도 처벌되고, 비록 작성 권한은 있으나 내용을 허위로 하는 경우, 즉 진실에 반하는 내용으로 작성하는 경우에도 처벌된다.

문서가 공문서일 경우에는 '허위 공문서 작성죄'가 되고, 사문서가 진단서일 경우에는 '허위 진단서 작성죄'가 된다. 법률상 진단서를 작성할 권한이 있는 사람은 의사, 한의사, 치과 의사, 조산원이다.

이들이 진단서, 검안서 또는 생사에 관한 증명서(출산 증명서, 사망 진단서)를 허위로 작성하면 죄가 성립된다.

문제는 무엇을 '허위'로 볼 것인가 하는 점이다. 허위란 진실과 반대되거나 부합되지 않는 것이라고 정의된다. '사실'과 '판단' 어느 하나라도 진실에 반하면 허위가 된다. 따라서 병명, 상처의 유무, 사인, 사망 일시에 관한 것은 물론이고 치료의 필요 여부, 치료 기간에 관해서도 허위가 있으면 죄가 된다.

물론 행위자에게는 허위라는 인식(고의)이 필요하다. 오진으로 그 오진의 결과를 진실이라고 인식했던 경우에는 설사 진실에 위배되었더라도 죄는 성립하지 않는다.

🔍 결론

의사가 상해 진단서에 치료 기간을 '약 2주 내지 4주'의 형식으로 막연하게 기재한 경우 허위 진단서 작성죄가 된다고 보아야 할까? 치료 기간의 장단에 대한 판단은 의사의 고유 권한이고, 허위라는 인식이 없었으므로 죄가 된다고 볼 수는 없다.

72. 백성 연합 탐관오리 규탄 대회

'4월 백성 항쟁'에 직면한 폭군 환종(煥宗)이 끝내 사임하고, 백성을 위한 새 정치를 약속하는 '4·29 폭탄 발설'을 내놓은 새 임금 우종(雨宗)이 들어섰다.

이때 경기도 광주군수 전경완은 전형적인 권력형 탐관오리였음에도 그 자리를 고수하므로 광주 고을 백성들은 군청 앞에 모여 "탐관오리 물러가라!"는 구호를 외치며 '백성 연합 탐관오리 규탄 대회'를 벌였다.

그러나 전경완은 오히려 휘하의 포졸, 일명 배골단을 투입해 지랄성 고 춧가루탄, 발광성 후춧가루탄을 마구 쏘아댔으나 백성들은 물러서지 않았다. 이에 포도지청장은 백성들에게 "해산하라"라는 고함을 연달아 세 번 외친 후 백성들을 마구 연행했다.

연행된 백성들에게 적용할 죄명은 요샛말로 '다중 불해산죄'라 하는데, 과연 죄가 될까?

① 가능하다. 공무원으로부터 3회 이상 해산 명령을 받고도 해산하지 않았으므로.

② 불가능하다. 백성에게는 헌법상 집회 및 시위의 자유가 있으므로.

③ 불가능하다. 폭행 등의 범죄 목적이 없는 평화적 집회였고, 해산에 필요한 시간을 주지 않았으므로.

　백성은 평소에는 양같이 순하고 물같이 부드러우나, 일단 분노하면 모든 것을 태우는 불이자 모든 것을 쓸어가는 홍수와 같다.

　지금 우리나라에서는 평화적인 집회와 시위의 문화적 정착을 갈망하고 있지만, 평화적이지 않은 군중은 언제나 폭도화할 가능성이 있다. 여기서 집회와 시위의 자유를 보장하면서도 불법화·폭력화되는 군중의 집합을 다스려야 하는 법률의 딜레마가 있다.

　형법은 폭행·협박·손괴 행위를 할 목적으로 집합된 다중(多衆)이, 단속할 공무원으로부터 3회 이상의 해산 명령을 받고도 해산하지 않을 때 이를 '다중 불해산죄'로 다스린다(그러나 이 죄는 집회 및 시위에 관한 법률의 제정·시행으로 그 의미를 잃고 있다).

　다중이 집합하여 폭행·협박·손괴의 행위를 하는 경우에는 소요죄(騷擾罪)가 성립되는데, 다중 불해산죄는 그런 목적으로 집합된 다중이 해산 명령에 불응하는 경우에 성립되는 범죄다. 집합된 다중이 폭행·협박·손괴의 행위를 하면 다중 불해산죄는 소요죄에 흡수된다.

　해산 명령은 단속할 공무원, 즉 구체적으로 경찰이 발하는 명령을 의미하고, 이것은 최소한 3회 이상 발해져야 하고, 각 명령 사이에는 해산에 필요한 정도의 시간적 간격이 있어야 함은 물론이다. 범죄가 되는 때는 해산 명령을 받고도 다중의 전원이 '해산하지 않는 때'다.

🔍 결론

백성 연합 규탄 대회의 개최가 현행 '집회 및 시위에 관한 법률'을 위반하고 있는가의 여부는 차치하고, 형법상의 다중 불해산죄가 되는가를 검토해보자. 집회에 참석한 백성은 폭행·협박·손괴의 목적이 없었고, 또 경찰의 해산 명령은 비록 3회라고 하나 연달아 외친 것은 해산에 필요한 시간적 간격을 두지 않은 것이므로 다중 불해산죄로 처벌할 수 없다고 보아야 한다.

73. 소림사 주방장의 아이디어

　소림사 무술을 연마한 소림관 출신 선수들 10여 명이 불경기로 인해 취업난에 빠져 하릴없이 놀게 되자 제일 연장자인 주방장이 꾀를 내었다. "자고로 뭉치면 살고 흩어지면 죽는 법, 우리가 소림파를 구성하여 불량배들에게 시달리는 강남 유흥업소 주인들을 경호해준다면 생활비도 벌고 일거양득 아니겠는가?"

　모두 대찬성. 소문이 나자 여기저기서 의뢰가 들어왔는데, 그들의 업무는 불량배들과의 싸움이 아닌가! 그러나 소림파는 무술 유단자들이므로 강남의 주먹계를 완전히 평정했다.

　그렇다면 유흥업소 주인을 경호해주고 대가를 받을 목적으로 조직된 소림파는 불법적 범죄 단체인가?

① 그렇다. 대가를 받는 것, 다른 불량배를 폭력으로 제압하는 것 그 자체가 불법이므로 범죄 단체 조직죄에 해당한다.

② 그렇지 않다. 유흥업소 주인들의 적법한 위임이 있었고, 불량배의 제압은 정당방위에 해당한다.

③ 그렇지 않다. 경찰의 단속을 대신해주었으므로 오히려 표창해야 한다.

　범죄는 혼자서도 할 수 있고, 2인 이상이 복수로도 할 수 있다. 2인 이상이 수행하는 범죄는 공동 정범이라고 하거니와, 범죄인들은 경우에 따라서 아예 단체를 조직해 범죄를 수행하는 경우도 있다. 이러한 범죄의 조직에 대처하기 위한 죄가 범죄 단체 조직죄다.

　이 죄는 '범죄를 목적으로 하는 단체를 조직하거나 이에 가입하는 것'을 내용으로 한다. 여기서 '범죄'는 형법상의 범죄는 물론이고 모든 특별법상의 범죄를 포함한다.

　'단체'라 함은 범죄의 수행이라는 공동 목적을 가진 다수인의 계속적인 결합체를 의미하는데, 단체가 되기 위해서는 최소한도 통솔 체제를 갖추고 어느 정도 계속적으로 유지될 필요가 있다. 몇 사람이 소매치기를 공모하고 각자의 역할을 분담한 경우는 단체의 조직이라고 볼 수 없다는 판례가 있다.

　행위는 '조직'하거나 '가입'하는 것이다. 가입의 방법은 자진 가입이든 권유에 의한 것이든 불문하나 범죄를 목적으로 조직된 단체라는 점에 대한 인식이 있을 것을 필요로 한다.

　이 죄는 범죄 단체를 조직하거나 가입함으로써 성립하고, 목적한 범죄를 실행했는가 여부는 죄의 성립과 아무런 관계가 없다.

◌ 결론

불량배에게 시달리는 유흥업소 주인들을 경호하고 대가를 받기로 하는 목적의 단체 조직도 범죄 단체 조직죄에 해당할까? 해당된다고 보아야 한다. 왜냐하면 기존 불량배의 제압을 위해서는 폭력의 행사가 수반되는데, 이것은 타인을 위한 일회적인 정당방위가 아니기 때문이다.

74. 사실무근인 줄로 아뢰오

　강원도 관찰사 오탐관이 백성들을 가렴주구(苛斂誅求)한다는 원성이 조정에까지 전달되었다. 이에 상감은 이조 판서 박문수를 암행어사로 제수하여 "오탐관을 응징하라"고 하명하시었다. 박 어사가 현지에 밀행해 진상을 조사하니 소문 그대로였다. 그러나 박 어사와 오탐관은 어려서부터 동문수학한 사이이고 과거 동기생.

　결국 박 어사는 정실에 이끌려 오탐관을 봉고파직(封庫罷職)하지 않고 주의만 준 다음 상경하여 상감께는 "사실무근인 줄로 아뢰오!" 하고 허위로 보고했다. 박 어사의 도량에 크게 깨달은 오탐관은 그 후 개과천선하여 어진 목민관이 되었다는데….

　그렇다면 박 어사의 행위는 법적으로 정당한가?

① 공무와 우정을 슬기롭게 조화했으므로 무죄.
② 임금을 기만했으므로 위계에 의한 공무 집행 방해죄.
③ 암행어사로서 직권을 남용했으므로 직권 남용죄.
④ 탐관오리를 봉고파직하지 않았으므로 직무 유기죄.

고양이가 쥐를 보고도 잡지 않고, 개가 도둑을 보고도 짖지 않는다면 무슨 죄가 될까? 직무 유기죄가 된다.

'직무 유기죄'란 공무원이 정당한 이유 없이 그 직무 수행을 거부하거나 그 직무를 유기하는 범죄다. 이것은 공무원의 '직무 태만'보다 더 적극적인 개념이다.

'직무 수행의 거부'란 직무 수행 의무의 고의적 불이행을 말한다. 여기서 직무는 법령상 또는 상사의 적법한 지시나 명령에 의한 구체적이고도 자기 소관에 속하는 직무를 말한다.

또한 주민 센터 소속 공무원이 범죄 현장을 목격하고 현행 범인을 체포하지 않았다고 해서 이것을 직무 수행의 거부라고는 할 수 없다. 범인의 체포가 소관 업무는 아니기 때문이다.

'직무 유기'란 직무의 집행을 포기한다는 인식하에 정당한 이유 없이 직무를 방임하는 것을 말한다.

예를 들어 관세청의 공무원이 밀수 사실을 알고도 이를 방치한 경우, 경찰관이 범죄 사실을 알거나 제보받고도 상사에게 보고하지 않고 수사에 착수하지 않은 경우, 창고에서 물건이 도난된 사실을 알고도 보고를 하지 않고 방지책을 강구하지 않은 경우 등은 모두 직무 유기에 해당한다. 직무 유기는 그 유기 상태가 어느 정도 시간적인 계속을 요한다.

Q 결론

암행어사의 직무는 탐관오리를 적발하여 처벌하는 것이리라. 그런데 대상자가 잘 아는 사람이라는 이유로 적발·처벌하지 않았다면 이것은 두말할 것도 없이 직무 유기죄에 해당되는 것이다.

75. 최 형사의 미소

경찰청 특별 수사반 최민완 형사는 어느 재벌 2세의 부도덕한 스캔들을 수사하고 있었다. 혐의 사실이 세상에 알려지면 피의자는 물론 그 재벌 회사도 빗발치는 사회적 비난에 부딪혀 큰 타격을 입을 판이다.

경찰청 출입 기자인《한양일보》김특종 기자는 최 형사가 며칠 동안 퇴근도 안 하고 철야하는 것을 보고 냄새를 맡았다. 그는 최 형사에게 접근해 "최 형, 좋은 일 있으면 나도 좀 압시다" 하고 졸라댔다. 최 형사는 빙긋이 웃으며 책상 앞의 수사 기록을 보여주었다.

김 기자가 수사 기록을 재빨리 읽어보고는 다음 날《한양일보》에 '재벌 2세의 엽색 행각'이라는 제목으로, 조사받고 있는 재벌 2세의 혐의 사실 내용을 대서특필 보도했다.

김 기자의 행위는 그렇다 치고, 최 형사가 이 보도에 대해 형사 책임이 있는가?

① 있다. 기소 전에 혐의 사실을 신문 기자에게 제보하여 보도하게 했으므로 피의 사실 공표죄가 된다.
② 있다. 공무상 알게 된 비밀을 누설한 죄가 된다.
③ 있다. 출판물에 의한 명예 훼손죄가 된다.
④ 없다. 공익을 위해 공표한 것이므로 아무런 죄가 되지 않는다.

　신문이나 방송을 보면 수사 기관에서 검거한 범죄인(?)들이 수갑을 차고 조사를 받는 장면을 자주 발견하게 된다. 때로는 수사 기관이 무슨무슨 범죄, 또는 범죄 조직을 일망타진했다는 발표도 보게 된다.

　그러나 이러한 수사 기관의 범죄 발표와 언론 매체의 보도는 법적으로 비추어볼 때 문제가 된다. 왜냐하면 형법은 검찰, 경찰 등 수사 기관이 피의 사실을 공판 청구 전에 일반에 공개 또는 공표하는 행위를 금지하고 있기 때문이다. 이것을 피의 사실 공표죄라고 한다. 이 죄를 처벌하는 이유는 피의자의 인권을 보호하기 위해서다.

　모든 국민은 유죄 판결이 확정될 때까지 무죄로 추정되므로(헌법 제27조 4항), 수사 기관이 파악한 피의 사실을 공판 청구 전에 공개 발표하게 될 경우 당사자는 나중에 무죄 판결을 받더라도 이미 그 발표로 회복할 수 없는 손해를 입게 되므로 금지하고 있는 것이다. 그럼에도 불구하고 이 규정은 오랜 관행(?)과 수사 기관의 무성의로 잘 지켜지지 않고 있다.

　이 죄의 주체는 수사 기관, 즉 검찰, 경찰, 기타 범죄 수사에 관한 직무를 행하는 자 또는 이를 감독하거나 보조하는 자로 되어 있다. 행위는 기소 전, 즉 '공판 청구 전에 피의 사실을 공표하는 것'이다. 특정한 한 사람에게 알려, 이로 인해 불특정 또는 다수인에 알 수 있도록 하는 것도 공표에 해당한다.

🔍 결론

수사를 담당한 경찰관이 신문 기자가 피의 사실의 수사 기록을 열람하는 것을 묵인하여 그 사실이 세상에 알려진 것도 피의 사실 공표죄에 해당한다고 보아야 한다. 문제는 '언론 매체를 통해 공표하는 것이 공익을 위해서라는 이유로 위법성이 없어지는가'다. 긍정설과 부정설이 대립되나, 이 죄의 성격에 비추어 허용되지 않는다고 보고 싶다.

76. 노래방에서 생긴 일

포도청 강남지청 임방울 포졸이 퇴근 후 동료들과 한잔 걸치고 노래방에 납시었다. 노래 하면 임 포졸 아니던가? 마음껏 스트레스를 풀다 보니 술 생각이 다시 났다.

"주인장, 여기 술 좀 주시오."

"노래방에서는 술을 팔 수 없는데요? 법으로 금지되어 있습니다."

"법? 당신 평소에도 그렇게 법을 잘 지켰어? 이 노래방 영업 허가는 받은 거야?"

무허가 업소임을 간파한 임 포졸은 즉시 신분을 밝히고 그 자리에서 영업 정지와 점포 폐쇄를 강요하매, 주인은 도리 없이 가게 문을 닫았다. 임 포졸의 행위는 적법한가?

① 정당하다. 경찰관은 무허가 업소를 단속할 권한이 있다.

② 불법이다. 그는 노래방 주인의 영업을 방해했다.

③ 불법이다. 그는 경찰관으로서의 권한을 남용했다.

'관존민비(官尊民卑)'라는 말이 있다. 다스리는 자의 위치, 즉 관청과 관청에 있는 관원은 존귀한 존재이고 다스림을 받는 백성은 낮고 천한 존재이므로 관의 명령에 따라야 한다는 발상에서 나온 말이다.

그러나 공무원은 '국민 전체에 대한 봉사자' 그 이상도 그 이하도 아니며, 오늘날과 같은 민주주의 체제에서의 관존민비는 더 이상 통용될 수 없는 시대착오적 사고방식일 뿐이다. 그럼에도 불구하고 현실적으로 볼 때 공무원의 위세는 드높고, 그들의 횡포는 여전히 존재한다.

직권 남용죄는 공무원의 횡포를 견제하기 위한 형법적 대응이다. 즉 '공무원이 직권을 남용하여 다른 사람으로 하여금 의무 없는 일을 하게 하거나 권리 행사를 방해하는 것'을 처벌하는 범죄다.

'직권을 남용한다'는 것은 직권을 불법하게 행사하는 것이다. 직권과 관계없는 권한 남용은 해당하지 않는다.

'의무 없는 일을 하게 한다'는 것은 상대방으로 하여금 전혀 의무가 없는 경우는 물론이고 의무의 내용을 변경시켜 하게 하는 경우도 포함한다. 예를 들면 세무 공무원이 과세 대상이 아닌 자에게 과세하는 것은 물론, 근거 없이 과중한 납세 의무를 부과하는 행위다.

'권리 행사의 방해'는 상대방이 행사할 수 있는 권리를 행사하지 못하도록 실력으로 저지하는 것을 말한다.

🔍 결론

경찰관은 영업 허가를 받지 않고 영업하는 행위를 단속할 권한이 있다. 그러나 그 단속의 범위는 법 위반 적발과 보고·처리에 그쳐야 하고, 현장에서 실력으로 영업의 정지, 영업장의 폐쇄를 명할 권한은 없다. 그것은 다른 공무원(예컨대 법관이나, 대집행 권한이 있는 행정 기관)의 권한이기 때문이다.

77. 냉큼 잡아들이라기에

　도적 장길산이 동에 번쩍, 서에 번쩍 도저히 잡히지 않자, 경찰은 당황했다. 각 신문은 경찰의 무능을 비웃지, 위에서는 빨리 잡아들이라는 명령이 추상같지, 포도청 정보계장 오 포교는 미칠 지경이다.

　어느 날 그는 정보원에게서 장길산의 사돈에 팔촌쯤 되는 장말뚝의 거동이 수상하다는 제보를 받았다. 그는 즉시 장말뚝을 연행해 사흘간이나 먹이지도 않고, 재우지도 않은 상태에서 철야 신문을 감행했다. 하지만 아무리 캐보아도 무고한 것 같아 그는 도리 없이 장말뚝을 석방했다.

　사흘간 고생을 한 장말뚝은 오 포교를 사헌부에 고발하려고 한다. 오 포교는 형사 책임이 있는가? (오 포교는 장말뚝에게 손찌검조차 하지 않았다.)

① 경찰관은 범죄 용의자를 철야로 신문할 수 있다. 아무런 죄가 없다.

② 사흘간 먹이지도, 재우지도 않은 가혹 행위를 했다.

③ 영장 없이 행한 불법 체포죄가 되나 상관의 지시에 의한 것이므로 위법성이 없다.

아직도 국민에게 기억이 생생한 부천경찰서 성고문 사건은 경찰에게는 씻을 수 없는 일대 오점이었고, 우리 사회에 고문이 여전히 근절되지 않고 있다는 사실을 여지없이 입증한 사건이었다.

아무리 흉악한 범죄인이라고 하더라도 고문을 당해야 할 이유는 없으며, 더구나 무고한 사람에 대한 고문은 있어서는 안 될, 천인공노의 범죄인 것이다. 형법은 고문에 관해 '공무원의 폭행·가혹 행위죄'를 두고 있다. 이 죄는 '재판, 검찰, 경찰, 기타 인신 구속에 관한 직무를 행하는 자'가 직무 수행 과정에서 '형사 피의자 또는 그 밖의 사람'에 대해 '폭행 또는 가혹한 행위'를 하는 것을 처벌하는 범죄다.

대상으로서 '형사 피의자'란 수사 기관에 의해 범죄 혐의가 있다고 의심을 받은 자로서 수사의 객체가 된 사람을 말하고, '그 밖의 사람'은 기소된 피고인, 참고인, 증인, 용의자, 경찰의 감독·보호를 받는 사람을 의미한다.

'폭행 또는 가혹 행위'란 속칭 고문을 말하는데, 폭행은 신체에 대한 유형력의 행사를 말하며 가혹 행위란 정신·육체적으로 고통을 주는 일체의 행위를 말한다. 즉 수사 기관에 연행되었거나 출석한 사람에게 음식을 제공하지 않는 행위, 구금된 여자를 간음하는 행위, 장시간 구금하면서 협박으로 자백을 강요하는 행위를 말한다.

이 법 조항은 국민의 인권 보호를 위해서 중요한 기능을 하고 있다.

결론

피의자를 장시간 재우지 않고 먹이지 않은 상태에서 수사하거나 자백을 강요하는 행위도 가혹 행위, 즉 고문으로 보아야 하는가? 그렇다. 우리는 고문을 흔히 전기 고문, 물고문 등 신체에 가해지는 것만을 연상하기 쉬우나 장시간 먹이지도, 재우지도 않는 행위도 가혹 행위, 즉 고문이라고 보아야 할 것이다.

78. 불이야!

청나라 무역상 장골라가 조선 처녀들이 탐내는 향수, 화장품을 수입해서 자기 집 창고에 보관해놓았다. 마당쇠는 이를 자기 애인 이쁜이에게 선물하고 싶었으나, 자신의 월급으로는 어림도 없었다. 그래서 생각해낸 꾀가 장골라의 하인들이 거처하는 사랑채에 불을 지르면, 창고 경비 하인도 불을 끄려고 달려갈 것이므로 그 틈을 이용하자는 것이었다.

그는 야밤을 선택해 사랑채 지붕 밑에 헌 종이들을 모아놓고 성냥불을 그어대고 이 종이의 불이 지붕으로 번지는 것을 보고 있다가 "불이야!" 하고 고함을 쳐댔다. 이 소리에 하인들이 재빨리 뛰어나와 불을 끈 덕분에 마당쇠의 계획은 실패로 돌아갔다. 불은 지붕의 처마 약 1미터 정도를 타들어가다가 진화되었다.

마당쇠가 불을 놓은 행위를 따져보자(단, 절도 의사는 문제 삼지 않는다). 방화죄가 되는가?

① 불은 진화되었고 연소된 부분이 아주 적으므로 방화 미수죄가 된다.

② 스스로 "불이야!"라고 소리쳐 진화를 유도했으므로 방화 예비죄에 불과하다.

③ 어쨌든 고의로 불을 냈고, 목적물의 일부라도 불이 붙었으므로 방화죄가 된다.

일부러 불을 놓으면 '방화(放火)'이고, 실수로 불을 내면 '실화(失火)'다. 형법은 방화죄와 실화죄 모두를 처벌하고 있다. 모두 공공의 안전과 평온을 해치기 때문이다.

특히 방화죄는 목적물을 연소·소멸시켜 손괴하는 것이므로 재산죄의 성격도 갖고 있다. 방화죄의 대상은 사람이 사용하는 주거, 현존하는 건조물, 기차, 자동차, 선박, 항공기 또는 탄갱이다.

'주거로 사용한다'는 것은 사람이 일상적으로 먹고 자고 활동하는 데에 쓴다는 말이며, 이때 사용 대상은 보통 주거용 건물(주택)을 뜻한다. 다만 여행으로 일시 부재중인 가옥과 별장, 그리고 학교의 숙직실, 주택과 접해 있는 공장도 포함된다. '사람이 현존한다'는 것은 방화 당시에 건조물 등 내부에 사람이 있었다는 뜻이다.

행위는 방화, 즉 불을 놓아 목적물을 태우는 것을 말한다. 이 목적물을 어느 정도까지 태워야 소훼라고 보는가에 대해서는 불이 매개물을 떠나 목적물 자체에 옮겨져 독립해 연소할 때라는 '독립 연소설', 화력에 의해 목적물의 중요 부분이 소실되어 본래의 효용을 상실할 때라는 '효용 상실설', 목적물의 일부분이 화력에 의해 손괴된 때라는 '일부 손괴설'이 대립한다.

판례의 입장은 독립 연소설이다. 방화죄는 불을 놓아 공공의 위험을 발생시키는 것을 처벌하는 범죄이므로 이른바 위험범이다. 방화로 인해 사람을 죽거나 다치게 하면 방화 치사상죄가 되어 형이 가중된다.

🔍 결론

방화죄가 성립하기 위해서는 불을 놓아 그 불이 불쏘시개, 성냥 등과 같은 매개물에서 분리되어 목적물 자체로 옮겨져 목적물이 연소하기 시작하면 족하다(판례의 입장). 따라서 지붕의 처마 약 1미터 정도가 타들어갔다면 방화죄가 성립한다.

79. 변변치 않사오나 제 성의로 아시고

　남해안에 살던 장보고가 상경하여 강남의 대로변에 '완도해물탕' 가게를 차렸다.

　맛있게 한다는 소문이 입에서 입으로 퍼지자 여기저기서 손님들이 자가용을 몰고 와 그의 영업은 날로 번창했다. 그 때문에 점심·저녁이 되면 가게 앞은 많은 차들이 불법 주차를 하는 판국이었다. 그러나 관할 파출소장은 장보고가 동향 사람이므로 단속하지 않았다. 이를 잘 알고 있는 장보고는 추석이 되자 영광 굴비 열 두름을 마련해서 파출소로 인사를 갔다.

　"도와주셔서 고맙습니다. 변변치는 않으나 성의로 아시고…."

　명절에 신세를 진(?) 사람이 공무원에게 예절을 갖춘다는 명목으로 주는 선물을 받는 것도 뇌물죄인가?

① 사교적 예의의 선물이라도 사회 통념상의 허용 범위를 넘었으므로 뇌물죄다.

② 사교적 예의의 선물은 공무원의 직무와 관련이 없기 때문에 뇌물죄가 아니다.

③ 명목·동기·금액의 많고 적음을 불문하고 공무원이 재물을 수령하는 것은 무조건 뇌물죄가 된다.

국가가 조직된 이래, 동서고금을 막론하고 국가의 행정을 담당하는 관료들의 부패는 끊인 적이 없다고 해도 과언이 아니다. 어느 사회든지 관료의 부패는 그 사회나 정권 심지어는 국가 자체의 멸망을 초래했다.

오늘날 많은 사람들로 하여금 우리 사회의 장래를 우려하게 하는 것도 바로 공무원 사회의 부패라고 해야 할 것이다.

물론 뇌물죄는 범죄이고 엄벌의 대상이다. 형법에도 다양한 형태로 이루어지는 뇌물죄에 대한 처벌 규정이 있고, 그 형도 비교적 높은 편이다.

그러나 이것도 부족해 '특정범죄 가중처벌 등에 관한 법률'이 제정되었다. 이 법에서는 뇌물의 액수가 1억 원 이상인 때에는 무기 징역에도 처할 수 있도록 극약 처방을 정해놓고 있지만, 실제로 뇌물죄를 범한 탐관오리에게 중형이 선고된 실례는 드물고, 뇌물이 근절된 것도 아니다.

오히려 최근 들어 우리 사회에서는 '관피아', '권력형 비리', '정경 유착'이라는 용어가 생겨났다. 이 용어는 오늘날의 뇌물죄가 권력 상층부에서부터 대형화, 음성화, 구조화되고 있음을 암시한다.

그런 의미에서 한국 사회가 소망하는 선진 민주 복지 국가로 가기 위해서는 공무원 사회의 부패를 누가 어떻게 추방하고 근절할 것인가에 달려 있다 해도 과언이 아니다.

학자들은 뇌물죄를 처벌하는 이유가 국가 기관, 국가 작용의 '공정성'을 확보하기 위한 것이라는 점에 대해서는 일치하면서도, 구체적으로 뇌물죄의 본질과 보호 법익이 무엇인가에 대해서는 다양한 의견을 가지고 있다. 즉 공무원의 청렴성 유지, 직무 행위의 불가매수성이라는 설과 직무 의무의 불가침성이라는 설로 대립된다.

그러나 이러한 학설의 대립은 커다란 의미는 없다고 본다. 왜냐하면 뇌물죄의 처벌 근거와 보호 법익은 공무원의 청렴성, 공무원을 뇌물로 매수할 수 없다는 요청을 모두 포함한다고 이해해야 하기 때문이다.

공무원에게 뇌물을 주면 받은 사람은 수뢰죄(受賂罪), 주는 사람은 증뢰죄(贈賂罪)가 된다. 주는 자가 있어야 받는 자가 있고 받는 자가 있어야 주는 자도 있게 된다는 지극히 당연한 이치 때문에, 뇌물죄에 있어서 주는 자와 받는 자는 이른바 필요적 공범이라고 보게 된다(판례).

형법이 뇌물죄를 규정하고 있는 형태를 살펴보자.

공무원이 뇌물을 현실적으로 받거나, 요구하거나, 받기로 약속하기만 하면 '단순 수뢰죄'가 성립된다. 공무원이 직무상 부정행위를 한 후에 뇌물을 받거나 요구·약속하면 '사후 수뢰죄'가 된다. 또 뇌물을 받거나 요구·약속한 후 부정한 행위를 하면 '수뢰 후 부정 처사죄'가 되며, 공무원이 될 자가 직무에 관한 청탁을 받고 뇌물을 받거나 요구·약속한 후 공무원이 된 경우에는 '사전 수뢰죄'가 된다.

또 자기의 직무가 아닌 다른 공무원의 직무를 알선하고 뇌물을 받거나 요구·약속한 경우에는 '알선 수뢰죄', 뇌물을 공무원 자신이 받지 않고 제3자로 하여금 받게 하는 경우에는 '제3자 뇌물 공여죄'가 된다.

뇌물은 반드시 몰수하게 되어 있고, 뇌물의 액수가 3,000만 원 이상이면 형법이 배제되고 '특정범죄 가중처벌 등에 관한 법률'에 의해 처벌한다.

뇌물죄의 핵심은 '뇌물'이다. 그렇다면 과연 뇌물은 무엇인가?

한마디로 뇌물이란 '직무에 관한 불법한 대가'다. 공무원의 정당한 보수는 법령으로 정해진 보수일 것이다. 즉 봉급, 상여금, 정근 수당, 특별 수당, 판공비, 정보비, 출장비 등 법령으로 정해진 보수 이외에는 모두 뇌물죄에서 말하는 불법한 보수다.

그리고 이 불법한 대가는 공무원이 수행하는 직무와 관련이 있어야 한다. 예컨대 공무원이 토론회에 토론자로 참석한 후 주최 측으로부터 받는 사례비는 불법하지 않으므로 뇌물이 아니다. 또 직무와 불법한 보수는 인과 관계가 있어야 한다. 가령, 공립학교 교사가 퇴근 후 과외 지도를 하고 사례비를 받는 것은 징계 사유가 될 수는 있어도 직무와의 관련이나 대가 관계가 없으므로 뇌물죄에 해당하지는 않는다.

마지막으로 뇌물은 반드시 현금, 수표, 귀금속 등 유체물이어야 하는 것은 아니다. 유형·무형을 막론하고 인간의 수요나 욕망을 충족시킬 수 있는 모든 '가치 있는 것'을 의미한다.

따라서 뇌물은 그것이 동산, 부동산, 채권, 무체 재산권, 유흥, 향응, 취직의 알선 등 무엇이든지 가치 있는 대가라면 뇌물이 된다. 심지어 경찰관에게 단속된 여자가 정교를 제공하는 것도 욕망의 충족 수단이므로 뇌물이 된다 (판례).

🔍 결론

추석, 설, 연말연시에 신세 진 공무원에게 직무의 대가라는 인식 없이 다소간에 선물을 주는 사교적 예의도 직무에 관한 불법한 보수로서 뇌물이 된다고 보아야 할까? 사교 생활상 또는 관습상 승인되는 정도를 넘지 않고 사교적 예의를 차리기 위한 선물은 뇌물이라고 볼 수 없다. 그것조차 뇌물이라고 한다면 사회적 존재로서의 인간 존재 자체를 부정한다는 결과가 된다. 그러나 절기의 선물을 빙자한 경우, 또는 사회 통념상 허용되기 어려운 고가의 선물은 물론 뇌물이다.

본건에서는 어떤가? 표면상으로는 사교적 예의인 것처럼 보이지만 주차 위반을 단속하지 않은 것에 대한 대가의 성격이 있으므로 뇌물로 보아야 할 것이다.

80. 호조 판서 내정자

옛날, 그리 멀지 않은 옛날에 대한군주국에서는 5년마다 백성들이 임금을 투표로 뽑았다고 한다. 선거철이 되자 동·서·남·북당 모두 임금 후보를 내세우고 저마다 득표 활동을 하게 되었는데, 그중에서도 동인당의 임공삼 후보가 제일 유력했다. 그러자 장사치들은 너도나도 임 후보와 줄을 잡기 위해 혈안이 되었다.

한양의 대무역상 이곤희 회장은 임 후보의 30년 가신(家臣)이며 호조 판서에 내정되어 있는 우형구에게 접근해 "호조 판서에 오르시면 소인에게 명나라와의 독점 무역권을 주십시오"라고 청탁하고, 황금 3만 냥을 정치 자금 명목으로 내놓았다. 우형구가 이처럼 알아서 굽히는 그에게 내락을 했음은 물으나 마나 한 일.

우형구는 아직 공무원은 아니다. 그러면 그가 받은 3만 냥도 뇌물인가?

① 뇌물죄의 주체는 공무원이어야 하는데, 아직 공무원이 아니므로 정치자금법 위반은 모르나 뇌물죄는 되지 않는다.

② 공무원으로 임명이 확정된 자도 부정한 청탁을 받고 재물을 받으면 사전수뢰죄가 되므로, 본건에서는 무조건 뇌물죄가 된다.

③ 공무원으로 임명된 경우에는 뇌물죄, 임명되지 않았다면 사기죄가 된다.

　　뇌물죄는 그 주체가 공무원(또는 중개인)이다. 이런 신분을 갖지 않으면 뇌물죄는 성립되지 않는다. 그런 의미에서 뇌물죄는 일정한 신분을 가진 자만이 범할 수 있는 '신분범'의 일종이다.

　　뇌물죄에서는 뇌물을 받거나, 요구하거나, 받기로 약속할 당시에 공무원이라는 신분을 보유하고 있어야 한다. 이 신분은 공무원이면 족하고, 그 공무원이 갖고 있던 특정한 보직이나 직위와는 관계가 없다.

　　그런데 뇌물의 수수·요구·약속이라는 행위 당시에는 공무원이 아니었지만 그 후에 공무원이 된 경우에, 되기 전의 수령 행위도 뇌물죄가 된다고 할 수 있을까?

　　형법은 이를 긍정한다. 즉 '공무원이 될 자가 그 담당할 직무에 관해 청탁을 받고 뇌물을 수수·요구·약속한 후 공무원이 된 때'에는 처벌한다. 이것을 사전 수뢰죄라고 한다.

　　여기서 '공무원이 될 자'란 공무원이 되기로 예정되어 있거나 어느 정도 확정되어 있는 자를 말한다.

　　예를 들면 공무원 임용 시험에 합격되었거나, 특채가 결정되어 임용 대기 중에 있는 자를 말한다. 국회 의원, 지방 의회 의원, 대통령 등의 입후보자나 당선자도 여기에 해당한다. 사전 수뢰죄는 말하자면 뇌물을 받은 자가 나중에 공무원이 되는 것을 조건으로 처벌할 수 있다는 결론인 것이다.

Q 결론

대통령 입후보자의 측근으로서 그 후보가 대통령에 당선되는 경우를 가정해 공무원에 임용하기로 내정되어 있는 자는 사전 수뢰죄에서 말하는 '공무원이 될 자'라고 해석할 수는 없다. 따라서 정치 자금에 관한 법률 위반은 될지언정 사전 수뢰죄에는 해당되지 않는다.

81. 선처하여 주시오면

조선 시대에 벼슬아치의 인사권은 이조 판서가 장악하고 있었다. 해마다 인사철이 되면 이조 판서댁은 승진과 전보(轉補)를 바라는 벼슬아치들로 문전성시.

해서 이조 판서 임종서 대감이 이를 피해 모처에 잠적, 며칠간 인사를 구상하고 귀가하니 이런 편지가 하나 있었다. 개봉해보니 "소인은 함경북도 경성군수이온데, 벼슬길에 나선 지 10년째이나 변방으로 돌아다니느라 노모를 모시지 못하는 불효가 막심하오니…"라며 한양으로의 이동을 간청하는 내용이었다. 아울러 말미에는 "소신이 호랑이 가죽을 수집했사온데 선처하여 주시오면…"이라고 적혀 있었다.

그는 이동 대상이 아니었으나, 임 대감은 그를 한양으로 옮겨주었다. 솔직히 말하면 호피(虎皮) 생각도 있었다고 하자. 임 대감에게 뇌물죄를 적용할 수 있을까?

① 인사이동 대상자가 아닌 자를 이동시킨 직권 남용죄만 성립된다.

② 아직 호피를 받은 것은 아니므로 뇌물죄가 되지 않는다.

③ 뇌물을 약속받고 부정한 인사 행위를 했으므로, 수뢰 후 부정 처사죄가 된다.

수뢰 후 부정 처사죄(收略後不正處事罪)

뇌물죄의 기본 형태는 공무원이 직무와 관련해 뇌물을 받거나, 요구하거나, 받기로 약속하는 경우다(단순 수뢰죄).

그런데 뇌물을 실제로 받거나, 요구하거나, 약속을 한 뒤에 청탁받은 '부정한 행위'를 한 경우에는 어떻게 될까? 예를 들면 경쟁 입찰을 담당하는 건설 공무원이 건설업자로부터 입찰 내정 가격을 가르쳐달라는 청탁을 받고 뇌물을 받은 후 입찰 내정 가격을 그 업자에게 누설한 경우다. 또는 부동산을 양도해 양도 소득세를 납부해야 할 사람으로부터 납세액을 줄여달라는 청탁을 받은 세무 공무원이, 뇌물을 받은 뒤 정상적인 납세액을 부과하지 않고 면세 조치하거나 납세액을 줄여서 부과한 경우다. 이럴 때는 물론 '수뢰 후 부정 처사죄'라는 범죄가 성립한다.

뇌물 수수의 범죄에, 직무에 관한 부정한 행위를 한 이중의 범죄가 단일한 죄로 결합된 형태다. '뇌물 수수+부정행위'라는 형식의 이 죄는 공무원 사회에서 발생되는 뇌물죄의 보편적 양상일 것이다.

단순 뇌물 수수죄가 5년 이하의 징역인 데 비해, 이 죄는 법정형이 가중되어 1년 이상의 징역으로 되어 있다.

🔍 결론

공무원의 인사 이동 기준에 의하면 이동 대상자가 아닌 자로부터 뇌물을 받기로 약속하고 이동시킨 경우 성립하는 형태의 뇌물죄는 수뢰 후 부정 처사죄다. 실제로 뇌물을 받아야만 하는 것은 아니고 요구하거나 뇌물을 받기로 약속한 경우에도 뇌물죄가 성립된다. '호피'는 당연히 뇌물이 되고도 남는다.

82. 변학도의 마지막 꾀

　남원군수 변학도는 암행어사 이몽룡의 어사출또를 당해 봉고파직되어 옥에 갇히게 되었다. 그러나 "세상에 돈 싫어하는 놈 있다더냐?" 이런 신념의 소유자인 변학도는 어사에게 죽기 전에 한번 뵙기를 청하매, 어사가 안방에서 그를 만나주니 변학도가 황금 1만 냥을 내놓으며 "아무도 모르니 받으시고 소인을 한 번만 봐주소서" 하고 애원했다.

　어사는 "네 이놈! 하늘이 알고, 땅이 알고, 네가 알고, 내가 아는데 어찌 아무도 모른단 말이냐?" 하고 크게 호통을 친 다음, "사지(死地)에 빠진 자가 살려고 발버둥치는 것은 인지상정, 뇌물은 문제 삼지 않겠다"라고 타이른 후 다시 옥으로 돌려보냈다. 변학도가 어사에게 황금 1만 냥을 제시한 것은?

① 당연히 뇌물의 제공, 즉 증뢰죄가 된다.

② 공무원이 받기를 거절했으므로 증뢰 미수죄가 된다.

③ 공무원이 수령을 거부하고, 또 문제 삼지 않겠다고 했으므로 아무런 죄가 되지 않는다.

뇌물은 받는 자만이 나쁜 것은 아니다. 주는 자도 나쁘다. 그런 의미에서 '주는 자가 있으니까 받는 자도 있는 것'이리라. 이처럼 공무원에게 뇌물을 주면 '증뢰죄'가 된다.

서양에서는 일찍부터 주는 자도 처벌했으나, 동양에서는 근세에 이르러서야 뇌물의 증여가 반사회적 범죄라는 것을 인식하고 처벌하기 시작했다. 어떤 의미에선 열악한 보수를 받는 공무원을 뇌물로 매수해 자기 이익을 취하는 증뢰자가 더 악랄하다고 할 수 있을 것이다.

증뢰죄에서의 행위는 실제로 주는 것에 국한되지 않는다. 공무원에게 자진하여 뇌물을 주겠다는 의사 표시를 한 경우는 물론이고(제공의 의사 표시), 공무원의 요구를 승낙(약속)하는 경우에도 증뢰죄는 성립한다.

뿐만 아니라 증뢰자로부터 공무원에게 전달되는 뇌물이라는 사실을 알면서 뇌물을 받는 제3자도 증뢰물 전달죄가 된다.

실제적으로 공무원이 반드시 수령해야 성립되는 것은 아니다. 공무원의 처에게 교부한 경우는 물론이고, 공무원의 부재중에 공무원의 책상 서랍 속에 넣어두어 수령할 수 있는 상태가 되면 증뢰죄는 성립한다.

Q 결론

증뢰죄는 공무원이 뇌물을 현실적으로 수령해야만 성립되는 것은 아니다. 뇌물 제공의 의사 표시도 증뢰죄에 해당한다(증뢰 공여 의사 표시죄). 따라서 상대방, 즉 공무원이 거절해도 증뢰죄는 성립한다.

83. 이유 있는 항변

"피고인은 무슨 이유로 경찰관을 폭행했는가?"

명쾌한 판사가 '공무 집행 방해죄'로 기소된 피고인에게 물었다.

"저는 선량한 시민의 한 사람으로서 저의 인권을 지키기 위해 저항했을 뿐입니다."

온 나라가 화송군 연쇄 살인 사건으로 시끌벅적해지자 모든 경찰관에게 범인의 몽타주가 배포되고 가두 검문이 실시되었다.

이름 그대로 선량한 씨는 퇴근길에 몽타주와 비슷하다는 이유로 경찰서까지 동행해줄 것을 요구받고 거절했다. 그러자 경찰관들이 그의 허리춤을 붙잡고 강제로 끌고 가려 하므로 뿌리쳤더니 경찰관이 길바닥에 넘어지게 되었고, 그 후 그는 공무 집행 방해죄로 판사에게까지 온 것이다.

피고인 선량한 씨의 주장이 사실이라면 당신의 판결은?

① 당연히 무죄. 위법한 공무의 집행에 대해서 시민은 스스로를 방위할 수 있다.

② 유죄. 임의 동행을 요구하는 경찰관을 폭행한 것은 이유 여하를 떠나 공무 집행 방해죄이므로.

③ 유죄. 다만 정상을 참작해 집행 유예를 선고한다.

'국가의 활동'이란 실은 공무원의 활동을 의미한다. 따라서 공무원이 수행하는 공무 집행은 보호되어야만 한다. 이에 따라 형법은 공무를 집행하는 공무원에 대해 폭행, 협박, 위계에 의한 방법으로 공무의 집행을 방해하는 죄를 처벌함으로써 국가의 작용, 기능, 활동을 보호하려 하고 있다. 이 죄가 처벌됨으로써 간접적으로는 공무를 집행하는 '공무원의 지위'도 보호된다.

이 죄는 공무를 '집행'하는 공무원에 대해 폭행·협박하는 것이다. 여기서 '집행'은 말 그대로 '집행 중'을 의미하지만 시간이 소요되는 공무는 '집행의 시작과 종료 전'까지를 집행으로 보게 된다. 공무 집행에 착수하기 위한 대기 중은 물론이고, 경우에 따라서는 일시 휴식 중의 공무원에 대해서도 폭행·협박을 하면 죄가 된다.

공무 집행은 당연히 적법한 것이어야만 한다. 불법한 공무 집행은 공무 집행이라고 볼 수 없다.

그러므로 경찰관이 현행범도 아닌데 구속 영장도 없이 통행인을 체포하려는 행위는 적법한 공무 집행이 아니므로 이에 대한 상대방의 폭행·협박은 단순한 폭행죄, 협박죄가 될지언정 적어도 공무 집행 방해죄는 아니다. 공무 집행의 적법성 여부는 법원이 객관적으로 판단하게 된다.

이 죄는 적법한 공무를 집행하는 공무원에 대해 폭행 또는 협박을 함으로써 성립되고, 실제로 집행이 방해되어야만 성립되는 것은 아니다.

🔍 결론

공무 집행 방해죄에서 공무는 '적법한 것'이어야 한다. 따라서 길거리에서 통행인을 범죄 용의자와 얼굴이 비슷하다는 이유만으로 구속 영장도 없이 강제로 연행하려는 공무원에 대해 연행당하지 않으려고 거부하거나 뿌리치는 통행인의 행위는 공무 집행 방해죄가 된다고 볼 수 없다.

84. 생활 무능력자의 겨울나기

주택가에 세워둔 자동차가 연쇄적으로 방화되는 전대미문의 사고가 빈발하자 경찰은 초비상 사태가 되었다. 모든 형사들이 각자의 담당 구역에서 밤새 잠복근무를 했으나 매일 밤마다 서울의 어느 동네에선가 방화 사건이 일어나곤 했다. 시민들의 빗발치는 비난에도 불구하고 경찰은 속수무책, 범인은 오리무중.

그러던 어느 날 60대 남자가 자신이 방화범이라고 하면서 경찰에 자수했다. 시민과 언론의 비난에 시달리던 경찰은 환호작약(歡呼雀躍), 상부에 '방화범 검거' 보고를 내고 신문사에도 이를 알렸다. 그런데 막상 수사를 해보니 그는 오갈 데 없는 생활 무능력자로, 방화범이라고 허위 자수해 겨울을 교도소에서 편히 나려고 한 것이다.

허위 자수도 죄가 되는가?

① 된다. 국가를 상대로 한 사기 미수죄.
② 된다. 위계에 의한 공무 집행 방해죄.
③ 아무런 죄가 되지 않음.

공무 집행을 방해하는 행위는 폭행과 협박으로도 할 수 있고, 위계로도 할 수 있다. '위계'란 모르고 있는 상태 또는 착오에 빠진 상태를 이용하는 일체의 행위를 말한다. 적극적으로 속이거나 유혹하는 경우는 물론이고, 소극적으로 공무원의 무지나 착오를 이용하는 경우도 해당된다.

판례에 의하면 입학 고사 문제를 사전에 입수해 미리 알고 응시하는 경우, 공무원 채용 시험장에서 부정행위를 하는 경우, 운전면허 시험을 대리로 치르는 경우, 응시 자격을 요하는 자격 시험에서 가짜 자격증(졸업증, 수료증)을 작성해 제출하는 경우도 모두 위계에 해당된다고 보고 있다.

그러나 공무원에게 허위 사실을 신고하거나 허위로 진술하는 행위만으로는 위계라고 볼 수 없다. 예컨대 수사 기관에서 피의자가 범행을 은폐하고 부인하기 위해 허위 사실을 진술하는 경우에도 위계로 공무 집행을 방해한다고 보지는 않는다.

또 허위의 범죄 신고도 위계는 아니다(허위의 범죄, 화재, 사고의 신고는 경범죄 처벌법의 대상이 된다).

한편 이러한 위계는 현실적으로 공무 집행이 방해되는 결과가 발생해야만 처벌되는 것이 아니고, 그러한 행위만 있으면, 즉 위험성, 방해 가능성만 있으면 성립된다.

ℚ 결론

수사 기관에 자신이 범인이라고 허위로 자수하는 경우도 위계에 의한 공무 집행 방해가 될까? 허위 신고를 위계로 볼 수 없는 이상, 허위 자수도 같은 이유로 '위계'라고 볼 수는 없을 것이다. 따라서 허위 자수는 진범이나 공범의 은닉 또는 그 증거를 인멸하기 위한 것이 아닌 한 위계에 의한 공무 집행 방해죄라고 할 수 없다.

85. 당신이 나라면 서겠소?

은퇴를 앞두고 있던 노(老)형사가 퇴근길에 들치기 현장을 목격하게 되었다.

길을 가는 여인의 핸드백을 낚아채서 도망가는 범인을 보자마자 그는 "서라!" 하고 외쳤다. 범인이 들은 척도 않고 도망을 계속하자 그가 추적하기 시작했다. 아! 그러나 노형사의 다리가 뜻대로 움직여주지 않았다.

순간 자신이 늙었음을 깨달은 그는 다시 "경찰이다. 서지 않으면 도주죄도 추가된다"라고 외쳤다. 범인은 경찰이라는 소리를 듣고 뒤돌아서더니 "당신이 나라면 서겠소?" 하며 숨이 차 헐떡거리는 노형사를 조롱하더니 끝내 사라져버렸다.

그렇다면, 경찰관에게 범행이 발견된 범인이 서라는 명령에 불응하고 도주하면 무슨 죄가 되는가?

① 당연히 기존의 범죄 이외에 도주죄가 추가된다.

② 범인이 현장에서 도주한 것, 그 자체는 죄가 되지 않는다.

③ 공무 집행 방해죄가 된다.

스티브 매퀸이 주인공이었던 영화 〈빠삐용〉은 주인공의 지칠 줄 모르는 탈옥·탈주의 역사를 보여줌으로써 인간의 자유에 대한 끝없는 갈망을 감동적으로 그리고 있다.

구금으로부터의 탈출, 즉 도주는 어쩌면 인지상정(人之常情)이며, 본능인지도 모르겠다. 그러나 국가는 법률에 의해 체포·구금된 자의 도주를 처벌하고 있다. 도주는 국가 구금권, 형벌권에 대한 도전이라고 보기 때문이다.

법률에 의해 체포·구금된 자가 도주하는 경우, 이를 형법에서는 '도주죄'라고 한다. 여기서 체포·구금된 자는 구체적으로 적법하게 구속된 피고인, 피의자, 벌금형을 납부하지 못해 형이 집행되는 자, 긴급 구속된 자, 현행범으로 체포된 자, 다른 교도소로 이감되거나 법원에 출정하기 위해 호송 중인 자, 구인된 피고인이나 피의자, 기결수, 소년원에 송치된 자 등을 말한다.

그러나 가석방된 자, 법원의 허가로 보석된 자, 형이나 구속이 집행 정지된 상태에 있는 자, 경찰서에 일시 보호 유치된 자는 포함되지 않는다.

도주는 문자 그대로 구속·구인 상태로부터 벗어나는 것, 즉 도망치는 것을 말한다. 구체적으로는 구속된 시설로부터 완전히 벗어난 상태를 말하며, 단지 구속 장소를 나와 구속된 시설 내에 있는 경우에는 미수 상태라고 보아야 한다.

🔍 결론

범행이 발각되어 도주하는 자는 '법률에 의해 체포·구금된 자'가 아니다. 따라서 도주하더라도 별도로 도주죄가 되는 것은 아니다. 이 점은 경찰관의 "서라"는 명령이 있다고 해서 달라지는 것은 아니다.

86. 36계 주상계(走上計)

3인의 범행으로 추정되는 강도 사건이 발생했다. 경찰은 수사를 펴 범인 한 명을 붙잡았다.

"공범의 행방을 대라"는 경찰의 추궁에 못 이겨 범인 A는 공범 B, C를 대는 외에도 범행 제의를 받고도 가담하지 않은 D까지 공범이라고 자백했다.

경찰은 곧 B, C, D를 전국에 지명 수배를 하는 한편, 검거에 나섰다. 이 사실을 알게 된 D는 매우 억울했으나 우선은 36계가 최고이므로 시골의 친구 집으로 피신했다.

시골 친구 E는 "일주일만 숨겨달라"는 D의 부탁을 받고 약간 의심은 했으나, 내막은 모른 채 그의 부탁대로 숨겨주었다. D는 일주일 후 다시 다른 곳으로 피신하다가 끝내 검거되었다. 이 경우 D의 시골 친구 E에게 범인 은닉죄가 성립되는가?

① 그렇다. 범죄 용의자로 지명 수배 된 자를 알면서도 숨겨주면 용의자가 진범인지 아닌지 여부를 떠나 죄가 된다.

② 그렇다. 의심을 하고서도 숨겨주었으므로 죄가 된다.

③ 그렇지 않다. 숨겨준 D가 실제 범인은 아니기 때문이다.

　범죄인을 숨겨주면 '범인 은닉죄'가 된다는 것은 이미 상식이다. 국가의 수사권이나 재판권 또는 형벌 집행권을 방해하기 때문이다.

　그러면 숨겨주는 '범죄인'은 누구를 말하는 걸까? '벌금 이상의 형에 해당하는 죄를 범한 자'다. 숨겨준 범죄인이 범한 죄의 법정형이 벌금형 이상으로 규정되어 있으면 족하다(형법상의 범죄는 전부 벌금형 이상에 해당된다).

　문제는 여기서 '죄를 범한 자'는 실제 죄를 범한 진범만을 의미하는가, 아니면 진범을 포함, 수사 기관으로부터 범죄 혐의를 받아 수사 대상이 된 피의자·용의자도 포함되는가? 판례 입장은 피의자와 용의자도 포함된다고 본다.

　'행위'는 그러한 자를 은닉하거나 도피시키는 것이다. '은닉'이란 수사 기관은 물론 다른 사람에게 체포·발견되지 않도록 장소를 제공해 범인을 감추거나 숨기는 행위를 말한다.

　'도피하게 하는 것'은 은닉 이외의 방법으로 체포나 발견되지 않도록 하는 일체의 행위를 말한다. 문자 그대로 범인을 안전한 장소로 이동시키는 것이다. 그 밖에도 제3자를 범인으로 가장하게 하여 허위 자수시키는 것, 범인의 자수를 저지하는 것, 수사 기관의 동정을 범인에게 알려주는 것, 도피의 비용을 대주는 것 등도 해당된다.

　범인 은닉죄·도피죄는 당연히 범인이 벌금 이상의 형에 해당하는 죄를 범했다는 사실에 대한 인식(또는 미필적 인식)을 하고 있어야 한다. 그러나 범행의 일시, 장소, 피해자, 수사 착수 여부 등 구체적인 것까지 알아야 하는 것은 아니다.

♀ 결론

D를 숨겨준 E의 행위는 당연히 범인 은닉죄가 된다. 의심했기 때문이다(그러나 D가 나중에 무고하다는 것이 판명되면 E도 처벌되지는 않는다).

87. 공과 사의 갈림길

청렴한 청백리 박 대감에게 근심 한 가지가 있었으니, 외아들이 글공부에는 전념하지 않고 장안의 건달들과 어울려 음주와 투전으로 날을 지새우는 것이었다. 장가를 들이면 고쳐질까 하여 혼례를 올려주었으나 제 버릇 개 못 주더라.

어느 날 밤, 아들이 헐레벌떡 박 대감의 집으로 찾아드니, 사연인즉 못된 동무들과 노름을 하던 중 순찰하던 포졸들에게 들키자 쫓겨 온 것이다.

당시 나라에서는 노름이 백성들의 근로 의욕을 잃게 하고 사회 기강을 흔든다 하여 "노름꾼은 잡히는 대로 엄벌하라"는 어명이 시행되고 있었다. 박 대감은 이러지도 저러지도 못하고 3일간이나 아들을 창고에 숨겨주었는데….

아버지가 죄를 진 아들을 숨겨줄 때의 죄는?

① 물을 것도 없이 범인 은닉죄.
② 신고하거나 자수시키면 무죄.
③ 범인 은닉죄 자체는 성립하나, 부자 관계를 감안하여 처벌하지 않음.

'벌금 이상의 형에 해당하는 죄를 범한 자'를 은닉하거나 도피시켰다고 해서 무조건 범인 은닉죄로 처벌되는 것은 아니다. 행위자가 범인과 친족이거나 동거하는 가족 관계에 있어서 이러한 친족이 범인을 은닉·도피시키는 경우에는 처벌하지 않는다. 예를 들어 부모가 범인인 아들을 숨겨주는 경우, 그 부모를 범인 은닉죄로 처벌할 수 없다는 의미다.

형법이 이러한 친족 관계에 있는 자의 범인 은닉에 대해 특례를 인정해 처벌하지 않는 이유는 이들 친족 관계에 있는 사람에게 범인을 은닉하지 않을 것을 기대할 수 없기 때문이다.

즉 친족이라는 것이 혈연, 인정, 본능이라는 끈끈한 정서로 결합되어 있다는 사실을 고려한 것이다. 기대 가능성이 없어서 처벌하지 않는 것일 뿐, 범죄가 성립조차 되지 않는다는 의미가 아님을 주의할 필요가 있다.

친족, 동거 가족의 의미와 범위는 민법에 따르나, 사실혼의 부부 또는 사실혼의 부모와 그 출생한 자녀 간에도 특례가 인정된다고 해석하고 있다.

친족 간의 특례이므로, 만약 범인과 그 공범을 동시에 은닉했다면 친족 관계가 없는 공범에 대한 은닉은 물론 처벌된다.

Q 결론

부모가 자식을 숨겨주는 행위도 범인 은닉죄가 성립되나, 친족 간이라는 특례가 인정되어 범인 은닉죄로 처벌되지는 않는다.

88. 분명히 보았는가?

"증인은 분명히 피고인이 피해자를 살해하는 광경을 목격했나요?"

링컨 변호사가 검찰 측 증인을 향해 날카롭게 물었다. 증인은 기고만장한 자세로 분명히 목격했다고 강조했다.

"그런데 피해자가 살해되던 때는 밤이었는데 어떻게 피고인을 볼 수 있었나요?"

"그건… 그날 밤 보름달이 밝았기 때문입니다."

"반대 신문을 마칩니다."

판사는 피고인의 무죄를 주장하던 링컨 변호사가 중요한 검찰 측 증인에 대한 반대 신문을 단 두 마디 만에 포기하자 의아해졌다.

"정말, 반대 신문을 그만두시렵니까?"

"예. 그런데 판사님, 이 문서를 참고해주십시오."

링컨이 판사에게 제출한 것은 기상청의 일기 증명서! 사건이 있던 날 밤에는 초승달도 뜨지 않았다. 그렇다면 검찰 측 증인은?

① 명백한 위증을 한 것이다.

② 피고인의 무죄 선고 여부에 따라 위증죄가 된다.

③ 증인의 기억에 착오가 있을 수도 있으므로 위증이라고 단정하기에는 이르다.

법정에서는 매일 증인에 대한 신문이 이루어지고 있다. 소환된 증인은 "양심에 따라 숨김과 보탬이 없이 사실 그대로 말하고 만일 거짓말이 있으면 위증의 벌을 받기로 맹세합니다"라는 선서를 하게 된다. 그런데 이러한 선서를 한 증인이 거짓말을 한다면 그것은 위증죄가 됨은 물론이다.

위증은 법원의 진실 발견을 위한 공정한 심리를 해치고 정확한 심판을 위태롭게 하기 때문이다. 위증으로 오판이 되거나 재판에 영향을 미친 사실이 있어야 위증죄가 되는 것은 아니다.

위증죄를 범하는 주체는 '선서한 증인'이다. 선서 후 허위의 증언, 즉 거짓말하는 것이 위증죄다.

여기서 '허위'란 증언 내용과 객관적인 진실이 불일치됨을 말하는 것이 아니고, 증인이 경험해 기억한 사실과 반대되는 진술을 하는 것이다. 즉, 위증이란 자기 기억과 반대되거나 모순되는 증언을 하는 것이다.

예컨대 피고인이 범행 현장에 없었음을 알면서 있었다고 증언하는 것이 기억에 반하는 위증이라는 뜻이다.

자기 기억대로 진술한 이상 객관적 사실과 일치하지 않더라도 위증은 아니다. 그러나 기억하지 못하거나 기억이 불확실한데도 확실한 기억이 있는 것처럼 진술하거나 그 반대의 경우에는 위증이 된다.

끝으로 위증죄는 증언자 자신이 자신의 기억에 반해 증언한다는 인식이 있을 것이 필요하다. 기억이 불분명하거나 착오 또는 착각으로 잘못 진술한 경우는 그러한 인식이 없으므로 위증이 되지 않는다.

⌕ 결론

범인이 범행하던 날 보름달이 없었는데도 증인은 보름달이 있었던 것처럼 둘러대어 증언했으며, 자기 기억에 반하는 진술이라는 인식이 있었으므로 위증죄가 성립한다.

89. 땅에 묻은 설계도

　지금은 치열한 기술 경쟁 시대. LZ전자와 삼송전자가 사람의 음성을 인식하고 그 명령대로 실행하는 로봇 개발 경쟁을 하고 있었다.

　후발 업체인 LZ전자는 축적된 노하우가 없어서 고전 중이었다. 그런데 LZ전자의 연구 책임자 박도룡 씨는 삼송전자 주임 연구원 주병식 씨가 자신의 대학 후배라는 것에 착안해 그를 매수했다.

　그들의 공모에 의해 그 후 삼송전자의 로봇 설계도면, 부품들은 야금야금 박도룡에게 전해졌는데 삼송전자가 정보 누설을 알아차리고 그 혐의를 주병식에게 두었다. 주병식은 박도룡에게 "이대로 가면 회사에서 경찰에 고발할 것인데…"라고 걱정을 토로했다. 그러자 박도룡은 "걱정 마시오. 증거를 없애겠소"라고 말했다.

　경찰의 수색을 예감한 박도룡은 자기 집에 보관 중이던 설계도와 부품을 땅에 묻어 감추었다. 박도룡의 행위, 즉 설계도 부품의 은닉은 무슨 죄가 되는가?

① 당연히 증거 인멸죄가 된다.

② 범인이 자기 증거를 은닉하는 것은 죄가 되지 않는다.

③ 자기(박도룡)에 대해서는 무죄이나, 공범(주병식)에 대해서는 증거 인멸죄가 된다.

동서를 막론하고 근대 국가의 성립 이전에 수사와 재판은 전적으로 범죄인이나 피고인의 자백에 의존했다. 그래서 '자백은 증거의 왕'이라고 하여 수사 기관은 자백을 얻어내고자 갖가지 고문이라는 인권 유린을 자행했다.

그러나 근대 이후 모든 수사와 재판은 증거 위주로 대전환되었다. 따라서 범죄인과 수사 기관의 싸움은 증거를 둘러싼 증거 인멸과 증거 확보 대결이라는 양상을 띠게 되었다.

형법은 범죄인이 자신의 사건에 관한 증거 인멸은 범죄로 보지 않지만, 타인의 증거 인멸은 범죄로 처벌한다.

증거 인멸죄란 '타인의 형사 사건이나 징계 사건에 관한 증거를 인멸·은닉·위조·변조하거나, 위조·변조된 증거를 사용하는 범죄'를 말한다.

여기서 '증거'란 증거물, 즉 물증(物證)을 말한다. 또 '인멸'이란 증거물을 태우거나, 찢거나, 부수거나, 숨기거나 하는 등 수단과 방법을 묻지 않고 증거를 소멸시키거나 증거의 효력을 감소시키는 것을 말한다.

범인 자신이 증거물을 인멸하는 것은 죄가 되지 않지만, 다른 사람을 교사해 자기 사건의 증거를 인멸시키는 것은 증거 인멸죄의 교사죄가 된다는 것이 판례의 입장이다.

공범 간의 증거를 공범의 1인이 인멸하는 경우에 증거 인멸죄가 되는가에 관해서는 학자들 간에 찬반양론이 있지만, 공범자가 자신의 이익과 공범자의 이익을 위해 증거를 인멸한 경우에는 증거 인멸죄가 되지 않는다는 것이 판례의 입장이다(1976. 1. 22. 대법원 판결).

Q 결론

설계 도면과 부품을 절취한 범인들 중에 1인이 자기 이익과 다른 공범자의 이익을 위해 증거물을 인멸한 경우에는 증거 인멸죄에 해당되지 않는다.

90. 의리의 사나이 돌쇠

'의리의 사나이 돌쇠'라는 별명의 소유자인 박정의 씨는 불의를 참거나 용서하지 않는다. 그가 사는 주택가에 주유소가 들어선다는 소문이 돌았다. 드디어 기초 공사가 시작되자, 주민들은 '주유소 반대 주민 비상 대책 위원회'를 구성해 조직적인 반대에 나섰다.

그러나 주유소 허가는 적법했으므로 공사는 계속 강행되었다. 이쯤 되자 주민들은 주유소 업자의 배후에 고위 공무원의 비호가 있고, 또 관계 공무원이 뇌물을 먹었기 때문이라고 수군거리기 시작했다.

이 소문이 박정의 씨의 귀에도 들렸다. 그가 누군가? 그는 즉시 "조용한 주택가에 주유소 설치를 둘러싸고 관할 구청 관계 공무원이 뇌물을 먹고 처리했다 하니, 사실 여부를 수사해 엄벌해달라"는 내용의 고발장을 경찰에 제출했다. 수사 결과 사실무근이었다면 고발한 사람은 어떻게 되는가?

① 당연히 무고죄.

② 고발자가 소문이 '진실이라고 믿고' 고발한 경우에, 사실과 다르더라도 무고죄는 되지 않는다.

③ 무고죄가 되나, 개인적 사감이나 원한에서 비롯된 것이 아니므로 처벌은 경감된다.

세상의 범죄치고 나쁘지 않은 범죄는 없지만 다른 사람을 '해코지'하는 범죄처럼 악랄한 범죄도 없을 것이다. 현대 사회에서 빈발하는 범죄는 피해자나 시민의 신고나 제보로 범죄인을 검거하는 경우가 대부분인데, 이는 건전한 '고발정신의 발로'로서 권장해야만 한다.

그러나 허위 신고는 국가 기관으로 하여금 무익한 노력을 하게 하고, 더욱이 특정인에 대한 허위 신고는 그 사람의 인권을 침해하는 중대한 범죄인 것이다. 무고죄는 이러한 범죄를 처벌하기 위한 것이다.

무고죄는 '타인으로 하여금 처벌(형사 처분 또는 징계 처분)을 받게 할 목적으로 공무원이나 공무소에 대하여 허위 사실을 신고해 성립하는 범죄'이다. '허위 신고'란 객관적 진실에 반하는 일체의 사실로서 수사 기관이나 징계권자가 징계권을 발동할 정도로 구체적인 사실을 말한다. 신고의 방법은 고소, 고발, 탄원 등 제한이 없다.

그리고 이 허위 사실을 신고하는 자에게는 피신고자로 하여금 형사 처분이나 징계 처분을 받게 할 목적이 있어야 한다. 허위에 대한 인식은 확정적일 필요는 없고 미필적인 인식으로도 가능하다.

그러나 신고한 사실이 설사 객관적 진실에 반하더라도 신고자가 진실하다고 믿은 경우에는 무고죄가 성립하지 않는다. 그 신고로 인해 피신고자가 실제로 형사 처분이나 징계 처분을 받았다는 결과는 필요하지 않다. 즉 신고자에게 신고한 목적이 달성되었는지 여부는 묻지 않는다.

🔍 결론

주유소의 신축으로 이해관계를 갖고 있는 주민이 주유소 건축 허가 과정에 공무원의 비위가 있을 것이라고 믿고 신고한 경우에 무고의 고의가 있다고 볼 수 있을까? 부정해야 할 것이다. 왜냐하면 신고인에게 그 신고하는 사실이 허위라는 인식이 없었다고 보아야 하기 때문이다.

91. 만적의 난

"왕후장상의 씨가 따로 있다더냐? 우리도 궐기하여 짐승만도 못한 노예 생활을 청산하자."

개경의 노비 만적이 동료 노비 수백 명을 선동했다.

"취지는 좋지만 어떻게?"

노비들은 궐기 자체는 찬성했지만 어떻게 맨손으로 훈련되고 무장된 관군을 당해내느냐면서 고개를 저었다.

"그렇다면 한날한시에 모두 만주로 도망가서 우리끼리 새 왕국을 건설하면 어떨까? 임금은 투표로 선출하고….'

당시 만주는 거란족의 땅이었으므로, 소위 '만적의 난'은 실패로 돌아갔다.

'기존 체제를 대체하는 새 체제'를 꿈꾸고 이런 계획을 선동할 경우 오늘날에는 어떻게 처리되는가?

① 당연히 내란죄가 된다.

② 폭동을 수반하지 않는 한 계획 자체는 처벌되지 않는다.

③ 내란 예비·음모·선전·선동죄가 된다.

하나의 국가는 외부의 침략에 의해 멸망하기도 하지만, 내부의 반란으로 멸망하기도 한다. 인류는 이러한 경험에 기초해 모든 국가들이 내부로부터 국가의 존립을 위태롭게 하는 '내란죄'를 마련해 최고의 형벌로 대처하고 있다.

그러나 형법의 내란죄 규정은 실제로는 반란이 실패로 돌아간 경우에만 적용되고, 성공한 경우에는 기존의 법적 메커니즘을 장악해버리므로 적용되지 않는 아이러니가 있다. 우리의 옛말에 '이기면 관군, 지면 역적'이라는 말도 그런 뜻으로 이해할 수 있다. 즉, 성공한 반란에 대해 내란죄가 적용된 실례가 없다(그러나 우리나라에서는 실제 있었다. 1997년 4월 17일 대법원이 소위 '전두환 내란죄'를 유죄로 인정한 사례가 그것이다).

어쨌든 형법의 내란죄는 '국토를 참절(僭竊)하거나 국헌을 문란하게 할 목적으로 폭동하는 것'을 말한다. 내란죄에서의 행위는 '폭동'하는 것인데, 이 폭동은 다수인이 결합해 적어도 한 지방의 평온을 해칠 정도의 폭행·협박을 하는 것이다. 그리고 내란죄는 국가의 영토 주권의 전부나 일부를 배제·분리하는 국토 참절의 목적이나 헌법의 기본 질서나 제도를 파괴할 국헌 문란의 목적이 있어야 한다.

후자의 목적은 구체적으로는 헌법과 법률의 절차에 의하지 않고 기능을 소멸·정지시키는 것, 헌법에 의해 설치된 국가 기관을 전복하려는 목적이다. 내란죄 가담자에 대해서는 가담자의 임무·지위에 따라 처벌을 달리한다. 또한 내란죄는 이를 예비·음모하거나 선동·선전해도 처벌된다.

🔍 결론

내란죄에서의 국헌 문란의 목적은 '합헌적 방법에 의하지 않고' 헌법이나 헌법에 의해 설치된 국가 기관을 전복하려는 것을 말한다. 따라서 이러한 목적으로 폭동할 것을 선전·선동하면 내란 선동죄, 내란 선전죄가 된다.

92. 나 이런 데 있는 사람이오

"못된 송아지 엉덩이에 뿔 난다"고, 상습 난폭 운전자인 백수건달 씨에게도 고민은 있었다. 교통경찰에게 걸릴 때마다 사정하려니 자존심이 상하는 것이었다.

그가 어느 날 호텔 커피숍 공중전화 박스 안에서 신분증 하나를 주웠는데 거기에는 '청와대 민원 담당 보좌관 비서'라고 표시되어 있었다. 그는 "하늘이 나를 도우시는도다" 하고 쾌재를 불렀다.

그 이튿날 그가 이번에도 신호 위반으로 걸리게 되었다. 경찰관이 다가와 "신호를 위반했습니다. 면허증을 제시해주십시오"라고 하자, 그는 어제 주운 신분증을 태연히 제시하며 "나 이런 데 있는 사람이오. 공무로 바쁘다 보니 그만…" 하고 근엄하게 말했다. 교통경찰은 이에 속아 그를 통과시켰다.

공무원도 아닌 그가 공무원 행세를 한 죄를 논하라.

① 당연히 공무원 자격 사칭죄가 된다.

② 공무원으로서의 직권 행사가 없었으므로 공무원 자격 사칭죄에는 해당하지 않는다. 경범죄 처벌법상의 관명 사칭죄만 된다.

③ 위계로서 교통경찰의 업무를 방해했으므로 형이 가벼운 공무원 자격 사칭죄는 공무 집행 방해죄에 흡수된다.

공무원은 국민 전체에 대한 봉사자일 뿐 옛날처럼 법 위에 군림할 수 있는 치외법권적 존재가 아닌데도, 공무원이 법령에 의해 막강한 권한을 행사하고 있는 실정이므로 공무원 신분증의 위력은 대단하다면 대단할 수도 있다.

때문에 여우가 호랑이의 가죽을 뒤집어쓰고 호랑이 행세 하는 격으로 공무원을 사칭해 공무원 행세를 하는 사람도 적지 않다.

공무원 자격 사칭죄는 문자 그대로 '공무원의 자격을 사칭하여 그 직권을 행사하는 것'을 처벌하는 범죄다. 여기서 범죄의 주체는 공무원 아닌 자이지만, 공무원도 자기의 자격과 무관한 다른 공무원의 자격을 사칭하는 경우 해당될 수 있다.

'자격의 사칭'이란 공무원의 자격이 있는 것처럼 다른 사람을 오인케 하는 일체의 행위를 말한다. 사칭은 언어에 의하는 경우는 물론이고 행동으로도 할 수 있다. 반드시 자기가 사칭해야만 성립되는 것이 아니고 제3자를 내세워서 사칭할 수도 있다.

이 죄는 단순한 사칭만으로 성립되는 것이 아니고 사칭에서 더 나아가 사칭한 해당 공무원의 직무에 관한 권한을 행사해야 한다. 예를 들어 경찰관의 복장을 갖추어 도로에서 교통 법규를 위반한 운전자를 적발해 벌금을 받은 때에는 사칭과 직권 행사의 요건을 갖추었으므로 공무원 자격 사칭죄가 되는 것이다. 단순한 사칭은 경범죄 처벌법에 의해 경범죄가 된다.

🔍 결론

백수건달 씨의 행위는 물론 점유 이탈 횡령죄(신분증 습득)와 도로교통법 위반죄(신호 위반)에 해당한다. 하지만 더 나아가 공무원 자격 사칭죄도 성립하는가를 본다면, 자격의 사칭만 있었고 직권 행사는 없었으므로 공무원 자격 사칭죄는 성립되지 않는다.